Shouci Gongkai Faxing Shichang
Zhunru Guanzhi Jingji Xiaoying
de Liangmianxing

首次公开发行市场准入管制经济效应的两面性

基于股票发行审核委员会审核行为的实证分析

胡旭阳 著

ZHEJIANG UNIVERSITY PRESS
浙江大学出版社

图书在版编目（CIP）数据

首次公开发行市场准入管制经济效应的两面性：基于股票发行审核委员会审核行为的实证分析／胡旭阳著.
—杭州：浙江大学出版社，2015.12
ISBN 978-7-308-15519-9

Ⅰ.①首… Ⅱ.①胡… Ⅲ.①股票发行－市场准入－影响－研究－中国 Ⅳ.①F832.51

中国版本图书馆 CIP 数据核字（2016）第 002003 号

首次公开发行市场准入管制经济效应的两面性：
基于股票发行审核委员会审核行为的实证分析
胡旭阳　著

责任编辑	葛　娟
责任校对	王元新
封面设计	春天书装
出版发行	浙江大学出版社
	（杭州市天目山路 148 号　邮政编码 310007）
	（网址：http://www.zjupress.com）
排　　版	杭州中大图文设计有限公司
印　　刷	杭州日报报业集团盛元印务有限公司
开　　本	710mm×1000mm　1/16
印　　张	15.75
字　　数	283 千
版 印 次	2015 年 12 月第 1 版　2015 年 12 月第 1 次印刷
书　　号	ISBN 978-7-308-15519-9
定　　价	46.00 元

前　言

　　首次公开发行市场的股票发行人与投资者之间存在严重的信息不对称,为了防范上述信息不对称引发的市场失灵并提高市场效率,各国(地区)证券市场监管部门均重视对首次公开发行市场的监管。中国证券市场监管部门也不例外,并一直在探索完善首次公开发行市场监管制度。

　　新股发行审批制作为中国首次公开发行市场的初始监管政策,脱胎于计划经济并因种种弊端于 2001 年 3 月被核准制所取代。中国新股发行审批制和核准制都对 IPO 市场准入进行管制,但准入管制方式存在差异。在审批制下,政府监管部门通过额度对 IPO 市场准入进行管制,发行人只有取得计划额度方能发行股票;在核准制下,股票发行审核委员会的发行审核取代计划额度成为政府监管部门实施 IPO 市场准入管制的新手段。

　　本书以股票发行审核委员会为研究对象来考察核准制下 IPO 市场准入管制对中国资本市场发展的影响。通过对影响股票发行审核委员会审核行为的研究,本书发现,核准制下 IPO 市场准入管制对中国资本市场发展的影响具有两面性,其中 IPO 市场准入管制对资本市场发展影响的正面效应体现在对中小投资者利益保护和资本市场中介机构声誉的培育,而 IPO 市场准入管制的负面效应体现在市场准入歧视和 IPO 审计市场的不公平竞争。

　　IPO 市场准入管制对中国资本市场发展的正面效应。本书主要从法与金融学(law and finance)和资本市场的信息不对称角度分析 IPO 市场准入管制对中国资本市场发展的积极影响。

第一,IPO 市场准入管制与中小投资者保护。法与金融学强调投资者法律保护对资本市场发展的重要性,而在法律制度对中小投资者保护不充分的情况下,替代机制能发挥重要作用,其中积极的政府监管就是重要的法律替代机制之一。而本书的研究发现,在 IPO 市场准入管制中,股票发行审核委员会重视拟发行人的公司治理结构,那些公司治理结构完善的拟发行人通过股票发行审核获得上市资格的可能性更大。而完善的公司治理结构有助于抑制内部人对外部股东的利益侵害,进而促进资本市场的发展。

第二,IPO 市场准入管制与资本市场中介机构声誉的培育。信息不对称是影响 IPO 市场效率的重要因素,而资本市场中介机构的声誉被认为是降低信息不对称不利影响和提升市场效率的重要机制。在审批制下,计划额度、计划价格的监管模式造成对资本市场中介机构声誉的内在需求缺乏,不利于资本市场中介机构声誉的培育。而本书的研究发现,在核准制下,拟发行人聘请的中介机构(会计师事务所和主承销商)的声誉越高,拟发行人通过发行审核获得上市资格的可能性越大。这表明,在 IPO 市场准入管制中,股票发行审核委员会重视中介机构的声誉,这对中国资本市场中介机构声誉的培育起到积极作用,进而间接促进资本市场的发展。

IPO 市场准入管制对中国资本市场发展的负面效应。本书主要从所有制歧视和 IPO 审计市场竞争的不公平性角度分析 IPO 市场准入管制对中国资本市场发展的负面效应。

第一,IPO 市场准入管制与市场准入歧视。本书把拟发行人的条件划分为易于比较的定量因素和不易比较的定性因素,然后通过非线性 Blinder-Oaxaca 分解方法分析拟发行人的定量因素和定性因素对股票发行审核委员会审核行为的影响。结果发现,股票发行审核委员会在难以比较的定性因素上对民营拟发行人提出了比国有拟发行人更高的要求,这表明,IPO 市场准入管制存在一定程度的所有制歧视;此外,仅仅因为规模的原因,中央企业比非央企更可能通过股票发行审核获得上市资格。由此可见,在核准制下,IPO市场准入管制带来了市场准入歧视的负面效应,这不利于中国资本市场健康发展。

第二,IPO市场准入管制与IPO审计市场竞争的不公平性。中国证监会完善核准制的一项重要举措就是提高股票发行审核委员会专家委员的比例,这使来自会计师事务所、律师事务所的专家委员比例大幅度上升。而本书的研究表明,上述改革举措虽然提升了股票发行审核委员会审核行为的专业性,但也带来一定的代价。这种代价来源于对IPO审计市场竞争的公平性带来的负面效应:会计师事务所的IPO审计市场占有率与员工担任发审委委员之间存在显著的正相关关系,这造成不同会计师事务所之间的不公平竞争。

本书的研究结论显示,一方面,核准制下IPO市场准入管制带来的市场准入歧视和IPO审计市场竞争的不公平性表明了新股发行监管制度进一步改革的必要性;另一方面,重视IPO市场准入管制对中小投资者利益保护可以为新股发行监管制度改革指明方向,而IPO市场准入管制对中介机构声誉的培育起到的积极作用,将为新股发行制度市场化改革打下良好的基础。

作者

2015 年 12 月

目　录

导　论

绪 论

一、本书研究的现实背景

作为资本市场的重要组成部分,首次公开发行市场监管一直倍受中国政府监管部门的重视。在 2001 年新股发行监管实施从审批制到核准制的重大变革后,中国证监会一直在探索完善核准制和相关配套制度以提高新股发行监管效率。

然而,核准制改革并未改变我国新股发行监管面临"二级市场上涨,监管部门加快股票发行速度;新股发行速度加快,二级市场下跌;二级市场下跌,监管部门被迫暂停新股发行,等待二级市场上涨"的恶性循环格局。在这种情况下,新股发行监管制度亟须改革成为业界和学界的共识,但在如何改革上存在巨大分歧。

激进者认为,在核准制下,虽然政府监管部门对 IPO 市场的干预大大下降,但政府仍是股票发行市场的主导者,IPO 市场准入受政府管制,这必然会引发寻租等问题;而且没有证据表明发审委委员比投资者更聪明、更具有判断力。因而核准制应该被废除,新股发行制度须实施完全市场化的注册制。然而核准制的支持者则认为,在配套的集体诉讼、民事赔偿和司法独立等法律制度没有完善之前,IPO 市场准入的完全市场化不可避免会使首次公开发行市场陷入"柠檬市场"的困境,因而核准制下 IPO 市场准入的适度规制仍旧是与当前我国资本市场发展制度环境相适应的股票发行监管制度。

显然,股票发行核准制的反对者和支持者的建议在一定程度上都是合理的,任何屈从于短期舆论和市场压力的仓促改革措施都可能会引发新的问题,而积极和具有建设性的改革措施需要建立在对现行股票发行监管制度经济效果综合评价的基础之上:一方面,它需要对现行新股发行监管体制的存在问题和弊端及其成因进行深入的分析,为新股发行监管制度的进一步改革提供依据；另一方面，新监管制度的制定和执行并非凭空产生的，它需要延续和借鉴目前新股发行监管制度中的积极因素。

而在股票发行核准制下，股票发行审核委员会的审核是 IPO 市场准入管制的核心环节，掌握着企业能否发行股票的"生杀大权"，因而只有对股票发行审核委员会的审核行为进行深入的分析才能够全面、综合地评价新股发行监管制度的经济效果方面。

基于以上的现实背景，本书拟以股票发行审核委员会的审核行为作为研究对象，通过分析我国首次公开发行市场准入管制对中国资本市场发展影响的两面性，探寻核准制下 IPO 市场准入管制的综合经济影响，从而为新股发行监管制度市场化改革提供参考。

二、本书的研究思路

相对于注册制的 IPO 市场自由准入，核准制下，政府监管部门实施 IPO 市场准入管制的愿望是良好的，通过审查实质条件为投资者甄选高质量的上市公司，进而保护投资者利益和促进资本市场的发展。然而哈耶克曾经说过，通向地狱之路往往是由美好的愿望铺成的。政府监管部门想要通过 IPO 市场准入管制促进资本市场发展的良好愿望并不一定能够实现，因为政府对 IPO 市场准入管制可能会引发寻租、市场竞争的不公平性等问题，进而阻碍资本市场的发展。因而，核准制下 IPO 市场准入管制对我国资本市场发展的影响可能存在两面性：既有积极的作用，也有消极的影响。考察 IPO 市场准入管制对中国资本市场发展影响的两面性是本书的研究目标。

在股票发行核准制下，由于 IPO 市场准入管制体现为股票发行审核委员会的发行审核，因此打开股票发行审核委员会审核行为这个"黑匣子"是分析、评价我国 IPO 市场准入管制对中国资本市场发展影响两面性的基础。具体而言，选择相关指标，并通过分析这些指标对发审委审核行为的影响来研究 IPO 市场准入管制对资本市场发展影响的两面性。

1. IPO 市场准入管制对资本市场发展积极影响的指标

本书拟从两个方面选择相关指标来考察 IPO 市场准入管制对中国资本市场发展产生积极影响：中小投资者保护和中介机构声誉机制。

第一，IPO 市场准入管制与中小投资者保护。

法与金融学的研究表明（La Porta, Lopez-de-Silanes, Shleifer & Vishny, 1997, 1998），中小投资者利益的法律保护对一个国家资本市场发展有重要影响，一个国家的法律制度对中小投资者利益的保护程度越高，投资者的回报越高，投资意愿越强，从而促进资本市场的发展。而在法律制度对中小投资者利益保护不充分的情况下,政府监管作为替代机制可以发挥重要作用(Glaeser,Johnson & Shleifer,2001)。

那么在核准制下,作为政府监管部门对中国首次公开发行市场进行监管的重要举措,IPO市场准入是否作为法律替代机制发挥了保护中小投资者的作用呢? 针对这个问题,本书的研究思路为:在其他条件相同的情况下,如果具有保护中小投资者利益特征的拟发行人更可能通过股票发行审核委员会的发行审核而获得上市资格,那么说明股票发行审核委员会在股票发行审核中重视中小投资者利益保护,IPO市场准入管制具有保护中小投资者利益和促进资本市场发展的作用。

第二,IPO市场准入管制与中介机构声誉机制。

首次公开发行市场中的发行人与投资者之间存在严重的信息不对称,而中介机构声誉有助于缓解信息不对称的不利影响,这是因为中介机构的声誉被认为是保证资本市场信息质量和可靠性的关键机制(Booth & Smith,1986;Chemmanur & Fulghieri,1994)。

而在股票发行审批制下,拟发行人只要获得国家下达的股票发行额度就可以发行股票,同时新股发行定价系统偏低,造成市场对中介机构声誉的内在需求不强烈,从而不利于我国资本市场中介机构声誉的形成和资本市场信息效率的提高(胡旭阳,2003)。

而在核准制下,股票发行审核委员会的审核成为拟发行人能否获得上市资格的关键,如果股票发行审核委员会关注拟发行人聘请的中介机构声誉,即在其他条件相同的情况下,聘请的中介机构声誉越高,拟发行人越可能通过发行审核获得上市资格,那么会激励那些想上市企业聘请高声誉的中介机构,这将有助于国内资本市场中介机构声誉的培育,进而间接促进我国资本市场的发展。

2. IPO市场准入管制对资本市场发展消极影响的指标

本书同样拟从两个方面选择相关指标来评价IPO市场准入管制对中国资本市场发展的消极影响:IPO市场准入歧视与IPO审计市场的不公平竞争。

第一,IPO市场准入管制与IPO市场准入歧视。

在中国经济社会转轨过程中,国有企业比民营企业在市场准入和生产要素获得方面享受超国民待遇,这种所有制歧视对中国民营企业的发展和经济增长带来负面影响。那么核准制下,IPO市场准入管制是否存在所有制歧视呢?

针对这个问题,本书的研究思路为:如果股票发行审核委员会在发行审核中对国有企业和民营企业执行不同的审核标准,使国有企业在 IPO 市场准入方面享受"优惠待遇",那么表明 IPO 市场准入管制存在所有制歧视,这对我国资本市场的发展会带来不利影响。

第二,IPO 市场准入管制与 IPO 审计市场的不公平竞争。

在新股发行核准制的运行中,中国证监会对股票发行审核委员会委员结构进行了调整,调整的基本思路就是来自中介机构(会计师事务所、律师事务所和资产评估事务所)的发审委委员数量和比例越来越高。

这种结构变化可能带来两方面的影响:一方面,来自中介机构的发审委委员比例的增加可以提升发审委工作的专业性;另一方面,也可能导致 IPO 市场的不公平竞争,比如聘请的中介机构有员工担任发审委委员的拟发行人是否更容易通过发行审核,有员工担任发审委委员的中介机构是否获得了更大的 IPO 审计市场份额等。

因而针对这个问题,本书的研究思路为:如果有证据表明,在其他条件相同的情况下,聘请的中介机构有员工担任发审委委员的拟发行人更可能通过发行审核获得上市资格,或者有员工担任发审委委员显著影响中介机构的市场份额,那么,说明 IPO 市场准入管制会造成不公平竞争,进而对资本市场的发展造成消极影响。

三、本书的研究框架结构和内容

本书包括四部分内容,共七章;具体的框架结构和内容如图 0-1 所示。

第一部分内容为导论,包括第一章和第二章。第一章为首次公开发行市场监管概述。这章内容,首先对首次公开发行市场进行简要分析;其次,从信息经济学角度分析首次公开发行市场监管的必要性,并对新股发行监管两种基本模式(注册制和核准制)进行比较;最后,对我国首次公开发行市场监管制度变迁进行简要梳理,并比较审批制和核准制下我国 IPO 市场准入管制方式的差异。第二章为股票发行审核委员会审核与 IPO 市场准入管制。这章内容首先对我国股票发行审核委员会的委员结构及其变化进行梳理;其次,对我国股票发行审核委员会的运作情况进行分析;最后,对股票发行审核委员会审核与 IPO 市场准入管制的关系进行分析,并归纳关于 IPO 市场准入管制需要进一步研究的问题。

第二部分内容为 IPO 市场准入管制对中国资本市场发展的正面效应,包括第三章和第四章。第三章为 IPO 市场准入管制与投资者利益保护。基于法与金融学视角,这章关注政府监管(IPO 市场准入管制)是否作为法律替代机制在中小投资者利益保护方面发挥作用。在对法与金融学的相关研究文献进行梳理的基础上，本章对法律保护机制与替代机制（政府监管和企业自我实施的公司治理结构）的关系进行理论分析，并结合我国 IPO 市场监管制度环境，提出 IPO 市场准入管制作为法律替代机制具有保护中小投资者利益功能的理论假设并进行实证检验，论证 IPO 市场准入管制在保护中小投资者利益方面发挥的作用。第四章为 IPO 市场准入管制与中国资本市场中介机构声誉的培育。本章主要研究股票发行审核委员会在发行审核中是否把拟发行人聘请的中介机构声誉作为决策的重要依据，进而分析核准制下 IPO 市场准入管制对资本市场中介机构声誉机制培育的影响。

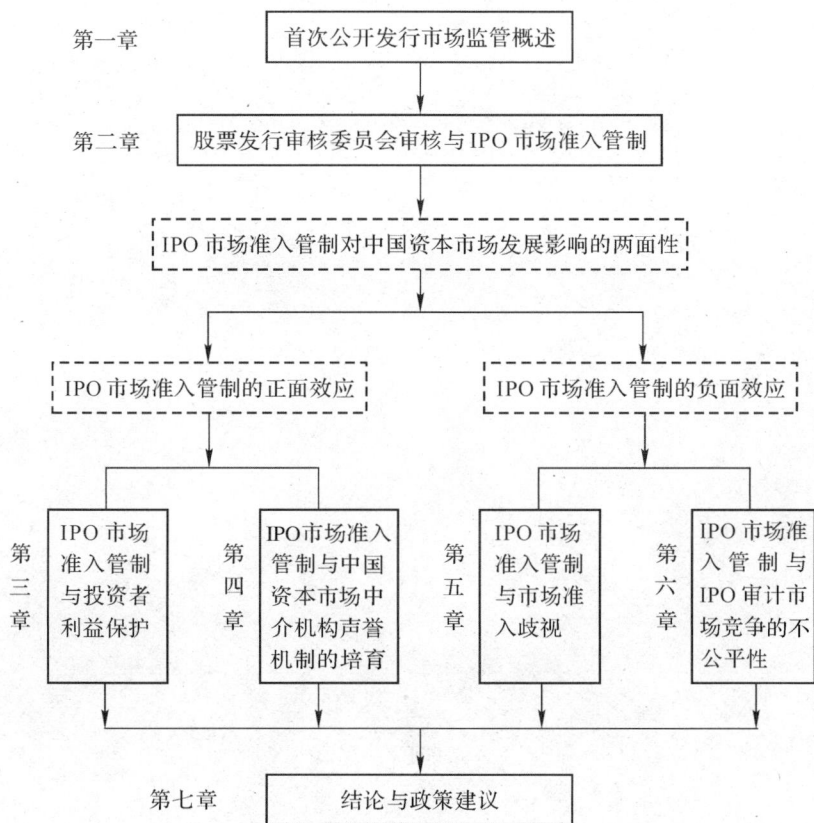

图 0-1　本书的框架结构

　　第三部分内容为 IPO 市场准入管制对中国资本市场发展的负面效应，包括第五章和第六章。第五章为 IPO 市场准入管制与市场准入歧视。这章主要分析 IPO 市场准入管制是否存在所有制歧视，即股票发行审核委员会是否在股票发行审核中区别对待国有与民营拟发行人使国有企业在 IPO 市场准入中享有优待。第六章为 IPO 市场准入管制与 IPO 审计市场竞争的不公平性。这章主要分析 IPO 市场准入监管中引入中介机构(主要为会计师事务所)员工担任发审委委员是否对 IPO 审计市场竞争产生重要影响。

第四部分(第七章)为本书的结论和政策建议。本章主要归纳总结核准制下 IPO 市场准入管制经济效果的两面性,并在此基础上提出进一步完善新股发行监管制度的政策建议。

第一章 | 首次公开发行 IPO 市场监管概述

第一节 首次公开发行 IPO 市场概述

一、首次公开发行市场的含义

1.首次公开发行的含义

首次公开发行(Initial Public Offering,简称 IPO)是指股份公司第一次向一般社会公众公开出售股份以募集资金,并在证券交易所挂牌上市流通(Ritter,1998)。首次公开发行具有以下特征:

第一,首次公开发行是公募发行。证券发行分为私募发行(Private Offering)和公募发行(Public Offering),前者指公司向少数特定的投资者发行证券,而公募发行是指公司向众多不特定的投资者发行证券。由于公募发行涉及不特定的社会公众投资者,因而比私募发行受到更严格的政府监管。

第二,首次公开发行是股份公司第一次公开向社会不特定的投资者发行股票,首次公开发行后,股份公司从私人持有(privately-held)转变成公众持有(publicly-held)公司,因而首次公开发行等同于公司的公开上市(going public)。

2.首次公开发行市场及其特征

与股份公司首次公开出售股份募集资金并在证券交易所挂牌交易过程相对应的市场被称为首次公开发行市场,首次公开发行市场具有以下特征:

第一,首次公开发行市场是证券市场的重要组成部分。证券市场由证券发行市场(一级市场)和证券交易市场(二级市场)组成,其中发行市场包括首次公开发行市场和再融资(Seasoned Equity Offering,简称 SEO)市场。

第二,首次公开发行市场是一个无形市场。不同于以证券交易所为主要载体的证券二级市场,首次公开发行市场是一个无形市场,并不存在固定场所。首次公开发行市场涉及三类参与者:发行人(issuer)、投资者和以承销商(underwriter)和会计师事务所为主的中介机构。发行人通过首次公开发行市场出售股份募集资金,投资者通过首次公开发行市场认购股票,中介机构通过为发行人和投资者提供中介服务获得中介收入。三者之间的关系是临时的、任务式的,一旦首次公开发行股票任务结束,相对应的市场随之消失。

第三,首次公开发行市场是证券市场的基石和"源头"(胡旭阳,2008)。作为证券市场的重要组成部分,首次公开发行市场是证券市场的基础。通过首次公开发行市场这个源头,"新鲜血液"源源不断地被输送到证券市场中,支持股票市场上市公司的更新换代,促进证券市场的健康发展。

二、首次公开发行市场的运作流程

不同国家(地区)证券监管体制的差异和发行方式不同,首次公开发行市场的运作流程也不同,但基本环节相似。下面以累积投标询价发行方式(book-building)为例来说明首次公开发行市场的基本运作流程。图1-1是首次公开发行市场基本运作流程的示意图。

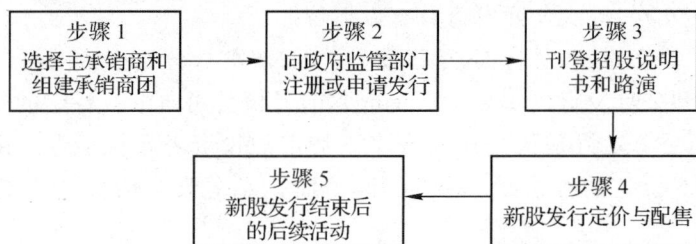

图 1-1 首次公开发行市场基本运作流程

1.选择主承销商和组建承销商团

首次公开发行的第一步就是选择承销团(underwriting syndicates)。组建承销团的主要原因在于(黄亚钧,谢联胜,2000):第一,在全额包销(firm commitment)的发行方式下单个投资银行承销风险过大,通过组建承销团集体分担发行失败的风险。第二,避免由单个投资银行承销造成其他投资银行失去在二级市场进驻该股做市的兴趣和丧失提供研究咨询服务的动机。第三,单个投资银行的客户基础和推销能力有限,通过多个承销商的分销渠道扩大投资者的范围。

承销团的组建一般有两个步骤:第一,发行人选择主承销商(lead

underwriter），在累积投标询价法的发行方式下，主承销商又被称为账簿管理人（book-managers or book-runner）。第二，由主承销商选择分销商（non-managing syndicate members）。

2. 向政府监管部门注册或申请发行

由于首次公开发行是公开募集行为，涉及向不特定的社会公众发行股票，各国政府都会对首次公开发行市场进行严格监管，因而发行人必须获得政府监管部门某种形式的批准或许可。目前世界各国对于股票发行市场的监管主要有两种监管模式：注册制和核准制。

3. 刊登招股说明书和路演

招股说明书是证券发行人公开披露的表达募集股份意图并载明有关信息的书面文件，政府监管部门对进行公开招募的证券发行都要求在指定的媒体上公开刊登招股说明书。刊登公开招股说明书的目的在于向社会传递招股意向和披露相关信息。

路演（Roadshow）是指发行人和承销商向投资者举行的股票推介报告活动，路演的目的在于促进投资者与股票发行人之间的沟通和交流。通过路演，承销商能够搜集投资者尤其是机构投资者对股票的需求信息，从而有助于股票发行的定价，以保证股票的顺利发行。

4. 新股发行定价与配售

在首次公开发行过程中，新股发行的定价与配售是核心环节，它直接关系到发行人的首次公开发行是否成功，新股发行的定价与配售又包括两个核心环节：一是确定发行价格，这直接关系到发行人募集资金的数量；二是确定发行股份的销售对象，这将影响发行人上市之后的股东人数、股权结构和公司治理结构。

5. 新股发行结束后的后续服务

在新股的定价和配售完成之后，发行人向证券交易所提出上市申请，发行人的股票开始在二级市场交易，从发行人角度来看，首次公开发行工作基本上宣告完成，然而主承销商仍旧需要完成一些后续服务工作，这些后续服务包括内部人股份锁定期的监督、市场稳定活动和后续研究追踪等。

三、首次公开发行市场的经济功能

作为证券市场的重要组成部分，在微观上企业通过首次公开发行市场公开上市可以便利企业融资、完善企业的公司治理结构、提升企业知名度；在宏观上首次公开发行市场具有募集资金、促进科技创新的功能。

1. 首次公开发行市场的微观经济功能

首次公开发行是私人持有公司转变为公众持有公司的重要途径，通过首次公开发行市场实现公开上市可以给企业带来很大的好处,有助于企业的发展。

第一,公开上市与企业的融资便利。

在私人持有的情况下,由于股东人数少,股权融资规模因股东财富水平而受到制约。在这种情况下,通过首次公开发行市场发行股票并上市可以为企业募集到更多的社会公众资本,尤其对那些拥有众多投资机会和成长前景的企业更是如此。

除了便利企业的权益融资外,企业公开上市可以增加企业与银行贷款时的讨价还价能力,进一步便利企业的债务融资。原因在于企业与银行谈判时,证券市场再融资成为企业退出谈判的可置信威胁,进而提高了上市企业对银行贷款利率的砍价能力(Pagano,Panetta & Zingales,1998)。

第二,公开上市与公司治理结构的完善。

部分企业在未公开上市之前是家族企业,家族企业创始人拥有企业所有权和控制权,企业具有古典资本主义企业的特征:资本家和企业家合二为一。这类企业的优点就是避免了委托人与代理人之间的代理成本,但缺点在于公司治理家族化,控制权和所有权均为家族所控制;随着企业创始人步入退休年龄和接班人的选择成为企业发展的关键问题时,家族化公司治理往往导致企业陷入"代际锁定"状态,而由于企业家能力往往是不能遗传和继承的,家族继任者往往并不具备企业创始人的企业家能力,这种家族企业的"代际锁定"往往降低家族企业价值(Amit & Villalonga,2006;Perez-Gonzalez,2007;Bennedsen,Nielsen,Perez-Gonalez & Wolfenzon,2007)。

家族企业通过公开上市转变为公众持有公司可以完善公司治理机制(Burkart,Panunzi & Shleifer,2003):其一,成为上市公司可以通过职业经理人替代不合格的家族继承人,避免家族企业接任者没有企业家能力对企业造成的损失;其二,公开上市使企业受到政府监管机构的监管和更多投资者的监督,进而降低管理层的自利行为,提升企业价值,对持有上市公司主要股权的家族有利;其三,公开上市为创业家族提供了便利的退出机制。

第三,公开上市与"广告效应"。

在进行首次公开发行后,发行人往往选择在证券交易所挂牌上市交易,这将为公司带来"广告效应"。通过在证券交易所挂牌交易,众多的投资者将会知晓该企业,从而达到了与企业在产品市场投放广告相同的效果,并且证券交易所的知名度越高,这种"广告效应"越大。Demers 和 Lewellen(2003)认为,新股上市后的抑价程度越高,"广告效应"越显著。

公开上市除了能够便利企业融资、完善公司治理结构和产生"广告效应"之外,还能分散原有股东的投资风险、增加其持有股份的流动性等作用。

2. 首次公开发行市场的宏观经济功能

除了具有便利企业融资、有助于完善公司治理结构和提升公司知名度的微观经济功能外,首次公开发行市场还具有如下的宏观经济功能:

第一,通过募集资金实现储蓄向投资转化的功能。

把社会储蓄转化为投资是实现资本积累和经济增长的重要渠道,而证券市场最基本的经济功能包括募集资本和优化资源配置,其中优化资源配置的经济功能主要通过证券二级市场实现,募集资本的经济功能很大程度上是通过首次公开发行市场来实现的。通过募集资本,首次公开发行市场成为实现储蓄转化为投资的重要渠道之一,因而首次公开发行市场功能完善与否对长期经济增长具有重要影响。

第二,促进科技创新的功能。

经济增长理论强调技术进步对长期经济增长的重要性,而企业的研发(R&D)投资则是推动科技创新和技术进步的关键动力之一。然而 R&D 投资面临技术不确定性带来的巨大投资风险,一般投资者难以承受上述风险,在这种情况下,风险投资行业的发展对 R&D 投资和由此产生的技术创新有重要影响。

风险投资承担巨大风险的目的在于获取更高的回报,但风险投资家并不注重企业或技术的本身,这只是其获得回报的途径,也不指望通过企业分红取得投资回报,而希望所投资企业增值后能够迅速将投资变现退出,从而进行新一轮的投资,因而是否存在便利的退出机制是影响风险投资的关键因素。风险投资的退出机制包括:管理层收购、股权转让、公开上市、清算等。在众多退出机制中,通过首次公开发行市场公开上市是对风险投资家最有利的退出方式之一,通过首次公开发行市场的股票发行上市,资本市场能够将企业未来的价值一次性补偿给风险投资家,从而极大地便利了风险投资家的变现。

因而,如果一个国家具有完善的首次公开发行市场,那么将为风险投资提供便利的退出渠道,进而间接促进科技创新和长期经济增长。

第二节　首次公开发行市场政府监管的经济学分析

在完全竞争市场中,市场机制能够保证资源配置的帕累托最优,无须政府的干预;然而在不完全竞争市场中,市场机制并不能保证资源配置的帕累托最优,进而造成市场失灵。市场势力、信息不对称、外部性、公共物品是造成市场失灵的主要原因,然而在证券市场中,投资者预期直接影响交易行为和证券价格,而信息是形成投资者信念和预期的决定性因素,下面主要从信息不对称角度考察证券市场失灵和市场机制在解决信息不对称引起的市场失灵的局限性,进而探讨政府管制的必要性和政府的监管举措。

一、信息不对称与首次公开发行市场政府监管的必要性

首次公开发行市场是证券发行人首次向不特定的社会公众发行股票,投资者与发行人之间存在严重的信息不对称,在企业的成长前景、行业地位、管理水平等众多方面,发行人拥有信息优势,这种信息不对称对首次公开发行市场产生不利影响,可能会造成市场失灵。

1. 首次公开发行市场的逆向选择会导致市场失灵

在发行人的首次公开发行中,发行人拥有信息优势,投资者处于信息劣势,这种信息不对称会诱发逆向选择,进而导致首次公开发行市场失灵。信息不对称会导致阿克洛夫所说的"劣币驱逐良币"现象在首次公开发行市场时发生:由于投资者只愿意对发行人按照市场平均收益率购买发行人的股票,对于低质量的发行人而言,按照市场平均收益率发行股票降低了其融资成本;但是对于高质量的发行人而言,投资者按照市场平均收益率购买其发行的股票增加其融资成本,过高的融资成本会使高质量发行人放弃发行新股而寻求其他融资途径;随着高质量发行人的退出,首次公开发行市场只剩下低质量发行人,导致首次公开发行市场失灵。显然首次公开发行市场信息不对称对高质量发行人和投资者都造成了不利的影响,高质量发行人失去了以合理成本融资的机会,而投资者则丧失了良好的投资机会。

2. 信息不对称引发的证券欺诈行为影响投资者的信心

首次公开发行市场中的信息不对称会诱发发行人的道德风险,低质量的发行人可能会通过财务舞弊等信息造假行为"伪装"成高质量的发行人,从首次公开发行市场骗取大量的资金。而且由于以下原因,首次公开发行市场更易于发生欺诈行为:

第一,首次公开发行是股票发行人第一次向社会公众发行股票,投资者难以凭借发行人以往的行为和信息来观察和推断发行人的质量,这增加了投资者识别造假的难度,从而增加发行人造假的可能性。

第二,证券市场信息的难以验证和证实提高了发行人欺诈的可能性。由于影响发行人价格的信息是一些关于公司未来发展前景的软信息,本身具有不确定性,这进一步便利了那些具有不良倾向的发行人的欺诈行为。而发行人财务造假等欺诈行为会对证券市场的投资者信心产生重大影响,

不利于证券市场的发展。高质量的信息能够保证资金流向那些能够最有效利用的公司,而不是一个充满欺诈,或者没有充分真实信息的世界,没有投资者,没有融资渠道。

二、市场机制的局限性与首次公开发行市场政府监管的必要性

信息不对称导致的逆向选择和道德风险会造成首次公开发行市场失灵,但部分学者认为,信息不对称并非政府对首次公开发行市场进行监管的充分条件,因为市场机制可以消除首次公开发行市场因信息不对称造成的市场失灵。下面通过分析降低首次公开发行市场信息不对称不利影响的市场机制及其局限性,进一步论证政府对首次公开发行市场监管的必要性。

1. 信息披露竞争机制及其局限性

由于首次公开发行市场是发行人第一次向不特定社会公众发行股票,因而信息不对称成为首次公开发行市场失灵的重要原因,而强制信息披露成为政府监管部门缓解首次公开发行市场信息不对称的重要监管举措。

然而在一个竞争性市场中,即使政府不要求强制信息披露,发行人或已上市公司都有激励自愿披露信息(Ross,1977)。首先,管理层有动机披露好的消息,因为这类信息的披露可以提升股价;其次,那些没有好消息的公司也会披露信息,这是因为在有好消息的公司披露信息的情况下,没有披露信息的公司要么就是没有实质性的消息,要么就是有坏消息而不愿意披露。在这种情况下,没有实质性消息的公司为了不被市场混同为有坏消息而不披露的公司,即使没有实质性的消息,它们也会有披露自己信息的激励。此时,信息披露向投资者传递了如下的信号:本公司没有坏消息。最后,对于那些有坏消息的公司而言,由于拥有好消息的公司和没有实质性消息的公司已经披露了信息,其身份就已经显露了。据此 Ross 认为,政府监管部门没有必要通过法律形式要求发行人或上市公司强制披露信息,因为它们有激励自愿信息披露,并使它们之间的质量差异能够自动被市场所识别。

尽管 Ross(1977)认为市场竞争机制会激励公司内部人自愿披露信息而没有必要通过立法进行强制信息披露,但是他也认为如果相关市场竞争不是充分的,那么内部人的信息披露就会不充分,在这种情况下,政府通过立法要求强制信息披露是必要的。此外,管理层出于自身利益最大化而自愿披露信息是基于管理层——股东利益一致的假设前提的,但是上述假设条件是很难达到的。

2. 投资者间的信息搜集竞争及其局限性

Ross(1977)的分析主要从发行人角度分析了市场竞争机制在降低证券

市场信息不对称方面的作用,其实投资者之间在信息的搜集方面也存在竞争。为了获得高投资回报,投资者会通过各种途径搜集相关信息,投资者的信息搜集竞争会使发行人与投资者之间的信息不对称程度下降,因而政府没有必要因为信息不对称而对首次公开发行市场进行干预。

然而投资者间的信息搜集竞争具有很大的局限性:第一,信息的公共产品属性与投资者的搭便车行为。信息是一种公共产品,而公共产品的显著特性就是非排他性,产品难以排除他人的使用,因而作为产品的提供者就不能获得相应的报酬,从而导致供给不足。当一个投资者搜集到信息并以此作为决策依据时,其他投资者能够从价格的波动中推测相关信息,这种搭便车行为会造成对首次公开发行市场信息的供给不足。第二,信息无成本复制特征的影响。政府通过强制信息披露把发行人和上市公司的信息作为公共产品提供给众多投资者,那么就会显著降低社会在信息搜集方面的浪费,因为信息产品的另外一个显著特征就是几乎可以无成本的复制和传播。

3.信号传递机制及其局限性

根据信号传递或信息甄别模型,信息不对称并一定需要政府干预,市场存在相应的机制可以缓解逆向选择和道德风险的不利影响。2001年诺贝尔经济学奖获得者迈克尔·斯宾塞(A. Michael Spence)提出的信号传递理论认为,拥有信息优势的卖方可以通过向信息劣势的买方传递关于自身质量的信号,把自己与低质量的卖方区别开,从而缓解和降低信息不对称的不利影响。就首次公开发行市场和证券市场而言,信息不对称并不一定需要政府通过实施强制信息披露制度的监管手段来纠正市场失灵,证券发行人可以通过自愿信息披露来传递自身质量的信号,从而缓解信息不对称的影响,比如,发行人聘请声誉高的中介机构向市场传递了发行人自身高质量的信号(Puri,1999;Chemmanur & Fulghieri,1994)。

信号传递机制之所以能够起到质量甄别作用的关键在于低质量卖方模仿高质量卖方的成本过高,模仿行为是不经济的。但是,如果低质量发行人通过财务造假等欺诈行为模仿高质量的发行人向市场传递信号,那么信号传递机制将失效。La-Porta,Lopez-de-Silanes 和 Shleifer(2006)认为,强制信息披露的法律责任将提高欺诈行为的成本,从而阻碍低质量卖方的造假活动,而对于那些没有欺诈动机或者高质量的发行人,法律责任没有带来任何额外的成本,从而保证发行市场的有效运行。

三、首次公开发行市场的监管措施

由于首次公开发行涉及发行人第一次向不特定的社会公众投资者发行

股票,信息不对称会造成市场失灵,而且市场机制在解决上述市场失灵问题时面临局限性,因而各国政府都对首次公开发行市场进行严格监管,并以强制信息披露制度作为核心的监管制度。

1.强制信息披露制度

强制信息披露制度(mandatory disclosure)是指证券发行人必须根据法律、法规和各种规章制度所规定的内容和格式披露相关信息,并对虚假陈述、欺诈、重大信息遗漏等承担法律责任的制度。强制信息披露制度主要包括两方面内容:第一,所要求强制披露信息的内容和格式;第二,虚假信息披露及其法律责任。

强制信息披露起源于美国,1933 年美国颁布的《证券法》确立了证券发行人的初始信息披露制度。根据《证券法》,证券发行人在首次公开发行销售证券时,必须在其招股说明书中披露以下内容(杨郊红,2005):①公司业务的描述;②生产情况及产品国内外销售;③风险因素;④公司财产状况;⑤公司的经营管理及财务状况;⑥公司发起人及管理人员介绍及其持股情况;⑦关联交易情况;⑧所发行证券的情况,包括发行价格、发行计划、募集资金用途等共计 21 项,并附详尽的财务报表。此外,《证券法》还对初次信息披露应承担的法律责任在第十七条(a)款中进行了规定。该款规定,在证券的发行、销售中从事下列行为为非法:①对重大事实做出不真实的陈述;②做出因省略重大事实而误导公众的陈述;③运用任何方式、手段和计谋从事欺诈活动;④从事任何产生欺骗后果的活动。

而 1934 年的《证券交易法》则确定了发行人的持续信息披露义务,具体的要求如下(Benston,1973):①在财政年度结束后的 120 天内,提供资产负债表、损益表以及支撑性的附录说明等详细文件;②在财政年度的上半年结束后的 45 天内,提供相对简化的中报文件;③在确定发生了"重大"事件(诸如公司控制权变更、重大法律问题的进展、流通证券和资产估值的重大改变等)之后的 10 天内,提供一个"最新报告"文件。

综上,美国《证券法》和《证券交易法》开辟了强制信息披露制度的先河,此后,美国多次对《证券法》和所规定的信息披露内容和格式进行完善,强制信息披露制度逐步完善。而美国的强制信息披露制度被许多国家借鉴,如今强制信息披露已经成为世界范围内对首次公开发行市场和证券市场监管的基础性制度。

而 La-Porta,Lopez-de-Silanes 和 Shleifer(2006)的研究揭示了强制信息披露制度之所以发挥作用的机理。他们对 49 个国家证券法与证券市场发展的实证研究表明,仅仅依靠市场机制是难以促进证券市场的发展的(包括自愿披露制度和中介机构的认证),证券法的作用在于明确了发行人的信息披露内容和要求,以及责任标准,这样便于私人起诉,从而促进证券市场的发展,而证券法所设立的监管机构本身发挥的作用有限。

2. 首次公开发行市场准入管制

除了强制信息披露制度以外,部分国家的政府监管部门还通过设置"门槛"对首次公开发行市场准入进行监管。政府监管部门设置了一些实质性条件,只有那些满足监管条件的发行人才能获得首次公开发行市场的准入资格。

首次公开发行市场中发行人与投资者之间存在信息不对称,发行人拥有信息优势而投资者处于信息劣势,这可能导致低质量发行人充斥市场,对投资者的信心产生不利影响,进而诱发首次公开发行市场失灵问题。在这种情况下,除了强制信息披露制度外,通过首次公开发行市场的准入管制,政府监管部门试图把低质量的发行人排除在首次公开发行市场之外,进而确保上市公司的质量,目的在于培养投资者信心和促进证券市场发展。尤其是对于转轨国家,在证券市场发展初期,由于缺乏专业投资者,证券发行的欺诈行为很可能会对证券市场发展产生严重的负面影响。在这种情况下,政府监管部门对首次公开发行市场准入实施管制,对提高上市公司质量和降低证券发行欺诈行为具有一定的积极作用。

第三节　首次公开发行市场监管模式比较

一、首次公开发行市场监管概述

1. 首次公开发行市场监管的含义

首次公开发行市场监管是指政府监管部门为了保证首次公开市场有效率地运行,运用法律、行政手段对首次公开发行市场的参与人进行监督管理的过程(胡旭阳,2008)。

具体而言,首次公开发行市场监管制度主要包括以下内容(吴林祥,2005):第一,发行标准(非豁免情况);第二,发行信息披露制度;第三,发行审核制度(包括审核机构、审核标准、审核程序等);第四,新股发行方式(询价制、竞价制等);第五,豁免发行审核情况(私募发行、小额发行等)。

首次公开发行市场作为证券市场的重要组成部分,一方面,它面临着证券市场的一些共性问题,比如信息不对称所导致的市场失灵、财务舞弊等;另一方面,首次公开发行市场又有自己特征,比如首次公开发行市场的信息不对称程度远高于已经上市的公司,其股票定价机制也不同于二级市场;因而首次公开发行市场监管与证券二级市场监管既有共性又有自身的特点。在首次公开发行市场中,政府监管最主要的目的在于防范证券发行过程中的欺诈行为,而二级市场监管中,既包括欺诈行为,又包括防范内幕交易等。

2. 首次公开发行市场的监管体制

不同国家(地区)的证券市场监管体制对首次公开发行市场监管制度有重要影响。目前世界各国政府对证券市场的监管体制主要分两种类型:集中型监管、自律型监管。

在集中型监管体制中,由政府统一立法,并设立全国性的证券监管机构来负责证券市场的监督管理,这种监管模式的代表就是美国。美国 1933 年颁布的《证券法》、1934 年颁布的《证券交易法》和 1940 年颁布的《投资公司法》构成了美国政府对证券市场监管的基本法律框架。《证券法》和《证券交易法》规定了一整套关于证券发行、销售和交易对发行人信息披露要求,和旨在保护投资者的反欺诈规则;而《投资公司法》建立了一个全面针对投资公司的联邦监管框架(杰克逊和西蒙斯,2003)。在证券监管机构方面,1934年美国设立了隶属国会而独立于政府的美国证券交易委员会(Securities and Exchange committee,简称 SEC)负责全国证券市场的监管。

在自律性监管体制中,除了进行一些必要的政府立法之外,对证券市场的监管主要由证券交易所、证券商协会等自律性组织负责,政府很少干预市场(吴晓求,2000)。这种监管模式的代表就是英国。相对于集中型监管而言,自律型监管主要依靠一些相关的法规来管理证券市场,而不专门针对证券市场监管立法;另外,在自律型监管模式下,一般不设立全国性的证券监管机构。

不同证券市场监管体制下,政府对首次公开发行市场的监管也存在较大差异,比如在美国集中型监管体制下,首次公开发行市场监管主要由美国证券交易委员会这样的全国性专业监管机构负责;相比之下,在英国的自律型监管体制下,公司股票发行主要由英国贸工部(Department of Trade and Industry)下属的公司注册署(Companies House)负责监管(吴祥林,2005),它并非一个专门负责公司证券发行事务的专业性机构。

二、首次公开发行市场监管模式:注册制与核准制

目前世界各国对于包括首次公开发行在内的证券发行监管制度主要有两种模式:注册制(registration)和核准制(substantive regulation)。

1. 注册制

注册制也称为登记制,它要求发行人在证券发行之前向政府监管部门

申报并按照相关规定充分披露公司信息,监管部门就申报的公开信息进行形式审查,而不进行实质审查(吴林祥,2005)。在证券发行注册制下,拟发行人必须根据相关法律法规的规定向社会公开披露所有与发行有关的信息和资料,并且所公布的信息不得包含虚假陈述、信息误导或重大遗留,否则证券发行人和中介机构要承担民事责任甚至刑事责任。

在注册制下,证券监管机构只负责审查证券发行人的申请文件是否在形式上满足监管要求,无权决定所发行证券的品质。证券监管机构并没有实施实质性的监控,证券发行人及中介机构承担相应的法律责任是保证披露信息的准确性和全面性的重要法律基础。

2. 核准制

核准制是指政府监管部门根据法律和行政法规所规定的实质性条件对发行人进行审查,符合既定标准方予以批准发行。在核准制的监管模式下,证券发行人不但要强制披露信息,而且发行人必须符合监管部门颁布实施的相关法律法规中规定的若干实质性条件,证券监管部门有权否决不符合实质条件的发行申请。

核准制是在强制信息披露的基础上,通过附加一些实质性条件,政府监管部门试图把低质量、高风险的公司排除在证券发行之外,以保护投资者的利益。

三、注册制和核准制的比较

下面从政府监管理念、市场准入、信息披露等几个方面对注册制和核准制模式进行比较,以了解两种监管模式的特点。表1-1对核准制与注册制的异同点进行了总结。

表1-1　核准制与注册制的差别比较

比较项目	注册制	核准制
政府监管理念	市场主导	政府主导
市场准入	自由准入	准入管制
信息披露	强制披露	强制披露
审查方式	对申报文件进行形式审查	对申报文件进行实质内容和形式审查
政府部门干预	对证券发行干预程度低	对证券发行干预程度高
政府透明度	透明度高	实质性审查内容的弹性导致政府监管的透明度低
审核效率	审核效率高	审核效率低

1. 政府监管理念的差异

注册制要求发行人强制披露相关信息,相关人对信息的真实性和全面性承担法律责任,监管部门只对披露信息进行形式审查。在注册制下,政府监管更加重视市场机制的作用,只要发行人在监管部门登记注册并在形式上满足相关条件,发行人就可以公开发行股票,最终能否成功发行取决于市场对发行人股票的需求。同样对于投资者而言,是否投资完全取决于投资者对股票发行人情况的自主判断,证券监管机构通过法律责任制度来保证发行人披露信息的真实性和可靠性,而不对发行人质量的好坏作任何形式的保证。

核准制不但要求发行人强制披露信息,而且政府监管部门对发行人进行实质性审查,只有满足相关实质条件的公司方能进行证券发行,政府监管部门不但注重形式审查而且还进行实质内容审查,因而企业能否发行股票首先取决于它是否满足政府的审查要求。政府监管部门的目的在于通过对证券发行人质量的把关来降低投资者风险。

因而从政府监管理念来看,核准制体现了政府对市场的干预程度高,政府监管部门是首次公开发行市场的主导;而注册制则体现政府尽可能少地通过干预市场来纠正市场失灵,遵循"阳光是最好的消毒剂,电灯是最有效的警察",首次公开发行市场运作由市场主导。

2. 市场准入的差异

注册制与核准制的另外一个重大差异是对首次公开发行市场的准入影响不同。在注册制下,监管部门并没有规定关于证券发行的任何实质性条件,能够发行证券的公司既可以是业绩优良的公司,也可以是业绩平平甚至是亏损公司,只要达到全面披露监管部门所要求的信息就可以发行,但是能否顺利发行完全取决于市场的需求,因而首次公开发行市场的准入壁垒比较低,市场准入是自由的,前提条件是按照监管部门的要求充分披露相关信息。

在核准制下,发行人必须满足政府监管部门提出的一些实质性条件方能发行上市,而且政府监管部门可以通过实质性条件的变化来提高或降低首次公开发行的门槛,因而在核准制下,市场准入具有较高的壁垒。换言之,相对于注册制下首次公开发行市场的自由准入,注册制下 IPO 市场准入是由政府管制的。

3. 信息披露

在信息披露方面,注册制与核准制遵循相同的标准:强制信息披露,根据监管部门的内容和格式要求准确、真实地披露相关信息。

第四节　我国首次公开发行市场监管制度变迁

一、审批制与 IPO 市场准入的计划额度管制

1984 年 11 月,我国第一家向社会公开发行股票募集资金的公司——上海飞乐音响股份公司成立,这是我国首次公开发行市场雏形的形成标志,其后陆续有企业公开发行股票募集资金,然而由于此时股票并不能公开转让和交易,因而我国并没有形成完整意义上的首次公开发行市场。1990 年,经国务院批准同意在上海设立证券交易所,上海本地发行的股票开始进入证券交易所交易,1991 年 4 月深圳证券交易所正式批准成立①。

1993 年之前,对证券市场的监管,包括股票的发行和转让交易,主要由地方政府负责监管。1992 年 12 月 17 日国务院颁布的《国务院关于进一步加强证券市场宏观管理的通知》(以下简称《通知》)使我国证券市场监管从原来由地方政府主导转变为由中央政府主导的监管模式。

《通知》确定了中国证券市场监管的基本框架结构,成立了国务院证券委和中国证监会负责我国证券市场的监管,其中国务院证券委是国家对全国证券市场进行统一宏观管理的主管机构,负责组织拟订有关证券市场的法律、法规草案,研究制定有关证券市场的方针政策和规章,制定证券市场发展规划和提出计划建议等,而中国证监会则是国务院证券委的执行机构。

在确定我国证券市场监管总体框架的同时,《通知》也确定了我国首次公开发行市场的监管体系,其中关于证券发行的相关规定构成了我国证券发行监管的法律基础,政府对股票发行监管实施的审批制应运而生。尽管新股发行监管的审批制在我国证券市场发展初期对促进市场发展起到了一定的作用,但也带来许多问题,成为制约我国资本市场发展的重要因素。在这种情况下,2001 年 3 月我国首次公开发行市场监管制度发生重大变革,核准制正式实施。在新股发行核准制下,中国证监会设立股票发行审核委员会,由股票发行审核委员会负责新股发行申请的审核工作,它掌握了企业能否发行股票的"生杀大权"。

因而以 2001 年 3 月为界,可以将我国新股发行监管制度划分为两个阶段,其中 2001 年 3 月以前为审批制,2001 年 3 月以后为核准制。与美国的

---

①　上海证券交易所投资者教育中心:《证券市场发展历史简介》,参见网页上海证券交易所网页:http://www. sse. com. cn/cs/zhs/xxjl/jy/bbyd/yuandi/paper20070709. pdf。

注册制相比,不论是在审批制还是核准制监管的模式下,政府监管部门都对 IPO 市场准入实施管制,但审批制与核准制对 IPO 市场准入的管制方式不同。下面注重从 IPO 市场准入管制角度对我国新股发行监管从审批制到核准制的制度变迁进行简要梳理。

1. 新股发行审批制的基本内容和流程

《通知》中涉及证券发行监管的主要内容包括:第一,国家计委根据证券委的计划建议进行综合平衡,编制证券发行计划;第二,关于企业的股份制试点,地方企业由省级或计划单列市人民政府授权的部门会同企业主管部门负责审批,中央企业由国家体改委会同企业主管部门负责审批;第三,明确了股票发行、上市的程序。经过批准的股份制试点企业,地方企业由省级或计划单列市人民政府在国家下达给该地的股票发行计划额度内审批;中央企业由其主管部门在国家下达给该部门的发行规模内审批;被批准的发行申请送证监会进行资格复审后,由上海证券交易所或深圳证券交易所发行上市委员会审核批准,报证监会备案(同时抄报证券委)。根据《通知》中的相关规定,审批制下首次公开发行市场准入监管流程可以以图 1-2 来表示。

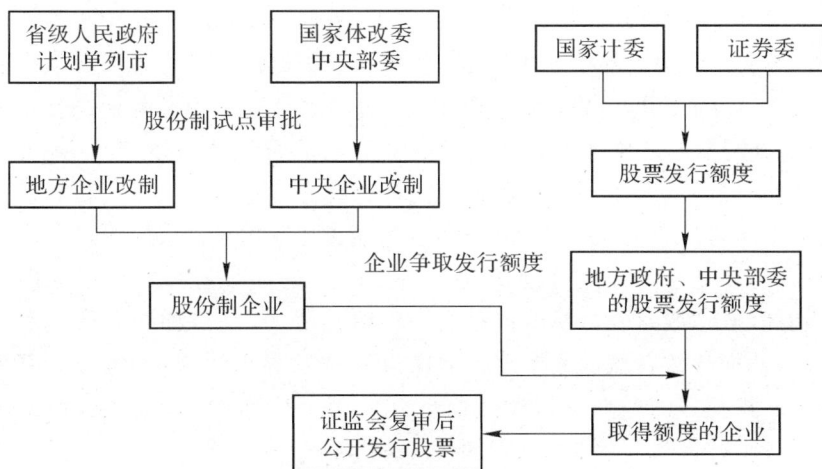

图 1-2　审批制下新股发行政府监管流程

2. 审批制监管模式下的 IPO 市场准入管制方式——计划额度

在新股发行审批制监管模式下,IPO 市场准入是受政府严格管制的,这体现在两个方面:第一,企业的股份制改革是由地方政府或中央政府部门审批的,而改制成股份制企业是企业发行股票并上市的前提条件;第二,在完成股份制改革后,企业必须从地方政府或中央部委处获得股票发行额度才能取得 IPO 市场准入的资格。

尽管在审批制下 IPO 市场准入管制涉及股份制改革审批和股票发行额度的取得这两个环节,但二者对企业的 IPO 市场准入影响的重要程度是不一样的,企业获得地方政府或中央部委分配的股票发行额度是 IPO 市场准入的决定性条件。因而可以说,在股票发行审批制下,IPO 市场准入管制是通过股票发行额度的分配来实现的。

虽然审批制下 IPO 市场准入管制是通过股票发行额度的分配来实现的,但 IPO 市场准入的管制权并没有直接配置给证券市场的监管机关——中国证监会,而是配置给了地方政府或中央部委,这是因为地方政府或中央部委最终决定股票额度的分配,证监会只是在企业获得股票发行额度后进行复审。

由此可见,新股发行审批制下,IPO 市场准入管制具有以下特点:第一,股票发行额度体现了政府对 IPO 市场准入的管制;第二,IPO 市场准入管制权并没有配置给专门的监管部门,在很大程度上配置给了地方政府或中央部委。

3. 审批制下 IPO 市场准入管制的弊端

股票发行审批制对首次公开发行市场准入监管实施的计划额度管理具有浓厚的计划经济色彩,这体现在:第一,股份制改革的试点必须经过相关政府部门的审批,其中地方企业由省级人民政府或计划单列市审批,中央企业由国家体改委和主管中央部委审批;第二,已进行股份制改革的企业需要取得股票发行额度后方能发行股票,股票发行额度由国家计委和国务院证监委确定总额,然后分配给地方政府(省级人民政府和计划单列市)和中央部委,地方政府和中央部委在国家下达的发行额度范围内选择企业进行股票公开发行。上述具有浓厚计划经济色彩的 IPO 市场准入管制方式引发了众多问题:

第一,市场准入额度管理诱发寻租活动。在首次公开发行市场准入额度管理体制下,股票发行额度本身是一种稀缺资源,是一种获取低成本资本的渠道,从而导致在获取股票发行额度方面诱发寻租活动:各地方政府为了在中央获得更多的股票发行额度而展开的第一层面的寻租活动,跑上市指标成了各级政府最重要也是最困难的任务之一(清风,1998);地方企业或中央所属企业为了获得股票发行额度而向地方政府或中央部委主管部门展开的第二个层面的寻租活动。

第二,市场准入额度管理扭曲上市公司的心态。由于股票发行上市额度是稀缺资源,为了获取发行额度,企业必须要经历重重公关,甚至行贿活动。久而久之,给企业造成如此感觉,公司上市就是跑"关系"、走"后门",主管部门才是关键,而忽略了广大投资者的利益。长此以往,上市公司的高级管理人员完全忽略广大股东的利益,而只重视与政府和证券监管部门的关系,从而本末倒置,动摇了资本市场发展的根基,对我国资本市场的发展产生不利影响。

第三,上市公司质量难以保证。首次公开发行市场准入额度管理制度影响上市公司质量,对证券市场发展产生不利影响,这主要体现在以下几个方面:其一,发行额度是企业发行股票并上市的前提条件,而发行额度往往是由政府控制,政府可能并不按照企业质量高低作为发行额度取得的标准,因而额度管理并不能保证高质量的企业能够进入股票市场;其二,在实施股票发行额度管理期间,政府面临的一项重要任务就是国有企业改制,通过发行股票增加国有企业资本金是实施国有改制的重要途径。在这种情况下,股票发行额度管理成为政府扶持国有企业改革和"扶贫"的重要手段,上市公司质量自然难以得到保证;其三,企业为了取得发行额度,进行财务粉饰,甚至进行财务舞弊,这直接影响了上市公司的质量。

二、核准制与 IPO 市场准入管制(股票发行审核委员会的发行审核)

1. 股票发行监管制度改革:从审批制到核准制

首次公开发行市场监管的审批制在促进我国证券市场发展和支持国有企业改制方面发挥了一定作用,但是其弊端不断凸现,影响我国资本市场的健康发展,首次公开发行市场监管制度的变革势在必行,而我国证券市场的法律法规建设为首次公开发行市场监管制度变革带来了契机。

尽管 1992 年国务院颁布的《国务院关于进一步加强证券市场宏观管理的通知》和 1993 年中国证监会颁布实施的《股票发行与交易管理暂行条例》确立了一个以证券委为主管部门的分层次、专业化的监管目标框架,但对证券市场的监管仍旧是以政府行政干预为主,缺乏相应法律制度的支持。而1999 年 7 月 1 日开始实施的《中华人民共和国证券法》结束了我国证券市场监管主要依靠行政化手段的格局,《证券法》的实施代表着股票发行审批制度和计划额度管理的终结和股票发行核准制的开始。

2. 核准制下 IPO 市场准入管制方式——股票发行审核委员会的审核

1999 年 7 月颁布的《证券法》明确提出了在股票发行监管中实施核准制,而 1999 年 9 月 16 日中国证券监督管理委员会发布的《中国证券监督管理委员会股票发行审核委员会条例》将《证券法》的股票发行核准机构具体化。2000 年 3 月发布的《中国证监会股票发行核准程序》(证监发〔2000〕16号)对股票发行核准流程进行了详细的规定。图 1-3 是《中国证监会股票发行核准程序》所规定的流程示意图。

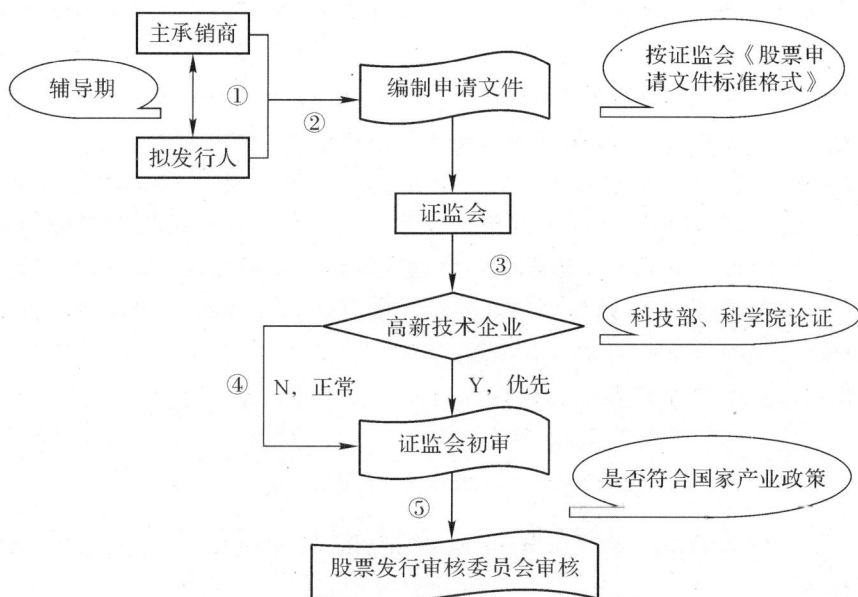

图 1-3　股票发行核准制的运作流程

在股票发行核准制下,中国证监会设立股票发行审核委员会,由股票发行审核委员会根据相关法律法规对股票拟发行人的股票发行申请资料进行审核,做出是否准予发行的决定。因而在新股发行核准制监管模式下,股票发行审核委员会的审核成为 IPO 市场准入的关键。然而核准制下,IPO 市场的准入仍旧受政府的管制,这体现在:第一,股票发行审核委员会的委员构成、运作流程由中国证监会制定;第二,股票发行审核委员会进行审核的依据主要是证监会颁布的法律法规。

我国股票发行监管制度从审批制到核准制的变革导致首次公开发行市场准入管制手段和管制权的配置发生了重大变化:第一,IPO 市场准入管制手段从计划额度转变为股票发行审核委员会的审核。在审批制下,主要通过计划额度的分配来实施 IPO 市场的准入管制;而在核准制下,股票发行审核委员会的审核取代了计划额度成为政府实施 IPO 市场准入管制的手段。第二,IPO 市场准入管制权配置的变化。在审批制下,股份制改制的批准和股票发行额度均掌握在地方政府或中央部委手中,IPO 市场准入管制权直接配置给地方政府或中央部委,证券市场监管机构只是从属地位;而在股票发行核准制下,拟发行人通过中国证监会股票发行审核委员会的核准就可以发行股票,而不需取得股票发行额度,IPO 市场准入管制权配置给中国证监会股票发行审核委员会,为中国证监会所掌控。

第二章 股票发行审核委员会审核与 IPO 市场准入管制

上一章的分析表明,我国新股发行监管制度从审批制到核准制的变革,虽然没有改变 IPO 市场准入仍受政府管制的格局,但改变了 IPO 市场准入的管制方式,股票发行审核委员会的发行审核取代了股票发行额度成为政府实施 IPO 准入管制的手段。因而,IPO 市场准入管制方式变化的经济效果如何自然成为人们关注的问题。由于在核准制下,股票发行审核委员会的审核成为监管部门实施 IPO 市场准入管制的基本手段,本章将对我国股票发行审核委员会的结构、运作流程和有待于研究的问题进行梳理与分析。

第一节 股票发行审核委员会委员组成结构分析

在核准制下,IPO 市场准入管制体现为股票发行审核委员会的发行审核,因而了解股票发行审核委员会的结构及其变迁是分析 IPO 市场准入管制经济效果的基础。

一、股票发行审核委员会的设立依据

1.《证券法》与股票发行审核委员会设立的法律依据

我国股票发行审核委员会设立和运行的基本法律依据源于 1999 年颁布实施的《证券法》,这体现在以下几个方面:

第一,《证券法》规定,公开发行股票必须依照《公司法》规定的条件,报经国务院证券监督管理机构核准(第二章第十一条)。这奠定了我国股票发行核准制的法律基础,表明我国股票发行的监管制度是核准制而非注册制或审批制。

第二,《证券法》规定,国务院证券监督管理机构设发行审核委员会,依法审核股票发行申请(第二章第十四条)。这构成了核准制下我国股票发行

审核委员会设立的法律依据,明确规定股票发行审核委员会负责股票发行审核工作。

第三,《证券法》规定,股票发行审核委员会由国务院证券监督管理机构的专业人员和所聘请的该机构外的有关专家组成,以投票方式对股票发行申请进行表决,提出审核意见(第二章第十四条)。这对我国股票发行审核委员会的结构和运作程序作了初步的规定。

尽管 1999 年颁布实施的《证券法》确立了股票发行审核委员会负责股票发行审核工作的法律地位,并对股票发行审核委员会的机构设置和运作程序作了初步规定,但没有对股票发行审核委员会的具体组成办法、组成人员任期和具体的工作程序作详细规定,而是授权国务院证券监督管理机构拟定相关的细则。2005 年修订的《证券法》也没有对股票发行审核委员会法律地位的相关条款作修改。

2. 中国证监会关于股票发行审核委员会的相关规定

作为中国证券市场的政府监管部门,依据《证券法》,中国证监会陆续颁布了一系列法规对股票发行审核委员会的构成、委员职责及权利和义务、工作程序等方面作了细化,为股票发行审核委员会的具体运作提供了规范和指引。而中国证监会 1999 年 9 月 16 日颁布的《股票发行审核委员会条例》标志着股票发行审核委员会的正式设立。

表 2-1 是从 1999 年至 2012 年中国证监会颁布实施的关于股票发行审核委会设立和运作方面的法规条例。

综上,《证券法》为股票发行审核委员会设立提供了法律依据,确立了股票发行审核委员会的法律地位;而中国证监会颁布的关于股票发行审核委员会的相关法规条例对股票发行审核委员会的组成、职责和工作程序等内容做了详细的规定,为股票发行审核委员会的具体运作提供了规范和指引。

表 2-1 1999—2012 年中国证监会颁布的相关法规条例

实施的时间	相关法规	废止时间
1999 年 9 月 16 日	《股票发行审核委员会条例》	2003 年 12 月 5 日
2003 年 12 月 5 日	《股票发行审核委员会暂行办法》	2006 年 5 月 9 日
2006 年 5 月 9 日	《中国证券监督管理委员会发行审核委员会办法》	执行中
2009 年 6 月 14 日	《关于修改〈中国证券监督管理委员会发行审核委员会办法〉的决定》	执行中

二、股票发行审核委员会成立之初的组织结构

中国证监会 1999 年颁布实施的《股票发行审核委员会条例》首次对股票发行审核委员会的组成和委员的选拔条件进行了规范；此后，先后于 2003 年 12 月、2006 年 5 月和 2009 年 6 月三次对关于股票发行审核委员会的相关法规进行修订。上述法规条例的修订代表中国证监会对股票发行审核委员会的结构进行调整，而这些调整也反映了中国证监会作为监管部门对股票发行市场监管理念的变化。因而，本节先对关于股票发行审核委员会组成的法规条例变迁进行梳理，然后尝试揭示政府监管部门监管理念的变化。

中国证监会 1999 年颁布实施的《股票发行审核委员会条例》对发行审核委员会（以下简称发审委）的规模和委员应具备的条件进行规范，其后的几次修改也是以此为基础的。

1.《股票发行审核委员会条例》关于发审委的组成和委员条件

该条例规定，发审委由中国证监会的专业人员和所聘请中国证监会以外的有关专家和社会知名人士组成。发审委共由 80 名委员组成，其中发审委当然委员 5 名（包括中国证监会首席稽查、首席会计师、首席律师、上海和深圳证券交易所总经理），该条例还对其余 75 名委员的来源作了明确规定，具体见表 2-2。

表 2-2　股票发行审核委员会非当然委员构成

发审委委员来源	名额
国家宏观调控部门	8
专业经济管理部门及其他有关部门	8
中国证券监督管理委员会的专业人员	15
证券交易所的专家	6
国有银行的专家	5
中华全国工商业联合会的专家	1
中国科学院、中国社会科学院等科研单位的专家	5
中国证券业协会、中国注册会计师协会、中国律师协会和其他有关专业社会团体的专家	8
证券业内专家	8
大学教授	6
社会知名人士	5
合计	75

根据该条例,除发审委的当然委员外,其他委员由中国证券监督管理委员会聘任或者由中国证券监督管理委员会商有关部门、单位后聘任,发审委委员需要满足以下条件:第一,年龄一般在 65 周岁以下,并具有中华人民共和国国籍;第二,熟悉宏观经济政策和有关法律、法规,了解证券业务;第三,未在上市公司、拟上市公司担任职务,并且未从事与发行审核事项有利害关系的其他工作;第四,坚持原则,公正廉洁,忠于职守,严格遵守国家法律、法规。

2.《股票发行审核委员会暂行办法》关于发审委的组成和委员条件

2003 年颁布的《股票发行审核委员会暂行办法》对《股票发行审核委员会条例》进行了修订,这次修订导致发审委的组成结构发生了较大变化。

《股票发行审核委员会暂行办法》规定每届发审委委员由 25 名委员组成,其中中国证监会的人员 5 名,中国证监会以外的人员 20 名。对中国证监会以外的 20 名人员,《股票发行审核委员会暂行办法》只规定,发审委委员由有关行政机构、行业自律组织、研究机构和高校等推荐,由中国证监会聘任,但没有对发审委委员应来自哪些部门或单位作具体的规定。《股票发行审核委员会暂行办法》与《股票发行审核委员会条例》关于发审委委员组成的差异主要体现在以下几个方面:第一,发审委委员数量大幅减少,从原来的80 人减少为 25 人;第二,每届发审委委员的任期从 2 年降为 1 年,最长连任届数仍为 3 届;第三,取消了发审委当然委员,把发审委委员划分为专职委员和兼职委员。表 2-3 是股票发行审核委员会组成的变化情况。

表 2-3　股票发行审核委员会组成的变化

	《暂行办法》	《条例》
发审委委员数量	80 人	25 人
任期	2 年	1 年
专职委员	设立	没有设立
发审委当然委员	取消	有

除了上述变化之外,2003 年颁布实施的《股票发行审核委员会暂行办法》另一不同于 1999 年颁布实施的《股票发行审核委员会条例》之处在于发审委委员身份是否保密。后者第十四条规定"发审委除当然委员外,其他委员的身份应当保密。发审委委员不得在发审委会议以外的场合公开其发审委委员身份,不得以发审委委员的名义参加中国证券监督管理委员会以外的部门、单位组织的活动,不得泄露发审委委员名单",而前者第十九条规定"中国证监会有关职能部门应当在发审委会议召开 5 日前将参会发审委委员

名单在中国证监会网站上公布"。股票发行审核委员会委员身份信息的公开和透明化有助于进一步了解发审委的运作情况。

3.《中国证券监督管理委员会发行审核委员会办法》关于发审委的组成和委员条件

2006 年 5 月 9 日颁布实施的《中国证券监督管理委员会发行审核委员会办法》在关于发审委的组成和委员的条件方面完全延续了 2003 年 5 月颁布实施的《股票发行审核委员会暂行办法》的相关规定。

为了适应我国创业板市场设立的需要,2009 年中国证监会对《中国证券监督管理委员会发行审核委员会办法》进行了修订。2009 年修订稿明确,中国证监会设立主板市场发行审核委员会和创业板市场发行审核委员会;主板市场发审委的构成与以往一样,由 25 名委员组成,其中 5 人来自中国证监会;而创业板市场发审委由 30 名委员组成,其中 5 人来自中国证监会,中国证监会以外人员为 25 名。但修订稿并没有对主板市场发审委和创业板市场发审委的委员选拔条件作区分,均延续了以往的规定。

三、股票发行审核委员会的委员结构及其变化

在股票发行核准制下,发行审核委员会依据相关的法律法规对拟发行人的股票发行申请进行审核,并通过投票方式对股票发行申请进行表决。发审委委员审核的依据是拟发行人提供的招股说明书、法律意见书、审计意见以及中国证监会的初审报告等,而这些文件涉及法律、财务、审计、公司治理等众多方面,具有非常强的专业性,因而发审委委员的组成是否具有专业性会影响股票发行审核的效率。由于中国证监会负责股票发行审核委员会委员的选拔,因而发审委委员组成结构变化也从一定程度上反映了证券监管部门的监管理念,下面对发审委委员的组成结构及其变化趋势进行分析。

我们把发审委委员来源的结构划分为四类:政府部门(包括政府监管部门和其他国家部委,其中政府监管部门指中国证监会、上海证券交易所和深圳证券交易所)、专业机构(会计师事务所、律师事务所、资产评估机构)、证券市场机构(证券公司和基金管理公司)和其他部门(大学等其他研究机构),然后分析比较我国股票发行审核委员会委员组成结构的变化。

1. 主板市场发审委委员结构及其变化

中国证监会 1999 年颁布实施的《股票发行审核委员会条例》规定,发审委由 80 名委员组成,并对发审委委员的来源和名额分配进行详细的规定(具体见表 2-2)。表 2-4 的数据表明,在发审委委员的构成中,26 名来自中国证监会系统,16 名来自其他政府部门,来自政府部门的发审委委员共 42 名,占

委员总数的 52.5％；相比之下，来自专业机构（中国证券业协会、中国注册会计师协会、中国律师协会和其他有关专业社会团体的专家）的委员 8 名，证券市场机构（证券业内专家）8 名，二者占委员总数的 20％。

2003 年颁布的《股票发行审核委员会暂行办法》规定发审委由 25 名委员组成，其中 5 名来自中国证监会，其余 20 名委员由有关行政机构、行业自律组织、研究机构和高校等推荐产生，但没有具体规定委员的来源部门。

表 2-4　发审委设立之初的委员结构

具体构成	人数	比例
政府部门（Ⅰ）——证监会	26	32.5％
政府部门（Ⅱ）——其他国家部委	16	20％
专业机构	8	10％
证券市场机构	8	10％
其他部门	22	27.5％
合计	80	100％

自主板市场第六届股票发行审核委员会设立开始，中国证监会公布每届发审委委员名单及其单位等信息，这为研究发审委委员结构变化提供了便利，附录 1 是主板市场第 6—14 届发审委委员的名单。表 2-5 是主板市场第 6—14 届发审委委员的组成结构情况。

表 2-5　主板市场第 6—14 届发审委委员组成结构

届别	政府部门			专业机构				证券市场机构			其他
	Ⅰ	Ⅱ	合计	Ⅰ	Ⅱ	Ⅲ	合计	Ⅰ	Ⅱ	合计	—
6	8	2	10	5	4	1	10	2	2	4	1
7	7	2	9	5	5	0	10	3	2	5	1
8	7	2	9	5	5		10	3	2	5	1
9	6			8	5	1	14	2	0	2	1
10	5	2	7	9	5	1	15	2	0	2	1
11	5	2	7	9	5	1	15	2	0	2	1
12	5	2	7	9	5	1	15	2	0	2	1
13	5	2	7	9	5	1	15	2	0	2	1
14	5	2	7	9	5	1	15	2	0	2	1

附：政府部门Ⅰ、Ⅱ分别为中国证监会、其他国家部委；专业机构Ⅰ、Ⅱ、Ⅲ分别为会计师事务所、律师事务所、资产评估事务所；证券市场机构Ⅰ、Ⅱ分别为基金管理公司、证券公司。

　　表 2-5 提供的数据表明,从第 10 届开始,股票发审委委员的来源结构就比较固定了,政府部门为 7 人,其中中国证监会系统 5 人、其他国家部委 2 人;专业机构的委员人数为 15 人,其中来自会计师事务所的委员 9 人、来自律师事务所的委员 5 人、来自资产评估机构委员 1 人;来自基金公司委员 2 人;而来自其他机构的发审委委员始终为 1 人。

　　图 2-1 是股票发行审核委员会设立以来,发审委委员组成结构变化示意图。从图中可以知道自发审委成立以来,发审委委员组成结构发生了以下变化:

　　第一,来自政府部门的发审委委员比例不断下降。根据中国证监会 1999 年颁布实施的《股票发行审核委员会条例》的规定,来自中国证监会系统和其他国家部委的委员数量总计 42 名,占总人数的比例为 52.5%,超过一半;而在第六届发审委委员中,来自政府部门的委员比例下降为 40%(共计 10 人,其中 8 人来自中国证监会系统);第七至八届发审委委员中,36% 来自政府部门;而第九届发审委委员中来自政府部门的比例进一步下降至 32%,从第十届开始,发审委委员中来自政府部门的委员比例维持在 28%。由此可见,来自政府部门委员的比例逐步下降,从发审委设立之初的 52.5% 逐步下降到目前的 28%。

　　第二,来自专业机构的委员比例大幅度提高。根据中国证监会 1999 年颁布实施的《股票发行审核委员会条例》的规定,发审委委员中来自中国证券业协会、中国注册会计师协会、中国律师协会和其他有关专业社会团体的专家为 8 名;由此可见,来自会计师事务所、律师事务所和资产评估机构的委员比例不超过 10%。而自主板市场第六届发审委设立开始,来自上述专业机构的发审委委员比例大幅度提高。在第六届发审委委员中,5 人来自会计师事务所、4 人来自律师事务所、1 人来自资产评估机构,来自上述专业机构的委员占总人数的 40%;而来自上述专业机构的委员比例在第九届上升至 56%;而且从第十届开始,这一比例又进一步增加至 60%。来自专业机构的委员中,会计师事务所和律师事务所是主要的来源,从第十届开始,有 9 名委员来自会计师事务所,占委员的比例为 36%;5 名委员来自律师事务所,占委员的比例为 20%。来自会计师事务所和律师事务所的委员比例超过总人数的一半。

　　第三,来自证券市场机构和其他部门的委员比例大幅度下降。根据中国证监会 1999 年颁布实施的《股票发行审核委员会条例》的规定,来自证券市场机构和其他部门的委员占委员总数的 37.5%;而从第十届发审委开始,来自证券市场机构(基金管理公司)的委员为 2 名,其他部门为 1 名,占委员比例仅为 12%。

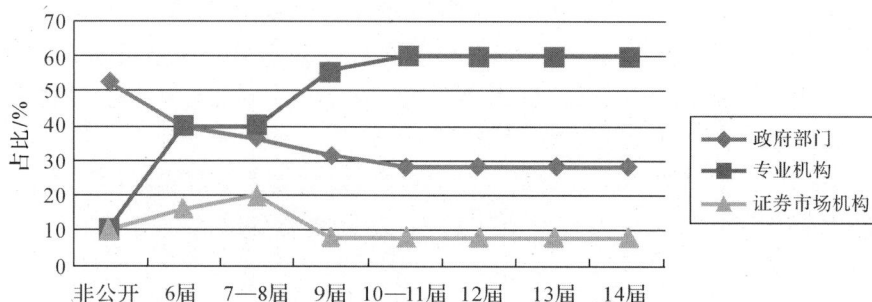

图 2-1　发审委委员结构变化

2.创业板市场发审委委员结构

2009 年,中国证监会在深圳证券交易所设立创业板市场,以推动我国高新技术产业的发展。为了配合我国创业板市场的推出,2009 年中国证监会修订了《中国证券监督管理委员会发行审核委员会办法》,增设了创业板市场发行审核委员会,创业板市场发审委由 35 名委员组成,其中 5 名委员来自中国证监会系统。附录 2 是创业板市场第一届至第四届发审委委员名单。

在创业板市场发审委的组成结构中,委员除了来自政府部门、专业机构、证券市场机构之外,科技专家成为发审委委员的重要组成部分,表 2-6 是历届创业板市场发审委的委员组成情况。

由表 2-6 的数据可知,创业板市场发审委委员的组成结构呈现以下特点:

第一,来自政府部门的委员比例低。从第十届发审委开始,主板市场中来自政府部门(中国证监会和其他国家部委)的委员数量为 7 人,比例为 28%;而创业板市场发审委委员中来自政府部门的委员数量为 7 人(第 3、4 届),比例下降至 20%。

第二,专业人士成为创业板市场发审委委员的主力。与来自政府部门的委员比例下降相比,创业板市场发审委委员的组成中,来自专业机构的委员占 60%,来自科技部门的科技专家占 14.3%;二者占发审委委员的比例为 74.3%,接近 3/4。专业机构主要包括会计师事务所、律师事务所和资产评估机构,这有助于发审委从财务、法律角度对拟发行人进行专业评估;而科技专家则有助于从产业发展角度对拟发行人进行专业评估,这在一定程度上有助于创业板市场发审委审核工作专业性的提升。

表 2-6　创业板市场发审委委员的组成结构情况

委员来源结构		第 1—2 届		第 3 届		第 4 届	
		数量	比例	数量	比例	数量	比例
政府部门	证监会	5	14.3%	5	14.3%	5	14.3%
	其他国家部委	1	2.9%	2	5.7%	2	5.7%
	小计	6	17.1%	7	20.0%	7	20.0%
专业机构	会计师事务所	14	40.0%	14	40.0%	13	37.1%
	律师事务所	6	17.1%	6	17.1%	7	20.0%
	资产评估机构	1	2.9%	1	2.9%	1	2.9%
	小计	21	60.0%	21	60.0%	21	60.0%
科技专家		6	17.1%	5	14.3%	5	14.3%
证券市场机构(基金公司)		2	5.7%	2	5.7%	2	5.7%
合　　计		35	100.0%	35	100.0%	35	100.0%

四、发审委委员构成结构:专职委员与兼职委员

1. 专职委员与兼职委员的比例

2003 年颁布的《股票发行审核委员会暂行办法》第六条规定,部分发审委委员可以为专职,因而从第六届发审委设立开始,发审委委员分为专职委员和兼职委员。表 2-7 是自主板市场第六届发审委设立后,主板市场和创业板市场发审委委员中专职委员和兼职委员的构成情况。

在主板市场第六届发审委的组成中,专职委员 13 名,占比为 52%;而自主板市场第九届发审委开始,专职委员为 17 名,占 68%,超过 2/3 的委员为专职委员。从主板市场专职和兼职委员的构成比例来看,专职委员的比例在提高。而自成立以来,创业板市场的发审委由 23 名专职委员和 12 名兼职委员构成,专职委员的比例为 65.7%,略低于主板市场。

表 2-7　主板市场和创业板市场发审委的专职委员与兼职委员构成

界别	专职委员数	兼职委员数	专职委员比例
6	13	12	52%
7—8	13	12	52%
9	17	8	68%
10—11	17	8	68%

续表

界别	专职委员数	兼职委员数	专职委员比例
12	17	8	68%
13	17	8	68%
14	17	8	68%
创业板第1—2届	23	12	65.7%
创业板第3届	23	12	65.7%
创业板第4届	23	12	65.7%

2.专职发审委委员的来源和专业背景

以上的数据表明,在发审委委员的组成中,专职委员的比例得到提升,下面分析发审委专职委员的来源和专业背景。表2-8是主板市场专职发审委委员的来源。

从表2-8可以知道,专职委员完全来自专业机构和中国证监会系统,并且绝大部分来自专业机构。从主板市场第十届发审委开始,17名专职委员中,9人是具有证券从业资格的会计师,5人是律师,1人是资产评估师,2人来自证券交易所。尤其是来自会计师事务所的会计师数量增加幅度最大,从第六届的5人增加到如今的9人,增幅接近1倍。由此可见,专职委员主要由会计师、律师等证券市场的专业人士担任,相比之下,来自政府部门的委员主要担任兼职委员,这样发审委审核的专业性得到进一步提升。

表2-8　主板市场发审委的专职委员构成情况

界别	专业委员总人数	专业机构人员			中国证监会系统	
		会计师	律师	评估师	证监会	证券交易所
6	13	5	4	1	3	0
7—8	13	5	4	1	3	0
9	17	5	5	1	1	2
10—11	17	9	5	1	0	2
12	17	9	5	1	0	2
13	17	9	5	1	0	2
14	17	9	5	1	0	2

表2-9是创业板市场发审委专职委员的来源和专业背景。自创业板市场发审委设立开始,除了上海证券交易所和深圳证券交易所各1名专职委员外,其余21名专职委员均来自专业机构,其中会计师为14名、律师为6名、

资产评估师为 1 名。

表 2-9　创业板市场发审委的专职委员构成情况

界别	专业委员总人数	专业机构			中国证监会系统	
		会计师	律师	资产评估师	证监会	证券交易所
1—2	23	14	6	1	0	2
3	23	14	6	1	0	2
4	23	14	6	1	0	2

从以上对股票发行审核委员会委员构成结构变化分析可知,发审委委员结构变化呈现"双专"的特征:第一,发审委的专职性提高,这体现在专职委员成为发审委的"主力军",兼职委员比例下降;第二,在专职委员构成中,来自专业机构的委员(尤其是会计师和律师)占据主导地位。上述"双专"特征表明,在发审委委员结构变迁中,提高发审委审核工作的专业性是政府监管部门的总体指导思想。

第二节　股票发行审核委员会的发行审核运作

上一节对我国股票发行审核委员会的委员结构变迁进行了梳理,这为理解证券监管部门监管思路和理念提供了线索。而本节将关注发审委的发行审核工作(发审委到底是如何运作)的相关法律条例,主要涉及以下三个方面:第一,发审委委员审核工作的依据;第二,发审委审核工作的流程;第三,发审委委员审核过程中的行为规范(包括禁止行为和回避事项)。

一、发审委发行审核的法律依据及其变迁

1.发审委发行审核的法律依据

在股票发行核准制下,政府监管部门根据法律和行政法规所规定的实质条件对拟发行人进行审核,符合实质条件的拟发行人方予以批准发行。实质条件源于政府监管部门制定的法律和行政法规,政府监管部门对相应法律法规的调整会影响股票市场的准入,因而实质条件构成基准的变化也在一定程度上反映了政府监管理念的变化。

1999 年颁布实施的《证券法》第二章第十四条和 2005 年修订后的《证券法》第二章第二十二条规定:"国务院证券监督管理机构设发行审核委员会,依法审核股票发行申请",都只提出了发行审核委员会依法审核股票发行申请,那么发审委审核什么呢? 依据什么法律法规对发行申请进行审核呢?

对于审核内容，1999年颁布实施的《股票发行审核委员会条例》规定："发审委委员的职责是审核公开发行股票的公司资格、条件等，审核证券经营机构、会计师事务所、律师事务所、资产评估机构等证券中介机构及相关人员为发行股票所编制和出具的有关材料及意见书，审查中国证券监督管理委员会职能部门对股票发行申请的初审报告"，因而，审查内容是发行申请文件（招股说明书、审计报告、法律意见）和证监会发行部出具的初审报告。但审核依据依旧是"根据国家法律、法规和规章"，没有明确指出相关的法律依据。而2003年颁布实施《股票发行审核委员会暂行办法》明确提出，发行审核委员会的依据是《中华人民共和国公司法》、《中华人民共和国证券法》等法律、行政法规和中国证监会的规定。表2-10是中国证监会关于股票发行审核委员会的相关法规中对发审委审核依据的规定。

由此可见，《证券法》、《公司法》以及以上述法律为基础的中国证监会发布的法规的相关规定构成了核准制下发行审核委员会审核的基本依据，上述法律法规对企业公开发行股票的要求构成了核准制下的实质条件监管。

由于《公司法》、《证券法》具有相对稳定性，因而中国证监会颁布的关于股票发行相关行政法规构成了发审委进行股票发行审核的法律依据，下面对中国证监会关于企业上市审核标准（实质条件）及其变迁进行梳理，以了解政府监管部门监管理念的变化。

表2-10　发审委进行股票发行审核的法律依据

颁布时间	中国证监会颁布的法规	发审委审核法律依据
1999年	《股票发行审核委员会条例》	国家法律、法规和规章
2003年	《股票发行审核委员会暂行办法》	《中华人民共和国公司法》、《中华人民共和国证券法》等法律、行政法规和中国证监会的规定
2006年	《中国证券监督管理委员会发行审核委员会办法》	《中华人民共和国公司法》、《中华人民共和国证券法》等法律、行政法规和中国证监会的规定

2. 中国证监会关于审核实质条件的变迁

不论是审批制还是核准制，在IPO市场的准入管制中，监管部门对股票发行申请都提出了一些具体要求，具体体现在证监会颁布的一些法规条例中，中国证监会陆续颁布的相关法规见表2-11。

在《证券法》颁布实施前的股票发行审批制下，中国证监会颁布实施的相关法规条例对申请股票发行作了相应的要求。这些法规条例突出股票发行申请人的盈利能力和符合国家产业政策导向。比如 1993 年颁布的《股票发行与交易管理条例》规定：其一，股票发行人生产经营符合国家产业政策；其二，近三年连续盈利；其三，发行前一年末，净资产在总资产中所占比例不低于 30%，无形资产在净资产所占比例不高于 20%。而 1996 年颁布的《关于股票发行工作若干规定的通知》则进一步强调产业政策导向，并重点支持农业、能源、交通、通信、重要原材料等基础产业和高新技术产业。

表 2-11　中国证监会关于发行企业相关要求的法规

法规名称	发布时间	废止时间
《股票发行与交易管理暂行条例》	1993 年	实施中
《关于股票发行工作若干规定的通知》	1996 年	2006 年 5 月 18 日
《关于做好 1997 年股票发行工作的通知》	1997 年	2006 年 5 月 18 日
《关于股票发行工作若干问题的补充通知》	1998 年	2006 年 5 月 18 日
《关于对拟发行上市企业改制情况进行调查的通知》	1998 年	2006 年 5 月 18 日
《关于对拟公开发行股票公司改制运行情况进行调查的通知》	1999 年	2006 年 5 月 18 日
《关于拟发行股票公司聘请审计机构等问题的通知》	2000 年	2006 年 5 月 18 日
《关于进一步规范股票首次发行上市有关工作的通知》	2003 年	2006 年 5 月 18 日
《首次公开发行股票并上市管理办法》	2006 年	实施中
《首次公开发行股票并在创业板上市暂行管理办法》	2009 年	实施中

在《关于做好 1997 年股票发行工作的通知》中，除了强调国家的产业政策和支持国有大中型企业上市外，首次要求"改制后的股份公司应该具有独立完整的供应、生产、销售系统和直接面向市场独立经营的能力"；而 1998 年颁布的《关于股票发行工作若干问题的补充通知》进一步要求"股票发行人避免同业竞争和过多的关联交易"；同年颁布的《关于对拟发行上市企业改制情况进行调查的通知》要求"拟发行上市企业人员独立、资产完整、财务独立"。这表明，政府监管部门在对拟发行人的要求方面，除了国家产业政策和盈利能力外，更加关注拟发行人的公司治理结构，要求拟发行人在人员、资产、财务上独立于股东单位，从而有助于避免大股东通过关联交易侵害小股东的利益。

在《证券法》颁布实施后的股票发行核准制下，股票发行市场的监管延续以前的思路，拟发行人的独立性和公司治理结构成为中国证券监管部门关注的重点，这体现在中国证监会 2006 年颁布的《首次公开发行股票并上市管理办法》的相关规定中。

《首次公开发行股票并上市管理办法》(以下简称《办法》)从主体资格、发行人独立性、规范运行、财务与会计和募集资金运用五个方面对首次公开发行股票的企业提出了相关要求,尤其是拟发行人的独立性和公司治理结构上。在独立性方面,《办法》强调发行人需要资产完整、人员独立、财务独立、机构独立、业务独立;减少发行人与大股东之间的关联交易,以降低大股东通过关联交易侵害中小股东的利益。在规范运行方面,《办法》要求发行人具有完善的公司治理结构,已依法建立健全股东大会、董事会、监事会、独立董事制度,体现了监管部门对发行人公司治理结构的重视。在财务与会计方面,《办法》要求拟发行人应完整披露关联方关系并按重要性原则披露关联交易,关联交易价格公允,不存在通过关联交易操纵利润的情形。上述规范都强调和重视对中小股东的利益保护。

由此可见,核准制下 IPO 市场准入管制要求延续了审批制下的一些要求,这些管制要求也体现出监管部门对中小股东利益的重视。

二、股票发行审核委员会的工作程序

中国证监会 1999 年颁布实施的《股票发行审核委员会条例》除了对发审委的组成结构进行规定外,还对发审委审核工作程序作了初步规定,主要体现在以下几个方面:

第一,发审委审核工作会议以分组会议形式轮流召开。80 名委员分为 8 组,每组 10 名委员,出席会议的委员人数应当不少于 8 人。

第二,发审委办事机构应当在发审委审核工作会议召开的 5 个工作日前,将会议通知及发行申请材料送达与会委员。

第三,发审委审核工作会议对发行申请采取无记名投票方式表决。发审委委员可以投同意票、反对票或弃权票。同意票数达到出席会议委员人数的 2/3 即为通过。

尽管《股票发行审核委员会条例》对发审委的工作程序作了初步的规定,但对发审委审核工作的具体流程并未作细化。为了配合《股票发行审核委员会条例》的实施,并进一步规范和细化发审委的审核工作程序,2001 年 4 月,中国证监会发布了《中国证券监督管理委员会股票发行审核委员会工作程序指导意见》,对发审委审核会议前的准备工作、发审会议的程序进行了详细的规定。2002 年 7 月,中国证监会发布的《关于〈中国证券监督管理委员会股票发行审核委员会工作程序指导意见〉的补充通知》对相关的规定进行了补充。

2003 年 12 月 5 日,中国证监会颁布了《股票发行审核委员会暂行办法》,同时废止了《股票发行审核委员会条例》。为了配合暂行办法的实施,2003 年 12 月 11 日,中国证监会颁布了《股票发行审核委员会工作细则》,同时废止了《中国证券监督管理委员会股票发行审核委员会工作程序指导意见》。在《股票发行审核委员会暂行办法》和《股票发行审核委员会工作细则》中,中国证监会对股票发行审核委员会的工作程序进行了修订。表 2-12 对发审委审核工作流程的前后变化进行了比较。

相对于 1999 年颁布的《股票发行审核委员会条例》(以下简称《条例》),在审核工作流程上,2003 年颁布实施的《股票发行审核委员会暂行办法》(以下简称《暂行办法》)体现出以下几个方面的变化:

第一,在程序上,提高了对拟发行人的要求,增加了通过发行审核的难度。《条例》规定,对未通过的发行申请,经过中国证监会同意可以提出 1 次复审;而《暂行办法》规定,发行申请未通过的拟发行人不能进行复审。在暂缓表决方面,《条例》规定,经出席会议的半数以上委员同意即可;而《暂行办法》规定,需要经出席会议的 5 名委员同意,即需要超过 70% 的委员同意方能暂缓表决,高于《条例》的规定(50% 的委员同意)。此外,2001 年颁布的《中国证券监督管理委员会股票发行审核委员会工作程序指导意见》还对暂缓表决作了特殊规定,即对初次上会审核的拟发行人,同意票数未能达到出席委员人数的 2/3,其余均为弃权票的,可视同为暂缓表决,而《暂行办法》取消了弃权票。

第二,增加了对发审委委员审核行为的约束力。《暂行办法》规定,发审委委员通过记名投票方式进行表决,可投同意票或反对票,没有弃权票;而且发审委委员需要在工作底稿中记录审核的流程,并说明投票的理由。而在《条例》中,发审委委员有三种投票选择(同意、反对和弃权),无须说明投票的理由,也没有工作底稿记录发审委委员的审核流程。《暂行办法》通过记名投票、保留工作底稿、投票需要说明理由等方式增加了对发审委审核行为的约束力,降低了发审委委员行为的随意性。

第三,增加了会后事项审核环节。《暂行办法》规定,在发审委会议对发行人的股票发行申请表决通过后至中国证监会核准前,发行人发生了与所报送的股票发行申请文件不一致的重大事项,证监会可以提请发审委召开会后事项发审委会议,对该发行人的股票发行申请文件重新审核。

表 2-12　股票发行审核委员会审核工作流程对比

	股票发行审核委员会条例	股票发行审核委员会暂行办法
审核小组人员	10 名	7 名
表决方式	无记名投票	记名投票
表决票类型	同意票、反对票、弃权票	同意票、反对票;没有弃权票
表决规则	同意票超过 2/3	需要 5 票同意
暂缓表决条件	经出席会议的半数以上委员同意	经出席会议的 5 名委员同意
复审	对未通过的发行申请,经证监会同意,可以提出 1 次复审	发行申请未通过,不能提出复审
工作底稿	无该项要求	审核过程记录在底稿中
是否需要填写表决理由	无该项要求	发审委委员需要在表决书上说明理由
信息披露	不披露	会议召开 5 日前,在中国证监会网站公布发行人名单、会议时间、参会发审委委员名单
会后事项审核	无	有

中国证监会 2006 年颁布的《中国证券监督管理委员会发行审核委员会办法》在发审委的审核工作程序方面基本上延续了 2003 年颁布实施的《股票发行审核委员会暂行办法》的相关规定,只是在关于发行人发行审核暂缓表决方面做了调整,要求发审委委员在发现存在尚待调查核实并影响判断的重大问题时,需要在发审委会议前以书面方式提议暂缓表决,而之前的《暂行办法》没有提及这一程序。

三、对发审委委员行为的约束和监督

在股票发行核准制下,一方面,发审委委员拥有很大的"权力",他们的审核意见决定了股票发行申请能否获得批准,影响几亿甚至几十亿元资金的流向;另一方面,发审委委员并不需要承担审核行为带来的后果,责任非常轻。如何保证发审委委员在"权力大、责任小"情况下不以权谋私利并保持独立、客观、公正的态度也是中国证券监管部门必须考虑的问题,中国证监会试图通过对发审委委员的行为和工作程序进行规范来达到上述目标。

为防范发审委委员以权谋私,保证审核行为的公正性,1999 年颁布的《股票发行审核委员会条例》和 2003 年颁布实施的《股票发行审核委员会暂

行办法》对发审委委员的禁止行为和回避事项进行了规范。表 2-13 对上述两个法规的相关规定进行了比较。

表 2-13　《条例》和《暂行办法》对发审委委员禁止行为和回避事项的规定

《股票发行审核委员会条例》	
发审委委员的禁止行为	发审委委员的回避事项
(1)不得接受发行申请单位、与发行有关的中介机构或有关人员的馈赠 (2)不得私下与上述单位或人员进行接触 (3)不得利用所得到的非公开信息为本人或其他人直接或间接谋取利益 (4)不得为任何机构和个人提供有关证券买卖的咨询 (5)不得在发审委以外的场合公开其发审委委员身份 (6)不得泄露发审委委员名单	(1)发审委委员的亲属为发行申请单位或担任主承销商的证券经营机构的高级管理人员的 (2)发审委委员或亲属持有发行单位股票的 (3)发审委委员的亲属担任高级管理人员的公司与发行申请单位或担任主承销商的证券经营机构有行业竞争关系的 (4)发审委委员为发行申请单位提供过有关发行业务的咨询
《股票发行审核委员会暂行办法》	
发审委委员的禁止行为	发审委委员的回避事项
(1)不得泄露发审委会议讨论内容、表决情况以及其他有关情况 (2)不得利用发审委委员身份或在履行职责上获得的非公开信息,为本人或他人直接或间接谋取利益 (3)不得私下与本次所审核发行人及其他相关单位或个人进行接触,不得接受发行人及相关单位或个人提供的资金、物品及其他利益 (4)不得有与其他发审委委员串通表决或者诱导其他发审委委员表决的行为	(1)发审委委员或亲属担任发行人机构的董事、监事、经理或其他高级管理人员的 (2)发审委委员或亲属、发审委委员所在单位持有发行人的股票 (3)发审委委员或其工作单位近两年为发行提供保荐、承销、审计、评估、法律、咨询等服务 (4)发审委委员或其亲属担任董事、监事、经理或其他高级管理人员的公司与发行人或保荐机构有行业竞争关系 (5)发审委会议召开前,与本次所审核发行人及其他相关单位或个人进行接触

第三节　核准制下我国 IPO 市场准入管制特征分析

核准制下 IPO 市场准入管制方式的变化主要体现在中国证监会关于发审委设立和运作的法规条例变化上。在这方面,中国证监会先后颁布实施的主要法规条例包括:1999 年的《股票发行审核委员会条例》、2003 年的《股票发行审核委员会暂行办法》、2006 年的《中国证券监督管理委员会发行审核委员会办法》,上述三个法规条例及其配套措施关于发审委委员组成结构和工作流程的变化体现出 IPO 市场准入管制特点,并可以为探究政府监管部门的 IPO 市场准入管制理念和指导思想的变化提供线索。

一、IPO 市场准入管制中政府监管部门干预减少

减少政府部门对发审委审核环节的参与和干涉主要体现在股票发行审核委员会的委员构成中来自中国证监会系统和其他国家部委的委员数量减少、占比下降。

1. 来自中国证监会系统的发审委委员减少

根据 1999 年颁布实施的《股票发行审核委员会条例》的规定,80 名委员中,26 名来自中国证监会,占发审委委员总人数的 32.5%,并且中国证监会首席稽查、首席会计师、首席律师、上海和深圳证券交易所总经理是当然委员。而 2003 年颁布的《股票发行审核委员会暂行办法》和 2006 年颁布的《中国证券监督管理委员会发行审核委员会办法》都规定,在 25 名发审委委员中,来自中国证监会系统的委员为 5 名,占总人数的 20%;同时废除了当然委员。

之后,2009 年中国证监会修订了《中国证券监督管理委员会发行审核委员会办法》,增设了创业板发审委,创业板发审委由 35 名委员组成,其中仅 5 名委员来自中国证监会系统,占总人数的 14.3%。

2. 来自其他政府部门的委员数量减少

在股票发行审核委员会设立之初,根据 1999 年颁布的《股票发行审核委员会条例》的规定,在发审委委员的构成中,来自国家宏观调控部门和专业经济管理部门的委员各 8 名,占委员总人数的 20%;而 2003 年颁布的《股票发行审核委员会暂行办法》和 2006 年颁布的《中国证券监督管理委员会发行审核委员会办法》对来自其他国家部委部门的委员数量没有作硬性、明确的规定。而在发审委的实际运作中,自第六届发审委开始,主板市场发审委委员中仅有 2 人来自其他国家部委,占总人数的 8%;而在创业板市场的发审委委员构成中,仅有 1 人来自其他国家部委,占总人数的 2.8%。

综上,从主板市场发审委开始设立时,来自中国证监会系统的委员占主板市场发审委委员总人数的 32.5%,下降到后来的 20%,再到后来创业板市场中来自中国证监会系统的委员占比进一步下降为 14.3%;与此同时,来自其他国家部委的发审委委员比例从最初的 20% 下降到 8%,再降到创业板发审委的 2.8%。由此可见,在中国证监会关于发审委委员组成的制度变革中,来自政府部门的委员数量减少、比例下降,这表明政府部门对发审委审

核环节的参与和干预程度的下降。

二、IPO 市场准入管制更依赖专业人员

股票发行审核委员会的制度变迁除了导致来自政府部门的发审委委员数量减少、比例下降外,还使发审委委员构成中专家委员、专职委员的比例增加,提高了发审委股票发行审核工作的专业性,使 IPO 市场准入管制更加依赖专业人员。

1.专家型委员成为发审委委员的主力军

1999 年颁布的《股票发行审核委员会条例》规定,来自中国证券业协会、中国注册会计师协会、中国律师协会和其他有关专业社会团体的专家委员仅为 8 名,占总人数的 10%,远低于来自政府部门的委员。而股票发行涉及财务、审计、法律、资产评估等方面的具体事项,具有非常强的专业性,缺乏相关的专业知识显然会影响发审委委员审核工作的质量。而 2003 年颁布的《股票发行审核委员会暂行办法》和 2006 年颁布的《中国证券监督管理委员会发行审核委员会办法》都规定,在 25 名发审委委员中,来自中国证监会系统的委员为 5 名,但对剩余的发审委委员来自何部门没有做具体规定,中国证监会拥有选择委员的权力。在发审委委员设立的具体运作上,政府监管部门大幅度增加了来自专业机构的专家委员,其中来自会计师事务所的注册会计师和律师事务所的律师成为发审委的主力军。

在 2004 年主板市场第六届发审委的 25 名委员中,会计师 5 名、律师 4 名、资产评估师 1 名,专家委员占委员总数的 40%,较 1999 年《股票发行审核委员会条例》的 10%有大幅度的提高;从 2008 年主板市场第十届发审委设立开始,会计师从 5 名增加到 9 名,律师从 4 名增加到 5 名,资产评估师仍保持 1 名,上述专家委员比例进一步提高到 60%。而在创业板市场的发审委设立中,除了 14 名会计师、6 名律师、1 名资产评估师外,还增加了 6 名科技专家,从而使专家委员人数达到 27 人,占创业板市场发审委委员总数的 74.3%。

发审委委员构成中专家委员比例的提高,有助于提升股票发行审核的专业化水平,这是因为,专家委员具有较为丰富的执业经验,更能从专业角度对股票发行申请资料进行评估,进而提高审核的效率和质量。

2.专家型专职委员构成了发审委的主力军

发审委设立之初,发审委委员为兼职委员,股票发行审核是委员的兼职工作。发审委委员往往在发行审核的 5 个工作日前才拿到需要审核的发行申请资料,而这些资料往往是几百甚至上千页,因而,发审委委员在工作之

余来审核这些材料只能是"走马观花"。

自主板市场第六届发审委设立开始,发审委委员分为专职委员和兼职委员,其中在第六届发审委委员构成中,13 名为专职委员,占发审委委员总数的 52%;而自第九届发审委开始,主板市场发审委专职委员增加到 17 名,占发审委委员总数的 68%;而在创业板市场的 35 名发审委委员中,23 名为专职委员,占创业板市场发审委委员总数的 66%。

另外,专职委员主要由来自专业机构的专家委员担任。除了 2 名来自上海和深圳证券交易所的委员外,主板市场的 17 名专职委员中,9 名为会计师,5 名为律师,1 名为资产评估师;创业板市场的 23 名专职委员中,14 名为会计师,6 名为律师,1 名为资产评估师。因而,专职委员构成了发审委的主力军。

由此可见,在关于股票发行审核委员会的制度变迁中,发审委委员组成结构呈现出"双专"的变化特征(更高比例的专家委员和专职委员),这有助于提高股票发行审核环节的质量:第一,专家委员成为发审委的主力军,有助于提高发行审核环节的专业性;第二,相对于兼职委员,尤其是由专家委员担任专职委员,专职委员有更多的时间更专业地对发行申请材料进行审核,IPO 市场准入管制更依靠专业人士,从而有助于提高发审委审核工作的专注度和专业性。

三、IPO 市场准入管制更重视中小投资者利益保护

在股票发行核准制下,发审委委员依据法律法规所规定的实质条件对发行人进行审核,而实质条件来自《公司法》、《证券法》、中国证监会颁布的法规条例的相关规定,其中《公司法》、《证券法》仅涉及实质条件的基本原则,而中国证监会颁布的法规条例则构成了实质条件的具体要求。从中国证监会颁布实施的关于发行人实质条件要求的法规变化中可以发现,在 IPO 市场准入管制中,政府监管部门的监管理念发生了变化:从最初强调符合国家产业政策、发行前的盈利能力到关注中小投资者的利益。

法与金融学(law and finance)的研究成果显示,一个国家法律制度对中小投资者利益保护直接影响一个国家资本市场的发展,并最终影响经济增长(La Porta, Lopez-de-Sialnes, Shleifer & Vishny, 1997,1998;Beck & Levine, 2005)。如果一个国家法律制度不能对中小投资者的利益提供保护,公司内部人可以通过隧道效应(tunneling)肆意侵害中小股东的利益,中小投资者投资无法获得回报,最终退出市场,进而影响一个国家资本市场发展和长期经济增长。Glaeser,Johnson 和 Shleifer(2001)认为,在法律制度不

能为中小投资者利益提供充分保护的情况下,政府监管部门的积极监管可以成为法律保护的替代机制。尤其对转轨国家,在法律体系不成熟的情况下,政府监管部门在保护投资者方面的积极立法和执法将有助于促进资本市场的发展。

在股票发行审批制之初,中国证监会对股票发行人的要求更强调其生产经营要符合国家产业政策,发行前的盈利能力要强;相反,对中小投资者利益保护程度却关注不够。而在之后中国证监会关于股票发行实质条件的法规条例改革中,逐步体现出政府监管部门在 IPO 市场准入管制中对中小投资者利益的关注。

《关于做好 1997 年股票发行工作的通知》明确要求:"改制后的股份公司应该具有独立完整的供应、生产、销售系统和直接面向市场独立经营的能力";1998 年的《关于股票发行工作若干问题的补充通知》则提出,"发行人要避免同业竞争和过多的关联交易";而同年颁布的《关于对拟发行上市且改制情况进行调查的通知》提出,要从人员独立、资产完整、财务独立等角度对拟发行人进行评估。由于上市公司与大股东之间的关联交易便利大股东侵害中小股东利益,而股份公司没有独立完整的供应、生产和销售系统势必导致与大股东之间频繁的关联交易。因而,中国证监会对关联交易、同业竞争和独立性的重视在一定程度上反映了监管层对中小投资者利益开始关注。

而中国证监会 2006 年颁布实施的《首次公开发行股票并上市管理办法》,从发行人的主体资格、独立性、规范运行、财务与会计和募集资金运用五个方面对首次公开发行股票的企业提出了相关要求,这些要求进一步体现出政府监管部门在首次公开市场准入管制环节对中小投资者利益的关注,具体表现在以下方面:第一,强调发行人独立性的重要性,要求发行人满足资产完整、人员独立、财务独立、机构独立、业务独立的要求。发行人的独立性能避免或减少大股东通过关联交易、资金占用等方式侵占上市公司资源,有助于保护中小股东的利益。第二,对发行人的公司治理结构提出了要求。独立性是反映企业公司治理结构是否完善的重要指标之一,对独立性的强调其实反映了监管部门对发行人公司治理结构的重视。除了独立性要求外,监管部门还要求发行人必须依法建立健全的股东大会、董事会、监事会、独立董事和董事会秘书制度。这都体现了政府监管部门对拟发行人公司治理结构的重视。

Shleifer 和 Vishny(1997)把公司治理定义为投资者保证自己投资获得回报的制度安排。根据 Shleifer 和 Vishny 的定义,公司治理结构与中小投资者利益保护关系密切,良好的公司治理结构是制约内部人的侵害行为和保护中小投资者利益的制度基础。因此,政府监管部门对发行人的独立性和公司治理结构的关注表明如何保护中小投资者利益成为政府监管部门在IPO市场准入管制中日益重视的问题。

四、IPO 市场准入管制更注重信息公开和程序透明

在中国证监会关于股票发行审核委员会组成和运作的监管制度变革中,加强与发审委审核工作有关的信息披露、注重 IPO 市场准入管制过程的信息公开和程序透明也是监管部门重视的问题,这可以从以下几个方面的变化中观察到。

1. 发审委委员名单的公开

在 1999 年颁布的《股票发行审核委员会条例》中,参会的发审委委员名单不对外公布。之所以对参会的发审委委员的名单保密,政府监管部门的初衷在于,发行人不能获得参会的发审委委员的名单也就无法进行公关,进而可以防范发行人的寻租行为,以保证发审委审核工作的公平、公正。发审委委员名单保密从而使发行人不能进行"公关"的前提是中国证监会参与股票发行的工作人员"铁面无私"。然而,问题还是出现在政府监管部门这个环节,"王小石事件"使中国证监会面临尴尬的局面。2002 年 2 月至 9 月,王小石利用自己是中国证监会发审委助理调研员的身份便利,为拟上市公司"跑关系"牟取私利而枉法。这使社会怀疑,中国证监会的工作人员是否会利用其职务之便,向谋求在国内股票市场上市的企业出售发审委委员名单来谋求非法利益呢? 中国证监会作为政府监管部门的公信力受到质疑。

基于此,2003 年颁布的《股票发行审核委员会暂行办法》取消了参会的发审委委员身份保密的规定,取而代之的是,在发审委会议召开 5 日前,中国证监会在其网站上公布参会的发审委委员名单。而自 2004 年的主板市场第六届发审委设立开始,参会的发审委委员名单便在中国证监会网站上公布。

中国证监会公开参会的发审委委员的名单虽然不能杜绝发行人的公关和寻租行为,但可以带来两方面的好处:第一,完全排除中国证监会工作人员利用职务之便买卖参会的发审委委员名单获利的行为,这有助于提高中国证监会作为政府监管机构的社会公信力;第二,发审委委员名单的公开有助于新闻媒体、社会公众对发审委委员行为进行监督,这种监督力量的存在有助于敦促发审委委员保持自律。

2. 预先披露制度的实施

2006 年颁布实施的《首次公开发行股票并上市管理办法》第五十八条规定,在中国证监会职能部门受理申请文件后、发行审核委员会审核前,发行

人要将招股说明书(申报稿)在中国证监会网站(www.csrc.gov.cn)预先披露。而此前,中国证监会并不要求发行人在股票发行审核时披露相关信息,只有当发行人通过发审委的发行审核并进行公开招股时方披露相关信息(招股说明书)。

在预先披露制度下,不论发行申请是否被审核通过,拟发行人都要预先披露相关信息;而之前,只有发行审核通过的申请人才通过招股说明书公布相关信息,而对于审核没有通过的发行人,市场无法获得相关信息。因而预先披露制度增加了发审委审核过程的透明度。

此外,在预先披露制度下,拟发行人的竞争对手、市场人士都可以在发审委审核之前通过中国证监会网站获得拟发行人的招股说明书(申报稿),这样拟发行人的虚假信息、不实披露、重大遗漏等都可能被竞争对手发现、举报、揭发,这将对发行人的虚假、不实披露等产生威慑作用,从而有助于提高拟发行人的信息披露质量。

从 2012 年 2 月开始,中国证监会对拟发行人的预先披露时间进行了调整,把拟发行人招股说明书(申报稿)的披露时间大大提前,要求拟发行人在证监会的初审会之前预先披露信息。此前,中国证监会只规定预先披露时间在职能部门受理申请文件后、发行审核委员会审核前,而在受理申请文件到发行审核委员会审核之间还有很多环节,但实际操作上往往是在发审会召开前的 5 个工作日。

而 2013 年 11 月 30 日中国证监会颁布的《关于进一步推进新股发行体制改革的意见》中进一步明确,提前招股说明书(申报稿)预先披露时点,以加强社会的监督。拟发行人招股说明书(申报稿)正式受理后,即在中国证监会网站披露。

由此可见,中国证监会对拟发行人信息披露时间不断提前,这样使市场人士和竞争对手有更多的时间来阅读拟发行人的招股说明书(申报稿),从而发现问题的可能性进一步增加。因而,预先披露制度的实施及预先披露时间的提前都在一定程度上对拟发行人的信息披露施加了来自市场和竞争对手的监督。

3. 中国证监会对股票发行监管流程的公开和透明

2012 年 2 月 1 日,中国证监会正式对社会公开了股票发行的审核工作流程,以进一步提高股票发行审核环节的透明度和公开性,这具体体现在两个方面:

第一,股票发行审核流程和环节的公布。

图 2-2 是中国证监会网站公布的首次公开发行股票审核工作流程图。

根据中国证监会公布的流程图,在股票发行核准制下,首次公开发行股票涉及申请文件受理、发行人与发行监管部门的见面会、问核、反馈会、预先披露、初审会、发审会、封卷、会后事项审核、核准发行等十个主要环节。上述不同环节的运作由中国证监会发行监管部的不同处室负责。

由此可见,在股票发行核准制下,股票发行审核委员的发行审核(环节7)是政府监管部门对证券发行监管的重要组成环节之一。

第二,申报股票发行企业情况的公开、透明。

在公布首次公开发行股票审核工作流程的同时,中国证监会对申报股票发行的企业情况进行公示,公示的内容每周更新一次。公示的具体内容包括企业名称、注册地、所属行业、拟上市地、保荐机构、保荐代表人、会计师事务所、签字会计师、律师事务所、签字律师、备注信息以及本年度首次发行申请终止审查企业的名称、终止审查决定时间等。

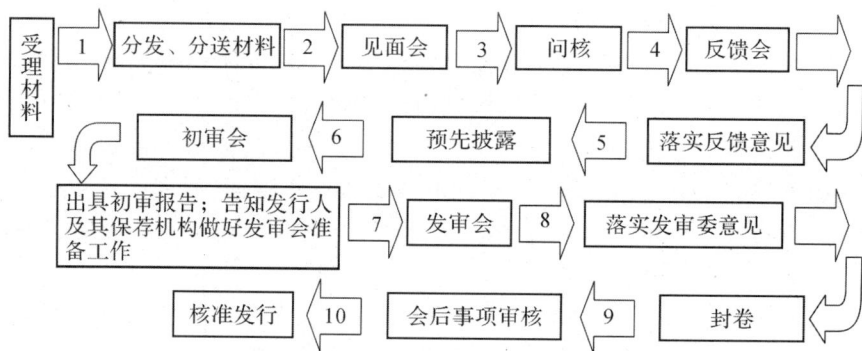

图 2-2　股票发行核准制的基本审核流程

第四节　核准制下 IPO 市场准入管制需要进一步研究的问题

一、关于 IPO 市场准入管制效果的争议

上一节对股票发行监管制度变革的梳理表明,中国证监会正尝试通过IPO市场准入管制制度创新来提高政府监管效率:

第一,减少股票发行审核环节的政府参与和干预。这体现在发审委委员的构成中来自中国证监会系统和其他国家部委的委员比例大幅度下降。

第二,提升IPO市场准入管制的专业性。这体现在发审委委员的"双专"变化上:来自专业机构(会计师事务所、律师事务所)的专家委员比例大幅度提高,同时专职委员成为发审委的主力军,并且专职委员主要由来自专业机构的专家委员担任。

第三,IPO 市场准入管制更加关注中小投资者利益保护。这体现在中国证监会关于实质条件要求的变化中:从最初强调盈利能力、符合国家产业政策到关注发行人的独立性和完善的公司治理结构。

第四,IPO 市场准入管制加强了股票发行审核环节相关信息的披露,使股票发行环节更透明、公开、"阳光化"。这体现在发审委委员身份从保密到公开、预先信息披露的实施和股票发行审核工作程序的公开、透明。

尽管中国证监会努力推行股票发行审核环节的委员结构专业化、信息披露公开化和审核程序透明化,减少政府部门的参与,并逐步重视对中小投资者利益的保护。然而,中国证监会推行的上述监管制度改革的成效并没有被市场和社会所认可,股票发行监管制度仍饱受诟病,尤其在股票二级市场下跌的时候,新股发行监管制度更是社会舆论评批的焦点所在,甚至被认为是阻碍我国资本市场健康发展的"罪魁祸首",而新股发行市场也被视为中小投资者的"屠宰场"。

因而,部分激进的市场人士和学者认为,发审委委员拥有决定拟发行人能否发行股票的权力,但并不承担审核行为所对应的后果,权力与责任并不对等。比如,事后发行人的财务造假行为被发现,负责审核的发审委委员并不需要承担法律甚至行政责任;同时,发审委委员并不比市场投资者具有更强的风险识别能力。因而应该废止发审委审核制度,取而代之实施股票发行注册制。而持反对意见的保守者则认为,股票发行注册制的实施是一个系统工程,它不仅仅涉及强制信息披露条件下股票市场的自由准入,而且需要相应法律制度作为保障。如果缺乏对虚假信息披露严厉惩处的法律威慑,那么注册制势必会导致骗子充斥股票市场。因而,在相关法律制度和执法水平没有得到完善之前,核准制仍旧是现有制度环境下不得已的制度安排。

上述两种观点都有一定的道理,激进者对于股票发行制度改革有着"恨铁不成钢"的迫切感,而保守者更考虑现实制度环境对新股发行制度改革的制约。股票发行审核委员会制度运行至今已经超过 13 年,尽管从激进的角度来看,仍存在许多问题,但也取得了一些成效。如何总结发审委审核运作过程中的成功经验和不足,以在未来的股票发行制度改革中借鉴已有的成功经验和规避现行制度的不足是未来我国股票发行制度改革的重要步骤。

由于股票发行审核委员会的审核是股票发行核准制的核心,因而打开发审委这个"黑匣子",是全面分析我国 IPO 市场准入管制经济后果的关键,也是了解发审委运行过程中的成功经验和不足从而进一步完善新股发行制度的基础和前提。

而在关于发审委运作方面有许多问题亟待进一步的研究,这也是打开发审委这个"黑匣子"的基础。比如,发审委审核行为是否会受政府监管部门行政干预的影响? 发审委委员审核行为能否保持公平、公正? 发审委委员是否重视中小投资者的利益? 中国证监会旨在提高发审委运作专业化程度,信息披露公开、透明的政策是否会引发新的问题? 等等。下面对发审委审核行为的外部约束条件和内部机制设置可能引发的问题进行分析梳理,为进一步打开发审委这个"黑匣子"奠定基础。

二、核准制下 IPO 市场准入管制中政府干预的可能影响

相对于审批制下政府部门(国家计委和中国证监会)对股票发行的全面干预,股票发行核准制下,政府部门对股票发行的干预程度大大下降,这体现在:第一,股票发行审核委员会的审核而非审批制下的计划额度成为发行股票的依据;第二,自从根据《证券法》设立股票发行审核委员会后,在发审委委员的构成中,来自政府部门(中国证监会和其他国家部委)的委员比例大幅度下降,而来自专业机构的专家委员比例大幅度上升。尽管如此,这并不表示在发审委的审核过程中没有政府的干预;相反,股票发行核准制下,发审委审核工作在很多方面仍旧受政府监管部门的干预。

1. 发审委委员的选拔受政府干预

每届发审委委员的选择由中国证监会负责,因而中国证监会作为政府监管部门可以通过选择发审委委员来实现对证券市场的间接干预;此外,来自会计师事务所、律师事务所的专家委员需要由中国会计师行业协会、中国律师行业协会向中国证监会推荐,而这些行业协会往往是半官方机构,与政府部门具有天然的联系。

同时,在发审委委员的组成中,尽管来自政府监管部门和其他国家部委的委员比例下降,但发审会审核是一个集体投票过程,来自政府部门委员的意见可能在影响其他委员的投票行为方面具有更大的影响力。

2. 发审委审核只是核准制下决定股票发行的一个环节

中国证监会公布的股票发行审核流程涉及申请文件受理、发行人与发行监管部门的见面会、问核、反馈会、预先披露、初审会、发审会、封卷、会后事项审核、核准发行等十个主要环节,而发审委审核(发审会)只是其中的环节之一,发审委审核工作的前后都受政府监管部门的影响和制约。发审会召开之前,拟发行人的申请需要经过见面会、问核、反馈会、预先披露、初审

会五个环节,均由政府监管部门负责,并且只有通过初审会的拟发行人才能进入发审委审核环节;而在发审会核准后,还有封卷、会后事项审核、核准发行三个环节,也由政府监管部门负责。同时,发审会何时召开、每次参会发审委委员的名单、每次发审会审核的拟上市公司数量等均由中国证监会发行监管部门确定。

3. 政府监管部门的意见构成发审委审核的重要依据

在股票发行审核中,发审委委员根据相关法律法规对发行人的申请文件和中国证监会发行监管部出具的初审报告进行审核,做出是否准予发行的决定。而监管部门出具的初审报告可能会对发审委委员审核意见的形成产生重要影响。

发行人的申请文件包括招股说明书、审计报告、法律意见书等,发审委委员需要阅读的文件多达几百页、甚至上千页,单单阅读上述材料就是一项任务艰巨的工作,而发审委委员一般在发审会召开前 5 个工作日才拿到相关资料,很难有充分的时间对相关资料进行全面、深入的分析;此外,股票发行申请资料涉及产业、财务、会计、法律等众多领域,而发审委委员往往是某个领域的专家,这进一步增加了发审委委员对股票发行申请进行独立判断的难度。

正是由于阅读材料工作量巨大和专业知识的局限性,发审委委员很难独立对发行申请做出准确的判断,需要依靠其他材料或意见来验证或支持,甚至是形成自身的判断意见。在这种情况下,中国证监会发行监管部门的初审报告可能会对发审委委员的判断产生重大影响。这是因为:初审报告会成为发审委委员做出判断的重要依据,而初审报告代表监管部门对拟发行人的评估。

初审报告影响发审委委员的决策与行为经济学的锚定效应(anchoring effect)有关。所谓锚定效应是指人们对某人某事做出判断时,易受第一印象或第一信息支配,就像沉入海底的锚一样把人们的思想固定在某处。锚定效应意味着人们在做决策时会过多重视最初获得的信息。在发审委委员审核过程中,由于需要阅读材料的信息巨大而时间有限和专业知识的局限性,发审委委员的审核决策面临不确定性,而证券监管部门的初审报告是发审委委员获得的关于拟发行人是否符合发行标准、具有判断倾向的第一手信息。由于锚定效应的缘故,发审委委员的决策在很大程度上会受这些第一手信息的影响。而初审报告形成于中国证监会发行监管部的初审会。初审会对发行人的基本情况、初审审核中发现的主要问题及落实情况进行讨论,初审会讨论决定提交发审会审核,发行监管部在初审会结束后出具初审报告。因而,初审报告代表政府监管部门对拟发行人发行申请的初步意见。

由此可见,在股票发行核准制下,虽然发审委的审核成为决定拟发行人能否发行股票的关键环节,但政府部门的干预仍在多个环节存在:发审委委员的构成、发审会参会人员名单、初审报告的形成等。由于在股票发行审核环节存在政府干预,发审委审核工作面临政府干预的掣肘,因而把首次公开发行市场存在的问题都归咎于发审委及委员本身有失公允。以上主要是从理论角度探讨了政府干预可能对发审委审核行为的影响,但并没有相关的实证研究提供政府干预发审委审核工作的经验证据,这是需要进一步研究的问题。

三、IPO 市场准入管制专业化可能带来的问题

1. 专家委员是否真正发挥了作用

上面的分析表明,在发审委委员结构的制度变迁中,中国证监会在降低政府部门干预的同时,积极推动发审委委员结构的"双专化"改革:更多来自专业机构的专家委员、更多由专家担任专职委员。

从理论上讲,更多来自专业机构的专家委员有助于提高发审委审核工作的专业性。比如,更多来自会计师事务所的发审委委员将有助于发审委审核中发现发行人财务造假、盈余管理等问题。但目前并没有相关的研究文献对上述问题进行实证分析,因而中国证监会关于提升发审委审核专业性的改革措施是否取得成效仍有待于进一步研究。

2. 发审委委员结构的专业化与公平竞争

更多发审委委员来自专业机构,一方面,这些委员具有丰富的专业知识和执业经验,从而有助于提升发审委审核的专业性;但另一方面,这些发审委委员来自具有证券从业资格的会计师事务所、律师事务所和资产评估机构,他们是否会利用自身是发审委委员的特殊身份和权力为自己所在的机构谋取私利进而导致不公平竞争呢? 这一问题应该得到重视。

以来自会计师事务所的委员为例,主板市场 25 名委员中 9 名来自不同的会计师事务所,比例为 36%;而创业板市场 35 名委员中 14 人来自会计事务所,比例为 40%。那么,这是否会导致有会计师担任发审委委员的会计师事务所与没有会计师担任发审委委员的会计师事务所之间的不公平竞争呢? 具体而言,这种不公平竞争可能体现在以下几个方面:

第一,在首次公开发行市场承揽业务方面的不公平竞争。对于那些有会计师担任发审委委员的会计师事务所,是否会利用上述优势条件承揽业务,从而造成与那些没有会计师担任发审委委员的会计师事务所之间的不公平竞争呢?

第二,尽管来自专业机构的发审委委员须回避自己所在会计师事务所负责主审拟发行人的发行审核,但他们是否会利用与同组其他发审委委员的关系而展开"游说",从而提升自己所在会计师事务所主审的拟发行人通过发行审核的可能性呢?

第三,来自专业机构的发审委委员是否会利用自身的特殊身份来打击竞争对手? 他们可能会对竞争对手负责主审的拟发行人提高审核标准,降低拟发行人通过发行审核的可能性,进而在 IPO 审计服务市场中打击竞争对手。

综上,在中国证监会增加股票发行审核委员会来自专业机构(主要是会计事务所、律师事务所)专家委员比例的专业化改革中,至少有两个非常重要的问题需要进一步研究,以更为全面地评估 IPO 市场准入管制改革措施的效果:第一,提高股票发行审核的专业化程度是否真正发挥了作用? 第二,提高发审委审核工作专业化的改革是否给具有证券从业资质的会计师事务所、律师事务所等行业带来了不公平的竞争? 而目前相关研究并没有提供这方面的经验证据。

四、关于发审委委员审核行为本身需要研究的问题

以上问题主要与政府干预和政府监管部门的发审委制度改革相关,下面将主要分析与发审委委员及其审核行为有关的问题。

在 IPO 市场准入管制中,发审委委员担负着股票市场"把关"和选择高质量上市公司的重要任务,那么他们是否有能力完成上述重任呢? 在审核过程中,发审委委员的审核行为是否能够做到公平、公正呢? 发审委委员的审核行为是否能够保持独立、客观呢? 发行申请人的哪些因素会影响发审委委员的审核行为? 具体而言,在关于发审委委员的审核行为方面,仍旧有如下问题需要进一步研究。

1. 发审委委员是否有能力完成选择"高质量"发行人的任务

首次公开发行市场是资本市场的基石,新上市公司通过首次公开发行市场源源不断地为资本市场注入"新鲜血液"。而在核准制下,发审委审核担负着为资本市场和投资者选择高质量上市公司的重任,那么发审委委员是否有完成上述任务的能力呢?

而首次公开发行市场发生的一些事件导致市场对发审委委员是否具有上述能力的质疑。2004 年在中小板市场上市的江苏琼花高科技股份有限公司(002002)在申请发行上市的过程中隐瞒重大事件,发审委审核中并未发现。此后,尽管中国证监会增加了专家委员(尤其是来自会计师事务所、律

师事务所)的比例,但还是先后发生了 2007 年的绿大地虚构交易业务、虚增收入欺诈上市事件,以及立立电子(2008)、苏州恒久(2010)、胜景山河(2010)虚假披露事件、万福生科造假上市事件(2012)。其中立立电子等三家公司已经通过了发审委审核环节,但由于被举报,中国证监会通过召开会后事项发审委会议的方式终止它们的上市;而万福生科造假是公司上市之后才被发现的,这都说明相关的虚假披露问题在发审委审核环节并没有被发现。

尽管自《股票发行审核委员会暂行办法》实施以来出现了多家发行人涉及虚假披露问题而未被发审委发现,但我们并不能以此就认为发审委委员没有能力完成相关职能。毕竟自 2004 年中国证监会公布发审委委员名单以来,发审委审核的拟发行人超过上千家,否决了许多拟发行人的发行申请,只不过市场并没有关注这些发行申请被否决的拟发行人来说,而在对那些被否决的拟发行人的审核可能显示出了他们的专业能力。因而需要我们进一步系统地研究、比较两类拟发行人的情况来分析这个问题,而不能仅关注单个、少数的案例。

另外一个不能回避的问题是,尽管发审委委员可能尽职尽责地为市场选择"高质量"的拟上市公司,但发审委委员认可的关于发行人的质量标准与市场投资者认可的标准之间可能存在差异,从而导致市场认为发审委委员并不具备选择发行人的能力。比如,对于某个来自新兴行业的拟发行人,发审委委员可能会因为项目投资的风险太大而予以否决,但市场投资者能通过投资组合方式规避相应的风险,因而从投资者角度来看,拟发行人的风险大并不代表它不是一个具有吸引力的投资标的。

尤其是对发行人的"高质量"涉及多个方面,并且标准是"软性的",发审委与市场投资者在标准方面的冲突会更加严重,进一步引发市场对发审委委员能力的质疑。

2. 发审委委员的审核行为是否能做到公平、公正

公平、公正、公开的"三公"原则是证券市场运行的基础,而中国证监会已经通过发审委委员名单公开、预先披露制度的实施、股票发行审核流程公开等措施促进首次公开发行市场运作的公开化和透明化。在这种情况下,发审委委员在审核中能否公平、公正地对待所有发行申请人关系到首次公开发行市场的"三公"原则。

比如,在股票发行审批制下,股票发行额度明显倾向于支持国有大中型企业,因而首次公开发行市场同样存在所有制歧视现象。那么,在核准制下,发审委委员是否公平、公正地对待国有企业与民营企业、中央企业与非中央企业,进而使所有制歧视现象消失呢?

另外,现有研究表明,在中国转轨过程中,企业政治关联(political connection)通过形成与政府的良好关系可以给关联企业带来融资便利,那么,首次公开发行市场的股票发行审核中,发审委委员是否偏好那些具有政治关联的发行人呢,即具有政治关联的发行申请人是否比没有政治关联的拟发行人更可能通过股票发行审核呢?

显然,对上述问题进行实证研究有助于了解股票发行审核委员会是否能在发行审核中公平、公正地对待所有的拟发行人。

3. 发审委委员的审核行为是否能够保持独立性

正如前面指出,发审委委员审核只是核准制下股票发行监管的一个环节,在发审委审核前后都有政府监管部门的介入,那么发审委委员的审核行为是否能够不受政府监管部门的影响而保持独立性呢?

我国政府监管部门扮演着市场干预者的角色,并实施状态依存的监管策略。当市场指数上涨到一定幅度,政府认为市场泡沫成分比较高时,或股票市场指数下跌到一定程度,交投低迷时,政府会对股票市场进行干预(王开国,2002)。当监管部门认为市场价格有泡沫时,往往会加快首次公开发行市场的准入步伐,增加股票供给;相反,当二级市场低迷时,监管部门往往减慢甚至停止新股的发行,减少股票供给。

在审批制下,政府监管部门直接掌握股票发行,因而可以直接通过股票发行数量的调节来干预市场。在核准制下,政府监管部门可能会通过影响发审委的审核行为间接影响股票的发行。在二级市场上涨的情况下,要求发审委委员放松审核标准使更多的拟发行人通过审核增加市场供给;反之,在二级市场下跌的情况下,要求发审委委员提高审核标准以降低市场的供给。在这种情况下,发审委委员能否在股票发行审核中不受政府监管部门的影响,保持独立性而维持统一的审核标准呢?

4. 发审委委员主要依据什么做出决策

发审委委员在股票发行审核中主要依据什么做出决策的? 或者说,发行申请人的哪些因素会对发审委委员的审核行为产生重要影响? 比如说,发审委委员是关注拟发行人的盈利能力还是成长性? 如果拟发行人的盈利能力是发审委委员进行决策的重要依据,那么发审委委员的审核行为是否受拟发行人盈余管理的影响?

另外,发行申请人的独立性是否影响发审委审核决策,即独立性更强的拟发行人更可能通过发审委的股票发行审核? 如果是这样,那么说明在股票发行审核中,中小投资者利益是发审委委员关注的问题。此外,每一届发审委委员是划分成不同小组来审核拟发行人的发行申请,那么不同组别的发审委委员是否会遵循不同的标准,从而导致对拟发行人的要求因发审委委员组成不同而有差异呢?又比如,在创业板市场的股票发行审核中,发审委委员是否给予那些有风险投资支持的发行申请以额外的关注呢?这些问题都需要做进一步的研究。

IPO市场准入管制对中国资本市场发展的正面效应

第三章 IPO 市场准入管制与投资者利益保护

第一节 投资者法律保护与资本市场发展

一、引言

法与金融学认为,中小投资者利益的法律保护对一个国家资本市场的发展有重要影响。如果法律制度能够有效地制约公司内部人对外部中小投资者利益的侵害,那么就可以提升中小投资者的投资回报和投资意愿,进而促进资本市场的发展和实体经济的增长(La Porta, Lopez-de-Silanes, Shleifer & Vishny, 1997, 以下简称 LLSV; Sheilfer & Wolfenzon, 2002)。总体而言,以美英为代表的普通法系国家法律制度对中小投资者利益保护程度要高于欧洲大陆民法系国家(LLSV, 1998)。

法与金融学研究对转轨国家似乎具有重要的政策指导含义:政府可以通过法律制度改革提高对中小投资者利益的保护,进而促进本国资本市场和实体经济的发展。然而 Pistor, Raiser 和 Gelfer(2000)、Pistor 和 Xu(2005)对苏联和东欧转轨国家的研究表明,一个国家虽然可以通过法律移植在书面和形式上迅速实现对投资者的名义保护,但真正起作用的是法庭的执法质量而非书面上的法律条文。而一个国家的执法质量与它的法律传统、法律环境、司法制度密切相关,这些都是难以在短期内发生巨大变化的。

但这也并不意味转轨国家在投资者保护上无计可施,因为存在法律保护的替代机制,其中积极的政府监管就是重要的替代机制之一。Glaeser, Johnson 和 Shleifer(2001)认为,在投资者保护方面,政府能够给行政执法者提供更强的行政激励,而法院无法做到这一点,因而,在对特定法律法规的执法上,政府行政监管部门可以比法庭更有效。

中国资本市场的发展过程证明了法律替代机制能够发挥一定作用。中国法律制度对投资者的保护程度比较低,但资本市场发展程度和经济增长速度却比许多转轨国家要高。Allen 等(2005)认为,这得益于法律替代机制(基于声誉和关系的治理机制)发挥了作用;而另外的研究则指出中国政府监管部门的积极监管在保护投资者利益方面的作用。在中国证监会的积极监管中,除了完善相关法规制度(沈艺峰等,2004)和设立投资者保护基金、成立投资者保护局外,中国证监会还利用 IPO 市场的准入管制权来体现其对投资者利益保护的重视(Pistor & Xu,2005;陈冬华等,2008)。

Pistor 和 Xu(2005)认为,在股票发行计划额度制下,中国证监会利用分配 IPO 额度的自由处置权来敦促地方政府选择好的企业上市,具体措施就是对那些上市公司平均质量比较好的省份或部门给予更多的股票发行额度,激励地方政府选择好企业上市。陈冬华等(2008)发现,有公司违规的地区获得 IPO 资源显著少于没有违规公司的地区;同样有违规公司的地区,违规造成投资者损失少的地区,获得 IPO 资源略多。他们认为,证监会运用 IPO 的遴选权敦促地方政府承担减少公司丑闻的发生责任,或者至少在丑闻发生后减少投资者所遭受的损失。由此可见,尽管股票发行审批制具有种种弊端并最终被核准制所取代,但 IPO 市场准入管制曾是政府监管部门保护投资者利益的手段之一。

IPO 遴选权之所以能成为监管部门强化投资者保护的手段,是因为在审批制下,证监会拥有股票发行额度的分配权。然而自 2001 年 3 月开始,我国股票发行制度发生重大变革,核准制取代审批制,股票发行额度随之被废止。与之对应的问题是,在核准制下,中国证监会不再拥有股票发行额度分配的处置权,那么是否表示中国证监会丧失了保护投资者利益的手段之一呢?

在核准制下,股票发行审核委员会(简称"发审委")的审核成为拟发行人能否发行股票的关键;前文的分析表明,这并不意味证监会放弃 IPO 市场准入管制的控制权。相反,发审委委员的选拔、发行审核程序的确定、初审意见的形成都由证监会负责,发审委的审核行为在很大程度上仍旧反映了政府监管部门的理念,因而,在核准制下,IPO 市场的准入仍在证监会的管制之中。而本章的研究主要关注如下问题:在股票发行核准制下,IPO 市场准入管制是否仍旧是监管部门实施投资者保护的手段? 如果是,那么监管部门是通过什么途径来实现保护中小投资者的目标的呢?

本章尝试从法与金融学角度,分析 IPO 市场准入管制作为法律替代机制在保护中小投资者上的作用。本章的结构安排如下:第一节,投资者法律保护与资本市场发展。主要从法与金融学角度对投资者法律保护的研究文献进行回顾,重点探讨投资者法律保护在促进资本市场发展中的作用;第二节,投资者法律保护的替代机制。结合转轨经济国家的投资者保护和资本市场发展的经验,着重分析政府监管作为法律替代机制在保护中小投资者利益方面发挥的作用。第三节,IPO市场准入管制、公司治理质量与投资者保护。主要从经验角度分析,股票发行审核委员会在发行审核中是否把拟发行人的公司治理质量作为选择拟上市公司的审核标准之一,从而判断我国 IPO 市场准入管制是否具有保护投资者利益的功能。第四节,结论性评述。

二、法与金融学概述

一个国家的金融发展对经济增长有重要影响(King & Lenvie,1993;Levine & Zervos,1998;Rajan & Zingales,1998;Beck, Levine & Loayza,2000;Wurgler,2000),这引发了大量的相关文献从不同角度研究一个国家金融发展的决定因素,而法与金融学就是其中的一个重要分支,法与金融学强调投资者法律保护在决定金融发展的重要性。

法与金融学这个交叉学科的形成与经济学四人组 LLSV 的贡献密不可分。他们 1998 年发表于《政治经济学》杂志的论文"法与金融"以及 1997 年发表于《金融学》杂志的论文《外部融资的法律决定因素》奠定了法与金融学研究范式的基础[①]。LLSV(1998)发现,不但不同国家法律制度对投资者(股东和债权人)保护程度存在显著差异,而且不同国家的执法质量也存在显著差异。相对于民法系国家尤其是法国民法系国家而言,普通法系国家的法律制度为投资者提供了更充分的法律保护;而在执法质量上,普通法系国家略次于德国民法系、斯堪的纳维亚民法系国家,但明显好于法国民法系国家。LLSV(1997)进一步发现,不同国家投资者法律保护程度与金融发展水平高度正相关,法律制度对投资者保护程度越高,资本市场越发达。LLSV(1997,1998)的开创性引发了大量的文献从不同角度研究法律制度对投资者的保护与金融发展尤其是资本市场发展之间的关系,从而形成了一个新的交叉研究学科:法与金融学。本节主要对法与金融学的相关研究文献进行一个简要梳理。

---

① "Law and finance", Journal of Political Economy, 1998,106:1133-1155; "Legal determinants of external finance", Journal of Finance, 1997,52:1131-1150. 前者是以 LLSV 于 1996 年完成的工作论文为基础的("Law and finance", NBER Working paper 5661)。

LLSV(1997,1998)通过收集49个国家的相关数据首次从实证角度提出法律制度对金融发展的重要影响,但他们的研究结果面临着结论可靠性的质疑。这种质疑源于:第一,在LLSV的实证研究中,他们仅以四个宏观数据指标[外部股东持有的股票总市值/GDP、上市公司总数/总人口数(百万)、IPOs数量/总人口数(百万)、私人债务/GDP]来代表金融发展,分析了投资者保护与金融市场发展之间的关系,其结论缺乏微观层面的证据支持,同时法律制度如何影响金融市场发展的作用机制也没有给予清晰的分析。第二,方法论上的可靠性。LLSV(1997)对投资者法律保护与金融市场发展关系的研究是建立在多元线性回归模型基础之上的,这种关系面临伪回归的(spurious regression)诘难(Coffee,1999),因为LLSV的回归分析中仅在保持GDP不变的情况下分析投资者法律保护与金融发展变量之间的关系,并没有控制诸如不同国家在文化、自然资源禀赋等方面的差异,因而,回归结果可能并非真实地反映投资者法律保护与金融发展之间的关系,而是回归分析中所忽略变量造成的。因而,后续文献主要从两个角度完善LLSV(1997,1998)的结论:计量方法的改进和揭示投资者法律保护促进金融发展的作用机理。

LLSV(1997,1998)的研究结果表明不同国家法律制度对投资者保护的差异影响金融发展,而后续研究进一步深化LLSV的研究结论,使法与金融学的核心命题——法律制度对投资者保护程度影响金融发展——建立在更为牢固的理论模型和更为翔实的经验证据基础之上。本章将以揭示法律制度影响金融发展作用机制及其经验证据为主线来梳理投资者保护影响金融发展的研究文献①,在此基础上分析投资者法律保护的替代机制。

三、投资者法律保护、控制权私人收益与资本市场发展

部分研究表明,投资者法律保护影响金融发展的重要机制之一在于:决定控制权私人收益的规模进而影响金融市场发展(LLSV,2000a;LLSV,2002;Burkart,Panunzi & Shleifer,2003;Shleifer & Wolfenzon,2002)。

1. 投资者法律保护与控制权私人收益的取得方式与规模

LLSV(2002)通过一个简单的理论模型分析了投资者法律保护与控股

---

① 关于LLSV研究可能存在的计量方法上的缺陷,Beck等(2003)在控制不同国家的禀赋差异之后,发现投资者法律保护(不同国家的法律起源)仍旧是影响金融发展的显著因素;Stulz和Williamson(2003)在控制不同国家的文化差异(以宗教信仰和语言表示)后,发现法律起源对金融市场发展仍旧有显著影响。Beck等的研究进一步从计量方法上增加LLSV(1997,1998)关于投资者法律保护影响金融发展的理论观点的可靠性。

股东控制权私人收益的关系。他们的模型表明，一个国家法律对投资者保护程度越高，大股东对小股东的侵害程度越低，控制权私利越小。Nenova（2003）、Dyck 和 Zingales（2004）提供的经验证据表明，投资者法律保护与控制权私人收益的大小密切相关。Dyck 和 Zingales 以 1990—2000 年间 39 个国家的 393 个控制权交易为样本，采用由 Barclay 和 Holderness（1989）提出的控制权溢价法计算控制权私人收益，发现公司控制权私人收益平均价值达到股票价值的 14%，但不同国家控制权私人收益差距显著，法律制度对控制权私人收益有很大的影响。而 Nenova（2003）利用表决权溢价法（vote-value approach to private benefits）计算出 1997 年 18 个国家中 661 家具有类别投票权公司的控制权私人收益，发现不同国家的公司控制权价值相差巨大，并且法律制度对投资者保护的差异在很大程度上解释了不同国家的控制权价值差异。

LLSV（2000b）认为，投资者法律保护通过影响公司控制人取得私人收益的方式和规模而影响外部投资者的投资回报和投资意愿。

Johnson，La Porta，Lopez-de-Silanes，Shleifer（2000）认为在缺乏投资者法律保护的情况下，控股股东通过"掏空"（tunneling）方式来谋取私利，主要包括自我交易方式（涉及非法的直接盗偷和欺诈、资产出售、转移定价、贷款担保、窃取公司发展机会等）和歧视性金融安排（增发新股稀释现有股权、内部人股票交易等）。

LLSV（1999）则认为控股股东主要通过控制权与现金流所有权分离的形式来获取控制权私利。Claessens，Djankov 和 Lang（2000）发现东南亚国家上市公司的控股股东主要通过金字塔形股权结构、交叉持股的形式实现以少量现金流所有权获得较大的控制权。而 Faccio 和 Lang（2002）发现西欧国家的上市公司控股股东主要通过双重投票权的股权结构和金字塔形股权结构安排实现现金所有权与控制权的分离，谋取控制权私利。

Bae，Kang 和 Kim（2002）发现关联企业间的并购行为是大股东侵害小股东的一种途径。Bae，Kang 和 Kim（2002）对 1981—1996 年韩国企业并购情况的研究发现，大企业集团的收购往往是利用其所占股权比例较少、业绩较好的公司去兼并控制股权比例比较高而业绩比较差的公司。而 Bertrand，Mehta 和 Mullainathan（2002）则发现，印度的大企业集团利用企业之间的关联交易向控股股东输送利益。

2. 控制权私人收益与公司股权结构、公司治理模式

Burkart，Panunzi 和 Shleifer（简称 BPS，2003）通过一个模型分析了投资者保护如何影响由创始人控制和管理的家族企业的继承问题，进而揭示了由投资者法律保护所决定的控制权私人收益对公司股权结构和公司治理机制形成的影响。

在 BPS 的模型中,家族企业的创始人面临如下决策:是聘请职业经理人管理企业还是选择继承人管理企业,以及向公众出售公司股权比例。BPS 假设企业在职业经理人管理下的价值比由家族继承人管理更高;同时,职业经理人可以利用管理企业的控制权获取私人收益,该控制权私人收益决定于法律对投资者的保护程度,投资者法律保护程度越高,控制权私人收益越低。因此,家族企业创始人将面临如下权衡:雇用职业经理人带来的公司价值增加与经理人谋取私人收益所产生的成本。通过一个动态的完全信息博弈模型,BPS 获得了如下的结论:在投资者法律保护程度比较高而控制权私人收益比较低的情况下,家族企业创始人将雇用职业经理人经营企业,所有权与管理权分离,并且创始人出售其全部股权,公司股权结构分散化;在投资者保护程度和控制权私人收益适中的情况下,公司所有权与控制权仍旧会分离,但创始人会持有较多的公司股份成为大股东;而在投资者保护程度比较弱而控制权私人收益比较高的情况下,公司所有权和经营权不会分离,公司仍旧由家族持有和管理。

BPS 的模型解释了投资者法律保护及其决定的控制权私人收益对公司股权结构和公司治理机制的影响。从公司股权结构角度看,公司治理模式可以分为两种(Shleifer & Vishny,1997):盎格鲁－撒克逊(Anglo-Saxon)公司治理模式和非盎格鲁－撒克逊公司治理模式。前者的特征是公司股权分散,主要的利益冲突来源于中小股东与管理层之间,前者代表就是英美的公司治理模式;后者的特征表现为股权集中、公司有控股股东,主要的利益冲突来源于大股东与小股东,这种治理模式在英美以外普遍存在。显然,根据 BPS 的理论模型,投资者法律保护程度高的国家,盎格鲁－撒克逊(Anglo-Saxon)公司治理模式将占据主导地位,而投资者法律保护程度低的国家,非盎格鲁-撒克逊公司治理模式将占据主导地位。

BPS 模型关于投资者法律保护决定股权结构和公司治理模式的结论与大量的经验证据相一致。LLSV(1999)通过对 29 个发达国家公司所有权结构的实证研究结果表明,法律对投资者保护程度越强的国家,公司股权结构越分散。Claessens,Djankov 和 Lang(2000)研究了东南亚 9 个国家上市公司的公司所有权情况,发现 2/3 以上的公司均由单个股东控制,控股股东主要是家族企业,并且控股股东的家族成员出任公司主要的管理人员。Faccio 和 Lang(2002)分析了西欧不同国家上市公司的最终所有权情况,他们发现西欧国家的上市公司最终所有权主要有两种形式:公众持有和家族控制;其中英国和爱尔兰的上市公司以公众持有为主,而在欧洲大陆国家家族控制则更为普遍。这与LLSV(1998)的研究结果相一致,东南亚和欧洲大陆国家对投资者法律保护程度比较低,而英国作为普通法系的发源地对投资者保护程度比较高。

3.控制权私利与投资回报、金融市场的发展

投资者法律保护促进金融市场发展的根本在于它约束了内部人对公司利润和资产的转移,提高了公司价值和证券的价格,而公司价值的提高增加了投资者投资的信心;同时证券价格的上升吸引了更多的企业家通过外部资本市场融资,进而促进金融市场的发展(LLSV,2002;Dyck & Zingales,2004)。

LLSV(2000b,2002)的研究结果表明,投资者法律保护影响公司的现金股利和公司价值(托宾Q),法律对投资者保护程度越高,托宾Q越高,而且普通法国家上市公司的现金股利水平显著高于民法系国家上市公司。

尽管LLSV(2000a)、Dyck和Zingales(2004)强调投资者保护通过影响控制权私利而影响金融市场的发展,但他们并没有通过比较正式的理论模型来论证该结论。而Shleifer和Wolfenzon(2002)建立一个理论模型分析了投资者保护如何影响一个国家外部资本市场规模。

Johnson,Booen,Breach和Friedman(JBBF,2000)分析了投资者保护是如何通过影响投资者的信心而影响一个国家金融市场的稳定性。JBBF的理论模型假设公司内部人对公司保留盈余的转移与投资项目未来收益前景有关,投资项目预期投资收益高,则转移程度低;反之,则转移程度高。根据以上假设,当一个国家面临外部不利冲击时,预期收益下降,内部人转移程度上升;而投资者预期到这种转移的增加,就会抛售股票,卖出本币,从而形成股票市场和外汇市场同时下跌的金融危机,并且金融危机程度与投资者保护水平密切相关。JBBF以1997—1998年亚洲金融危机期间25个新兴市场国家的外汇贬值和股票市场下跌程度为样本,对其理论进行了检验,他们发现,诸如财政和货币政策、外债数量等宏观经济变量并不是影响金融危机严重程度的主要因素;相反,不同国家投资者法律保护程度的差异在很大程度上解释了这些国家金融危机严重程度的差异。

四、投资者法律保护与资本市场的效率

与以上从投资者法律保护影响控制权私人收益,进而影响金融市场发展的视角不同,部分文献从投资者法律保护对资本市场信息的生产和传递影响的市场微观结构视角,揭示出投资者法律保护影响资本市场发展的作

用机理。

Morck，Yeung，Yu（简称 MYY，2000）研究了不同国家投资者法律保护程度与股票市场价格波动之间的关系。MYY 发现政府对私有产权保护程度越低，股票价格波动的同向性越强。MYY 认为，这与产权保护对风险套利者（risk arbitrageurs）行为影响有关。风险套利者通过挖掘公司特有信息获取利润，众多套利者的行动将导致特有信息迅速被反映到股票价格中去；然而在私人产权不能得到很好保护的情况下，套利者将停止上述信息的收集，从而导致不同公司股票价格同向波动。股票价格同向波动所产生的后果就是价格难以迅速、准确地反映公司特定信息，进而影响资本市场的资源配置效率。

Brockman 和 Chung（2003）从投资者法律保护对股票市场信息不对称程度影响角度，分析了投资者保护与股票市场流动性的关系。Brockman 和 Chung 认为，投资者法律保护影响股票市场的流动性成本。完善的投资者法律保护可以降低股票市场信息不对称程度，从而降低了市场流动性提供商与具有信息优势交易者成为交易对手的可能性，使它们提供流动性的成本降低，进而缩小了市场买卖价差，增加市场深度。而低流动性成本有助于降低公司融资成本，增加公司价值，进而促进资本市场的发展。Brockman 和 Chung 通过对中国大陆的股票市场与香港股票市场进行比较分析，发现了支持其理论的经验证据。

Bhattacharya 和 Daouk（2002）则分析了抑制内幕信息和内幕交易的法律制度及其实施情况对资本市场融资成本的影响。他们发现在 1998 年底之前，103 个有股票市场的国家均颁布了禁止证券内幕交易的相关法律条文，然而法律实施情况大相径庭，只有 1/3 国家真正实施了这些法律，其他国家有法律却没有实施；内部交易法的实施比法律的颁布对市场的影响更大，法律的颁布并没有显著降低市场融资成本，但法律的真正实施使融资成本显著下降。

而 Leuz，Nanda 和 Wysocki（简称 LNW，2003）则关注不同国家投资者保护对上市公司财务信息可靠性的影响。LNW 认为公司内部人（经理层和控股股东）有激励获取控制权私利，他们通过操纵会计报告来掩藏转移资产行为。然而内部人为自身利益而转移公司资源的能力受法律制度制约，投资者法律保护程度越高，控制权私利越低，内部人进行公司财务报告粉饰和盈余管理的动机就越小，进而增加了股票市场财务信息的可靠性。LNW 通过对 31 个国家上市公司的会计盈余管理影响因素分析发现，股权越分散、股票市场规模越大，投资者保护程度越高的国家，会计盈余管理程度越低，而公司股权相对集中、资本市场发展程度差和投资者保护程度越低的国家,会计盈余管理程度越高。

第二节　政府监管与投资者法律保护的替代机制

　　尽管法与金融学强调投资者权益的法律保护对资本市场发展的重要影响,而其他一些文献也指出在缺乏投资者法律保护的情况下,相应替代机制所起的作用,其中股权集中、跨境上市(cross-listing)和政府监管就是三种重要的法律替代机制;但股权集中和跨境上市作为替代机制具有内在的缺陷,而来自转轨国家的经验证据表明,政府监管是投资者法律保护最为重要的替代机制之一。

一、转轨国家的投资者法律保护与资本市场的发展

　　法与金融学研究最初的主要对象和经验证据集中于发达国家和新兴市场国家,比如 LLSV(1998)在研究不同国家法律制度与金融发展关系时,明确指出"在其研究样本中并不包括社会主义或转轨经济国家",而转轨和私有化过程中所呈现出来的一些问题也使部分学者关注转轨国家的法律制度、金融发展与经济增长之间的关系。对转轨国家投资者法律保护与资本市场发展的研究结果表明投资者法律保护的重要性;然而中国的转轨过程似乎又对法律、金融和经济增长的研究结果提出了挑战。中国经济和资本市场在缺乏足够投资者法律保护的情况下实现了快速增长,中国的转轨经验又表明了投资者法律保护替代机制的重要性(Allen 等,2005)。

1. 苏联和东欧转轨国家的投资者法律保护与资本市场发展

　　在苏联和东欧转轨国家 20 世纪 90 年代初的私有化过程中,证券私有化(voucher privatization)是一种重要的私有化方式,因为根据最初的设想,这可以达到"一箭双雕"的目标:第一,快速实现国有企业的私有化;第二,通过私有化形成一个分散的公司所有权结构,为建立一个类似于英美的证券市场创造条件。然而事与愿违,通过证券私有化建立的分散化股权结构在这些转轨国家并没有形成,几年后,原来分散的股权结构又演变成了高度集中的股权结构(Coffee,1999;Atanasov,2005)。那么这是否与法律制度对中小投资者利益的保护不充分有关呢?

　　相关的研究结果显示,这些转型国家普遍存在上市公司大股东侵害中小股东的现象。Johnson,La Porta,Lopez-de-Silanes,Shleifer(2000)发现捷克上市公司存在大股东侵害中小股东权益的"掏空"(tunnlling)现象,具体的

"掏空"手段包括自我交易（非法的欺诈、资产出售、转移定价、贷款担保、窃取公司发展机会等）和歧视性金融安排。而 Atanasov(2005)对保加利亚上市公司的研究结果表明，在缺乏法律制约的情况下，上市公司 85% 的价值成为控股股东的控制权私利。也有类似情况以生产石油的 Lukoil 公司为例，按照西方上市公司的标准估算，1999 年它的价值应该在 1950 亿美元，而当时它的实际股票总市值仅为 55 亿美元(Black,2001)。

Pistor,Raiser 和 Gelfer(简称 PRG,2000)按照 LLSV(1997,1998)的方法对苏联和东欧 26 个转轨国家的法律制度与金融发展关系进行了较为全面的研究。PRG 首先构造了与 LLSV(1998)相类似的指标体系来衡量苏联和东欧转轨国家法律对股东和债权人的保护程度，并与 LLSV 的结果进行了对比(见表 3-1)。PRG 发现在苏联和东欧转轨国家，从书面和形式上看，在 1992—1998 年间，法律制度对投资者的保护程度在提高，并且到 1998 年这些国家法律制度对投资者的保护程度超过了世界平均水平，显著高于民法国家对投资者的保护水平。PRG 指出，这些转轨国家法律制度大部分是由外国专家起草并在没有大的修改情况下被立法机构所采纳，显示这些国家在转轨过程中对投资者权利的重视。然而，PRG 发现这些转轨国家的法律实施存在巨大差异，书面和形式上的法律并不等于实际实施的法律。其次，PRG 分析了这些转轨国家的书面法律与法律实施情况对资本市场发展的影响，他们发现执法质量对资本市场发展有正面影响，然而，书面的投资者法律保护对资本市场发展没有显著影响。PRG 对转轨国家的研究结论表明，在投资者法律保护方面，法律制度的有效实施比书面上的法律更为重要。

由此可见，苏联和东欧转轨国家的经验表明，尽管各国通过法律移植建立了旨在保护投资者利益的法律制度，但如果法律条文仅仅停留在书面上而不能够得到有效的实施，那么中小投资者利益难以获得真正的保护，大股东侵害中小股东利益的现象仍旧盛行。

表 3-1　股东权利与债权人权利的比较

	股东权利平均指数	债权人权利平均指数
LLSV 的研究结果		
世界平均(49 个国家)	3.0	2.30
普通法系国家	4.0	3.11
法国民法系国家	2.33	1.58

	股东权利平均指数	债权人权利平均指数
德国民法系国家	2.33	2.33
斯堪的纳维亚民法系	3.0	2.0
PRG 的研究结果		
转轨国家（1992）	2.17	1.40
转轨国家（1998）	3.13	3.23

附注：数据来源于 Pistor 等（2000，P337，P340）

2. 中国的投资者法律保护与资本市场发展

大量经验证据表明中国资本市场的外部股东利益受到内部人的侵害：第一，上市公司的控制权存在显著的控制权私利（唐宗明等，2002）。第二，中国上市公司股权结构的显著特征之一就是股权高度集中，造成控股股东通过各种渠道侵害中小股东的利益。李康等（2003）发现，上市公司新股增发过程中非流通股东的净资产获得巨幅增长，而非流通股东的财富增加是以流通股股东承受损失为代价的，因而在中国证券市场的特定环境下，配股、增发新股等再融资工具成为控股的非流通股股东侵害流通股股东的途径。李增泉等（2005）发现，中国上市公司对非上市公司的购并行为是地方政府和控股股东的支持和掏空行为（propping and tunneling），支持的目的在于帮助上市公司满足监管部门对再融资资格的监管要求，以达到今后赤裸裸的侵占目的。第三，很多中国上市公司的最终股东是国家（刘芍佳等，2003），大股东所有权虚位给内部人（管理层）侵害股东提供了便利。周建波和孙菊生（2003）发现对于第一大股东为政府的公司，股权激励方案设计或实施成了经营者掠夺股东利益而谋取私利的工具。那么，在中国转轨过程中，法律制度对投资者的保护程度到底如何呢？

孙永祥（2002）、栾天虹（2004）、Allen，Qian（2005）借用 LLSV（1998）提出的衡量一个国家法律对股东和债权人保护程度的指标，分析了中国法律制度对少数股东和债权人的法律保护情况，发现从书面的法律来看中国法律制度对股东和债权人的保护程度总体低于 LLSV（1998）样本中的平均水平。

有些学者研究了中国法律制度对投资者保护的时序变化及其对中国资本市场发展的影响。沈艺峰、许年行和杨熠（2004）通过赋予我国颁布的法律、行政法规、部委规章以不同的权重，衡量了我国 1991—2002 年间法律对中小投资者保护程度的变化，发现在此期间中国法律制度对投资者的保护程度呈现逐步加强的趋势。这种法律制度对投资者保护作用的加强对中国的资本市场发展产生了影响:沈艺峰、许年行和杨熠(2004)发现随着中小投资者法律保护从初始阶段进入发展与完善阶段,中国首次公开发行(IPOs)的初始收益率有所下降;沈艺峰、肖珉和黄娟娟(2005)发现中国法律制度对投资者保护程度的逐渐加强导致上市公司的权益资本成本逐步下降。陈炜等(2005)则发现中国法律制度对投资者保护程度的逐渐加强使上市公司的控制权私利逐步下降。

尽管如此,但 Allen,Qian 和 Qian(2005)认为中国的情形对法与金融学所倡导的法律制度影响金融发展,金融发展影响经济增长的研究范式提出了挑战。他们指出,中国的法律制度对投资者保护程度不高,但中国却是世界上经济增长最快的国家;通过对比国有部门与私人部门的发展情况,他们指出其他的融资渠道和治理机制[基于声誉和关系(relationship)的非正式治理机制]在私人部门替代了正规的金融体系和法律制度,促进了私人部门的快速发展。换而言之,中国转轨过程中资本市场发展的经验表明替代机制的重要性。Pistor 和 Xu(2005)也认为,中国的法律制度对投资者的保护程度不高,但其资本市场的发展程度却远远超过许多转轨国家,这得益于政府监管作为替代机制的作用。

3.转轨国家法与金融研究的启示

对转轨国家投资者保护与资本市场发展的经验表明:第一,法律保护不仅包括书面的法律条文,更为重要的是法律制度能否得到有效执行。PRG(2000)对苏联和东欧转轨国家的研究表明,尽管这些国家已经在法律条文上实现了对中小投资者的名义法律保护,但真正起作用的是法律的执行;仅仅只有书面和形式的法律条文是难以真正起到保护投资者利益进而促进资本市场发展的作用。第二,中国转轨过程中投资者法律保护与资本市场发展的关系表明,在缺乏法律制度对中小投资者保护的情况下,替代机制的重要性,尤其是政府监管作为替代机制的重要性。

二、投资者法律保护的替代机制:股权集中与跨境上市

1.股权集中与少数股东保护

在缺乏对投资者法律保护的情况下,控股股东能通过各种渠道转移公司的资源进而侵害外部股东的利益,但这种转移受控股股东所占公司股权比例的影响。

Claessens,Djankov,Fan 和 Lang(2002)认为公司股权集中对公司价值产生两种效应:激励效应和侵害效应(entrenchment effect)。一方面,股权集中产生了大股东,大股东可以克服小股东监督管理层的搭便车行为,并且

有足够的控制权约束管理层,因而大股东的存在可以降低代理成本而增加公司的价值;另一方面,大股东可能仅为自己而非全部股东的利益而行事,进而侵害外部股东的利益(Shleifer & Vishny,1997),这种侵害行为将随着大股东所占股权比例的上升而下降。随着大股东占公司股权比例的上升,激励效应将超过侵害效应而占据主导地位。LLSV(2002)、Shleifer 和 Wolfenzon(2002)、Durnev 和 Kim(2005)则对控股股东的现金流所有权比例与控股股东侵害小股东行为之间的关系进行了模型化。LLSV(2002)的分析表明,增加企业家的现金流所有权有助于降低对少数股东侵害程度;Shleifer 和 Wolfenzon 认为控股股东所有权比例的变化在投资者法律保护比较弱的国家对侵害中小股东行为的影响更加明显。Durnev 和 Kim 认为控股股东现金流所有权高的公司会自我实施高质量的公司治理。而大量的经验证据表明,控股股东的现金流所有权越高,公司价值也越高,这支持了股权集中是投资者法律保护的替代机制的论断。LLSV(2002)对 27 个富裕国家 539 家大型公司的公司价值影响因素分析表明,控股股东持有高比例的现金流所有权有助于提高公司价值,并且这种效应在投资者法律保护比较差的国家更为明显。

2. 跨境上市与少数股东保护

Coffee(1999) 和 Stulz(1999) 提出的法律保证假说(legal bonding hypothesis)认为,对于来自法律制度对中小股东利益保护比较弱或法律实施机制比较差的国家的公司,可以通过在美国跨境上市来提高对中小股东利益的保护,这是因为,跨境上市被视为控股股东向少数股东做出的减少侵害行为的承诺,跨境上市表明公司将受到美国法律制度的制约,增加了承诺的可置信度。

Doidge(2004)提供了支持法律保证假说的证据。通过对不同国家 745 家具有双类别(dual-class)股权结构其中 137 家在美国跨境上市企业的比较分析,他发现那些在美国跨境上市的具有双类别股权结构的公司,其投票权平均溢价显著低于那些没有在美国上市的公司;并且投票权溢价的大小与测度少数股东保护程度的指标负相关,来自少数股东法律保护程度较弱的国家,控制权私利下降幅度越大。

而 Reese 和 Weisbach(2002)、Doidge,Karolyi 和 Stulz(2004)则认为通过跨境上市实现对外部投资者的保护只有在特定条件下才可能。

Reese 和 Weisbach(2002)从跨境上市、投资者保护与后续融资之间的关系角度论证了融资需求对跨境上市的影响。他们认为,选择在法律对中小投资者保护程度更高的国家跨境上市有利有弊,有利之处在于向外部投资者做出了降低侵害的可置信承诺,增加融资渠道,降低融资成本;不利之处在于内部人控制权私利下降;据此,他们认为跨境上市、投资者保护与后续融资之间存在以下关系:第一,不管原来所在国的投资者法律保护程度如何,在跨境上市之后,所有的公司将进行后续融资;第二,对于那些来自投资者保护比较弱的国家,再融资的规模更大;第三,在美国跨境上市后,来自法律保护程度比较高国家的公司将更多地在美国发行股票,而来自法律保护程度比较低的国家的公司,将更多选择在美国以外发行股票融资。对 1999年 6 月以前通过美国存托凭证(ADR)和全球存托凭证(GDR)在纽约挂牌上市的 2018 家跨境上市企业的实证分析,他们获得了支持其结论的经验证据。

Doidge,Karolyi 和 Stulz(2004)指出了成长性对公司跨境上市决策的影响。对于那些具有成长性的公司而言,侵害中小股东而丧失融资机会所产生的损失大于侵害中小股东所产生的收益,在这种情况下,跨境上市有助于控股股东承诺减少对少数股东利益的侵害,进而以低成本融资,抓住成长机遇,增加公司的价值。通过对 1997 年末在美国跨境上市公司的分析,他们发现那些在美国跨境上市公司的托宾 Q 值比同一国家未在美国上市的公司平均高 16.5%,该跨境上市溢价(the cross-listing premium)现象在控制众多国家和公司因素后仍旧显著,他们认为跨境上市溢价主要产生于:第一,选择跨境上市公司面临更好的成长机会;第二,跨境上市公司对少数股东的侵害降低,增加了公司价值。

3. 股权集中和跨境上市作为替代机制的局限性

股权集中作为替代机制是有条件和代价的。在英美等国家,上市公司的股权结构比较分散,公司治理面临的主要问题是股东与管理层的问题(Shleifer & Vishny,1997),通过股权集中形成大股东的监督,降低管理层的代理成本;但是在英美以外的国家,公司的股权往往是集中的,公司治理面临的主要问题是大股东与小股东之间的利益冲突,在这种情况下,股权集中可以缓解大、小股东之间的利益冲突,但并不能完全解决这种冲突。尤其对于转轨国家,法律保护不充分往往是导致上市公司股权结构集中的原因,更不能指望通过股权集中来保护中小投资者利益。

跨境上市是指单个或少数公司通过在投资者法律保护比较强的国家和本国同时上市,跨境上市相当于那些投资者法律保护不充分国家的企业向本国投资者做出一个保护中小投资者利益的可置信承诺。当然,少数公司可以通过跨境上市这种法律保护替代机制来提升企业对投资者的吸引力,降低融资成本。然而,一个国家不可能指望本国全部企业通过跨境上市的方式来促进本国资本市场的发展。

正是由于上述原因,一个国家或政府不太可能通过跨境上市或股权集中的方式来促进本国资本市场发展;相比之下,积极政府监管可以成为一个国家或政府在法律保护不充分情况下的重要替代机制。

三、投资者法律保护替代机制:政府监管

Pistor,Raiser 和 Gelfer(PRG,2000)的研究表明,苏联和东欧转轨国家在投资者法律保护方面通过移植西方发达国家的法律制度已经在书面上建立了较为完备的法律体系,但效果并不理想;他们认为,关键在于法庭执法。虽然一个国家可以在短时间内通过法律移植在书面和形式上实现对投资者的保护,但法庭的执法与一个国家的法律传统、司法制度等因素密切相关,而后者是不可能在短期内发生重大改变的。而政府行政监管部门就可以弥补法庭在执法上的不足,从而使政府监管成为法律保护的重要替代机制。不同于股权集中、跨境上市作为替代机制更多是市场自身选择的结果,而政府监管更多体现了政府对市场的干预,这种干预对保护投资者利益和资本市场的发展具有一定的积极作用。

1. 政府监管部门与法庭执法激励机制的差别

Glaeser,Johnson 和 Shleifer(2001)从法官与作为政府官员的管制者所面临的激励差异角度,分析政府管制对投资者法律保护的替代作用。他们认为,政府可以通过激励管制者的方式来强调政府对特定法规的重视,然而对于独立的法官,政府很难通过激励方式实现上述目标。在保护投资者方面,他们强调政府不但要积极立法,同时要依靠行政部门的积极实施来提高对投资者的保护,这是因为政府能够给执法者提供更强的激励,而法院无法办到这一点。由此可见,仅仅有好的法律条文对于投资者保护是不够的,政府监管部门可以通过对特定法律法规的重视来强化执法质量。

Glaeser,Johnson 和 Shleifer(2001)以捷克和波兰的证券市场发展为例说明了积极政府监管作为法律替代机制的重要作用。在捷克的证券市场发展中,政府完全信奉芝加哥大学的自由市场哲学,对资本市场完全采取放任自由的不干预立场,只制定法律并依靠法庭执法。相反,波兰的政府对于股票市场的监管采取更为积极的态度,政府制定相关的法律和行政法规,并且主要依靠行政执法部门来执行这些法律法规。两国政府监管方式的差异导致两国股票市场发展的巨大差异,1994—1998 年间,由于缺乏对投资者的法律保护,捷克上市公司中内部人挪用侵吞公司资产等侵害外部投资者的现象盛行,导致大量公司退市,上市公司从 1698 家下降到 283 家;同期,由于政府监管部门通过积极执法来保护投资者,波兰的上市公司数量同期从 44 家

增加到 218 家。

捷克和波兰转轨过程中资本市场发展的历程表明,政府监管在保护投资者利益方面的重要作用,Glaeser,Johnson 和 Shleifer 进而总结到(P895)"转轨经济在他们的司法体系达到发达工业化国家的水平之前仍旧有很长的路要走。在此期间,政府监管可以作为私人合约和法律的司法实施的一个替代。"

2. 法律的不完备性与政府监管部门的执法

Pistor 和 Xu(2003)认为,法庭和行政监管部门行使剩余立法权和执法权的程序和时间不同,法庭是被动的执法者,仅在起诉之后发生,而行政监管者是主动的执法者。如果法律是完备的,那么二者的差异是不重要的。对主动式执法如监管的需要仅在法律不完备时产生:第一,监管部门只要发现有足够高的预期损失,它们就可以开展执法,并可用立法权改写或变更规则,来回应所观察到的社会经济或技术变革。第二,由于法律的不完备性,起诉方即使相信自己提供了充分的证据,案件的处理结果仍可能面临较大的不确定性,起诉不足。

在转轨国家,不但社会经济和技术处于不断变革中,制度也在不断地变迁中,因而法律制度相对于快速变化的社会经济和制度环境总是不完备的;同时,由于资本市场也是新事物,法官缺乏相关的专业知识,这会在执法环节加深法律的不完备性。在这种情况下,政府行政监管比法庭更可靠。

第三节 IPO 市场准入管制、公司治理质量 与投资者保护

以上的分析说明,积极的政府监管作为法律替代机制可以在保护投资者利益方面发挥重要作用。那么在我国 IPO 市场准入管制中,政府监管部门是否考虑投资者利益保护问题是本节内容所关注的问题。换而言之,作为 IPO 市场准入管制的核心环节,股票发行审核委员会是否在股票发行审核中把中小投资者利益保护作为选择拟上市公司的重要标准呢? 本节将从股票发行审核委员会是否把公司治理质量作为选择拟上市公司的标准来判断我国 IPO 市场准入管制是否具有保护中小投资者利益的功能。

一、理论分析与研究假设

1. 投资者保护的三种机制及其相互关系

（1）投资者利益的法律保护

LLSV（1997、1998）发现，不同国家法律制度对投资者保护程度存在显著差异，相对于民法系国家尤其是法国民法系国家而言，普通法系国家的法律制度为中小投资者提供了更充分的保护；而不同国家投资者法律保护程度与金融发展水平正相关，一个国家的法律制度对投资者保护程度越高，资本市场越发达。LLSV（1997、1998）的开创性研究引发了大量的后续文献从不同角度论证了投资者法律保护影响资本市场发展的作用机理（Dyck & Zingales，2004；LLSV，2002、2003；Shleifer & Wolfenzon，2002），形成了法与金融学这个新的交叉研究领域。

尽管法与金融学的研究文献数量众多，但其核心理论观点可归纳为以下两点（Beck & Levine，2005）：第一，法律制度确实起作用，投资者法律保护影响资本市场的发展进而影响经济的增长；第二，不同国家投资者法律保护的差异与普通法、民法系国家的法律起源历史和法律传统有关。然而上述法与金融学的基本理论观点在指导新兴和转轨国家制定改革政策上面临矛盾：一方面，法与金融学的第一个基本理论观点具有明确的政策含义，即政府可以通过法律制度改革提升投资者保护水平以促进资本市场和实体经济的发展；另一方面，第二个基本理论观点强调投资者法律保护差异的形成是由不同国家法律制度的历史和法律传统所决定（Beck & Levine，2005；Glaeser & Shleifer，2002），而一个国家法律制度形成的历史是不可改变的，法律传统也是短期不可改变的，这意味通过法律制度改革实现对投资者的充分保护需要激进的法律制度改革（LLSV，2000a），且在短期内难以奏效（Klapper & Love，2004）。

在保护投资者利益方面，虽然"法律趋同（legal convergence）"的改革模式面临困难，但这并不意味新兴市场和转轨国家的政府和公司在保护中小投资者利益方面无计可施，因为存在法律保护的替代机制，可以实现在投资者保护上的"功能趋同（functional convergence）"，其中政府的积极监管和公司自我实施的公司治理就是重要的替代机制。

（2）政府监管与法律替代机制

法与经济学著名的科斯定理（coase theorem）认为，只要法律权利清晰界定并且交易成本为零，那么法律权利的初始界定从效率角度来看是不重要的，因为私人缔约行为可以保证最有效率权利配置的实现（库特，P498）。

就投资者法律权利与金融发展关系而言,如果不同国家法律赋予投资者权利不同,融资者与投资者可以通过谈判,签订相应的金融合约,实现金融资源的配置。因而根据科斯定理,尽管不同国家法律制度赋予投资者的权利不同,双方会通过谈判重新配置法律权利以达到有效率的结果,不会形成法律赋予投资者权利的差异造成金融资源配置差异。

然而法与金融学的研究结果表明法律制度确实起作用,这与科斯定理的预期不一致。Galser, Johnson 和 Shleifer(2001)认为,科斯定理成立的关键在于法院能够有效执行复杂的合约,这要求"法官必须能够且更为重要的是愿意,去理解复杂的合约、证实触发特定条款的事件是否真实发生,解释合约中宽泛、含糊的语言",然而现实中法庭或法官并不具有这样的能力或动力,从而在一定程度上导致科斯定理失效。在这种情况下,政府监管可以作为替代机制发挥作用,这是因为政府可以通过激励管制者的方式来强调政府对特定法规的重视,然而对于独立的法官,政府很难通过激励方式实现上述目标。他们对捷克和波兰的资本市场发展的比较研究就说明积极政府监管在保护中小投资者利益方面的重要作用。

(3)企业自我实施的公司治理结构与投资者保护

法律制度和政府监管对企业来讲是外生的,在外部制度对投资者保护不充分的情况下,企业可以通过自身的公司治理结构的选择来显示或传递其对外部投资者利益的重视(Mitton,2002;Durnev & Kim,2005;Klapper & Love,2004),这与投资者保护关系密切。

由于研究视角和侧重点的不同,关于公司治理有不同的定义。本书关于公司治理的含义与 Shleifer 和 Vishny(1997)、LLSV(2000)、Mitton(2002)对公司治理的定义相似。Shleifer 和 Vishny(1997)把公司治理定义为"公司资金的提供者确保自己获得投资回报的途径";LLSV(2000)认为,"在很大程度上,公司治理就是外部投资者保护自己免受内部人侵害的一系列机制";Mitton(2002)把公司治理定义为"保护中小股东利益免于管理层或控股股东侵害的手段"。上述定义都强调了公司治理与保护外部投资者的利益免受内部人侵害密切相关。而且根据对中小股东利益侵害的对象不同,公司治理划分为两类(Sheifer & Vishny,1997):第一类公司治理的特征为公司管理层与外部股东的利益冲突,以公司股权结构分散的美英为代表。第二类公司治理关注的重点不是管理层与外部股东利益冲突,而是大股东与小股东的利益冲突。而且从世界范围内看,英、美上市公司的分散股权结构是例外而非一般规律,因而大股东与中小股东利益的冲突更为普遍。

另外一些研究则从公司治理结构选择角度分析了它作为法律替代机制

的作用。Klapper 和 Love(2004)发现,虽然投资者法律保护程度高的国家,企业的公司治理质量平均上高于投资者法律保护差的国家,但同一国家的上市公司在公司治理质量上存在显著差异,在投资者法律保护差的国家存在高质量公司治理的企业。他们认为,在法律保护对投资者保护比较弱的国家,公司可以在个体层面采用高质量的公司治理来传递赋予投资者更多权利的信号,从而弥补国家层面的法律制度和司法的不足。

那么在投资者法律保护不充分的情况,什么因素激励企业选择高质量的公司治理以向外部投资者承诺减少掠夺行为呢?Durnev 和 Kim(2005)认为,那些有更多投资机会、更高的现金流所有权和更大外部融资需求的企业更可能实施高质量的公司治理;而 Klapper 和 Love(2004)认为,那些未来需要外部融资的成长性企业和无形资产比重高的企业更可能在事前实施高质量的公司治理来限制事后的掠夺行为,进而向外部投资者传递积极的信号。

换而言之,根据 Durnev 等(2005)、Klapper 等(2004)的观点,作为对投资者法律保护不充分环境的理性反应,在面临良好投资机会和需要外部融资等情况下,选择实施高质量的公司治理结构成为企业控制者或管理层向外部投资者传递减少事后侵害行为的可置信承诺。

综上,以上讨论的投资者保护三种机制:法律制度、积极政府监管和企业自我实施的公司治理。它们之间是相互联系的:第一,对于法律制度与政府监管,二者之间具有相互替代的关系,在投资者法律保护不充分的情况下,积极的政府监管可以发挥保护投资者利益的作用;第二,从企业角度,法律制度和政府监管是外生的,而公司治理可以是内生的;第三,在公司治理与法律保护之间也存在一定程度的替代关系。图 3-1 是三者关系的示意图。

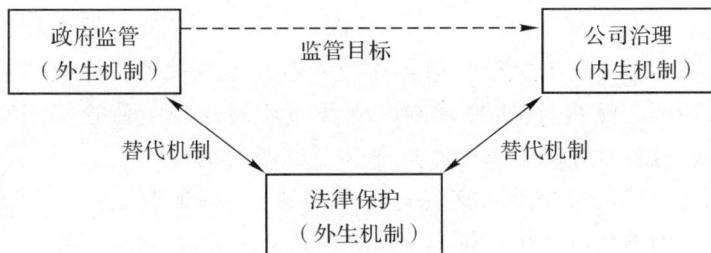

图 3-1　法律保护、政府监管和公司治理的关系

2. 理论假设的形成

在保护投资者利益方面,法律制度和政府监管对公司而言是外生的,一个国家所有的公司都面临相同的法律制度和政府监管,但这并不表示一个国家所有公司对外部投资者的保护都是一样的,企业可以通过公司治理结

构的选择来向外界传递对外部投资者利益的关注。

而市场对于那些选择高质量公司治理的企业给予积极的回应,这些公司的估值更高,并且这种高质量公司治理的估值效应在投资者法律保护低的国家更为显著(Durnev & Kim,2005;Klapper & Love,2004)。Bebchuk,Cohen 和 Wang(2013)的研究进一步体现出市场对公司治理的关注。他们发现,在 20 世纪 90 年代美国股票市场中存在"公司治理溢价",即相对于公司治理质量差的上市公司,公司治理质量好的公司可以给投资者带来超额收益;但自 2002 年后上述"公司治理溢价"开始消失。Bebchuk 等人认为,"公司治理溢价"现象的消失与学术界、新闻媒体和机构投资者在 2000 年左右开始重视公司治理结构有关。即使"公司治理溢价"现象消失,但公司治理与公司财务绩效的正相关关系仍存在,即公司治理好的企业,它们的经营业绩表现也好。

而相关的证据显示,在同期,中国证监会也开始重点关注中小投资者利益保护和国内上市公司的公司治理问题,这主要体现在中国证监会颁布的一系列法规上。中国证监会 2000 年 5 月 18 日颁布实施的《上市公司股东大会规范意见》的第三十四条规定"股东大会就关联交易进行表决时,涉及关联交易的各股东,应当回避表决,上述股东所持有的表决权不应计入出席股东大会有表决权的股份总数";2000 年 6 月 6 日颁布的《关于上市公司为他人提供担保有关问题的通知》的第二条明确提出"上市公司不得以公司资产为本公司的股东、股东的控股子公司、股东的附属企业或者个人债务提供担保";而 2003 年颁布的《关于规范上市公司与关联方资金往来及上市公司对外担保若干问题的通知》也对上市公司与控股股东及其他关联方的经营性和非经营性资金往来做出了严格的限制,并要求上市公司的审计机构在年度报告的审计中需要对上市公司存在控股股东及其关联方占有资金的情况出具专项说明。显然,这些规章制度的颁布实施体现了监管部门对上市公司大股东通过各种途径侵害中小股东利益问题的重视。

除了对上市公司的关联交易进行规范外,中国证监会也开始重视上市公司的公司治理情况。中国证监会 2001 年 8 月发布的《关于在上市公司建立独立董事制度的指导意见》要求在 2003 年 6 月 30 日前,上市公司董事会成员中应当至少包括三分之一的独立董事。而 2003 年 8 月 28 日颁布的《关于规范上市公司与关联方资金往来及上市公司对外担保若干问题的通知》要求独立董事在年度报告中对上市公司累计和当前对外担保情况进行专项说明,并发表独立意见。

当然,中国证监会对中小投资者利益保护的重视不仅仅体现在对已上市公司上,对于拟上市公司的公司治理结构也提出了相关要求。在股票发行审批制下,股票发行额度僧多粥少,导致部分拟发行人为了满足上市的额度要求而采用剥离非核心资产的股份改制模式,甚至只把整个生产经营过程的部分环节资产通过改制进入拟上市公司,比如只有生产环节进入上市公司,而原材料采购、产品销售仍需要依靠大股东及其关联方才能完成。上述股份改制方式使得上市公司的经营缺乏独立性,从而导致大量的关联交易,为大股东侵害中小股东利益埋下了隐患。尽管政府监管部门强调上市公司关联交易的公允原则,但由于很多关联交易缺乏客观的市场参照价格,从而为关联方侵害中小股东利益提供了便利。针对新股发行中存在的上述问题,2006 年中国证监会颁布的《首次公开发行股票并上市管理办法》对拟发行人提出了"资产完整、人员独立、财务独立、机构独立、业务独立"等要求,上述"一完整、四独立"要求体现了政府监管部门对拟发行人公司治理结构的重视。

然而正如 Pistor 等人(2000)指出的,在投资者利益保护上,仅有书面和形式上的法律保护是不够的,行政法规必须得到有效实施,而不能仅停留在书面和形式上。那么,中国证监会 2006 年颁布实施的《首次公开发行股票并上市管理办法》关于对拟发行人公司治理结构的要求是否得到了有效的执行呢?

在股票发行核准制下,IPO 市场准入管制主要体现在股票发行审核委员会的审核上。而股票发行审核委员会主要根据上述管理办法来审核拟发行人的股票发行申请要求。因而,本节提出如下理论假设:在 IPO 市场准入管制中,证监会敦促股票发行审核委员会在发行审核环节重视拟发行人的公司治理质量,那些公司治理质量高的拟发行人更可能通过股票发行审核获得上市资格。如果上述假设获得经验证据的支持,那么表明,在我国新股发行监管中,IPO 市场准入管制成为保护中小投资者利益的手段之一。

二、公司治理指数编制设计的理论依据

本书的核心理论假设认为:如果证监会在 IPO 市场准入管制中重视中小投资者利益保护,那么势必会敦促股票发行审核委员会在发行审核中关注拟发行人的公司治理结构,从而使那些公司治理质量高的拟发行人更可能通过股票发行审核而获得上市资格。因而,如何度量拟发行人的公司治理质量成为研究的关键。本章拟通过编制指数的方式来综合反映拟发行人的公司治理质量。

由于公司治理涉及多方面的内容,编制指数成为研究公司治理质量的

重要方法。比如，Gompers、Ishii 和 Metrick（2003）从收购与反收购角度构造了一个公司治理指数指标来反映美国外部股东与管理层之间的权利配置，他们编制的指数侧重于考察股东与管理层之间的利益关系，属于第一代公司治理范畴。

在 2001 年 3 月发布的一个关于 24 个国家 494 家上市公司 2000 年公司治理质量的报告中，里昂证券亚洲（Credit Lyonnais Securities Asia）也是通过构造指数方式来度量不同公司的公司治理质量，上述公司治理指数被很多研究运用（Durnev 等，2005；Klapper 等，2004）。里昂证券亚洲主要从以下七个方面来编制公司治理指数：约束（discipline，主要指管理层的激励和约束）、独立性（independence，董事会的独立性）、问责性（accountability，董事会问责性）、责任、保护（少数股东保护）、社会责任。

标准普尔也采用编制指数的方式对 2003 年 40 个国家 901 家上市公司的公司治理情况进行了分析，它主要是从财务透明度和信息披露（35 个小项）、董事会和管理层（35 个小项）、所有权结构和投资者关系（28 个小项）三个方面来编制公司治理指数（Doidge，Karolyi，Stulz，2007）。

遵循上述研究通过编制指数来度量公司治理质量的思路，本章主要通过编制指数来反映拟发行人的公司治理质量，并具体从股权结构、董事会结构、关联交易、财务信息披露质量四个方面来构造相关指数。

1. 股权结构与公司治理指数

在股权结构方面，本书从现金流所有权与投票权的分离（变量 divergence）、股权制衡程度（变量 balance）两个方面来构造拟发行人的公司治理指数。

第一，两权分离与公司治理质量。投资者法律保护不充分的情况下，股东往往通过股权集中来获得控制权，进而保护自身的利益；换而言之，股权集中是对投资者法律保护不充分环境的理性适应。然而，在股权集中的同时，Claessens，Djankov，Fan 和 Lang（2002）发现，控股股东往往通过金字塔形股权结构、交叉持股等形式以较少现金流所有权获得公司的控制权，并且现金流所有权与投票权的分离程度越大，公司的价值越低，这表明两权分离增加了大股东侵害小股东利益的可能性。因而，在构造公司治理指数上，本书把两权分离程度作为一个指标，如果拟发行人的实际控制人拥有的投票权超过现金流所有权，则变量 divergence 取值为 0，否则为 1；在投票权和现金流所有权的计算上采用 Claessens 等人（2002）的方法。

第二，股权制衡与公司治理质量。一股独大的股权结构便于控股股东实施侵害行为，而如果公司有持股数量相当的大股东，那么股东间的相互制衡可以制约大股东侵害其他股东利益的行为（Bennedsen & Wolfenzon，2000）。换言之，股权制衡的公司治理结构有助于保护中小股东利益。本书把股权制衡作为构造公司治理指数的一个指标。在计算变量 balance 时，本书把拟发行人第二至五大股东持股比例加总，然后与第一大股东持股比例相除，得到的结果若大于等于 1，则表明存在股权制衡，balance＝1；若小于1，则表明不存在股权制衡，balance＝0。

2.董事会结构与公司治理指数

在董事会结构方面，本章从独立董事比例（变量 indep）、董事长与总经理兼任情况（dual）来构造拟发行人的公司治理指数。

第一，独立董事与公司治理质量。董事会在公司治理中扮演重要角色，它有两大基本职能：监督职能和咨询职能，其中董事会的监督职能与保护外部投资者利益密切相关。一般而言，董事会的独立性越强，实施监督职能越有效。Fama 和 Jensen(1983)认为，独立董事在选聘、考评和替换管理层中扮演重要作用，因而，独立董事制度有助于缓解管理层与外部股东之间的利益冲突，是董事会独立性的重要体现。国内相关研究表明，董事会独立性在保护中小股东利益上发挥了一定的积极作用。叶康涛等人（2007）的研究表明，在控制独立董事的内生性后，上市公司独立董事比例与大股东资金占用之间存在显著的负相关性。叶康涛等人（2011）发现，仅 4％的独立董事对董事会议案有质疑，但独立董事公开质疑的议案主要集中在担保、关联交易等方面，约 86％的异议原因为董事会议案可能损害中小股东利益，独立董事的公开质疑行为有助于保护中小股东利益。由此可见，独立董事制度在保护中小投资者利益方面发挥了一定作用。

而中国证监会 2001 年 8 月发布的《关于在上市公司建立独立董事制度的指导意见》要求在 2003 年 6 月 30 日前，上市公司董事会成员中应当至少包括三分之一的独立董事。因而，本书把独立董事比例作为构造公司治理指数的一个指标。在变量 indep 的计算上，如果拟发行人的董事会中独立董事比例超过 1/3，则变量 indep 取值为 1，否则为 0。

第二，董事长是否兼任总经理与公司治理。董事长与总经理的两职分离有助于董事会对管理层的监督和公司的权力制衡。如果拟发行人的董事长和总经理的职务由一人担任，则 dual＝0，否则 dual＝1。

3.“隧道效应（tunneling）”与公司治理指数

在法律制度对中小投资者利益保护不充分的情况下，资产出售、转移定价、贷款担保等关联交易成为大股东合法侵害中小股东利益的重要途径（Johnson，La Porta，Lopez-de-Silanes，Shleifer，2000），而我国股票市场发展的特殊历史路径曾导致上市公司关联交易的普遍性。

相关的经验证据显示,我国上市公司向大股东输送利益的现象较为普遍,而关联交易成为大股东掏空上市公司的重要途径。刘峰、贺建刚和魏明海(2004)对五粮液的案例研究表明,在1998—2003年间,五粮液向大股东五粮液集团支付的现金超过90亿元,其中单边或准单边的利益输送超过35亿元,而利益输送主要是通过向五粮液集团支付商标使用权、服务费、产品购销等关联交易方式实现的。此外,关联交易使上市公司与关联方之间产生大量的资金往来(应收、应付款等),大股东往往大量免费占用、甚至侵吞上市公司的资金,这也成为大股东侵害中小股东利益的重要途径(李增泉等,2004)。

因而,上市公司与大股东及其关联方的关联交易往往反映上市公司的公司治理质量,上市公司的关联交易越多,公司治理的质量越差(Berkman、Cole & Fu,2009)。而上市公司与大股东及其关联方的关联交易可以划分为经常性和非经常性关联交易。

第一,经常性关联交易(变量JCGL)与公司治理质量。拟发行人与关联方的经常性关联交易主要包括关联销售(变量GLSR,定义为对关联方的销售占拟发行人营业收入的百分比)和关联采购(变量GLCB,定义为从关联方的采购占拟发行人营业成本的百分比)。因而在构造公司治理指数时,把经常性关联交易作为一个指标。如果拟发行人与关联方之间不存在经常性关联交易,即GLSR和GLCB同时为零,变量JCGL取值为1,否则为0。

除了关联销售与关联采购外,同业竞争(变量TYJZ)也会导致"隐形"的关联交易,因而如果拟发行人与大股东间存在同业竞争,则变量TYJZ取值为0,否则为1。

第二,非经常性关联交易与公司治理质量。除了经常性关联交易外,贷款担保等非经常性关联交易也是控股股东侵害中小股东利益的重要形式(Johnson等,2000)。郑建民等(2007)、Berkman、Cole和Fu(2009)对国内上市公司的研究表明,关联担保是控股股东对上市公司进行利益侵占的途径之一,它显著降低企业价值。

因而,在公司治理指数的构造上,把贷款担保(变量DKDB)作为一个构成指标。如果拟发行人在上市前一年有为关联方提供贷款担保的行为,则变量取值为0,否则为1。

资金占用(变量ysk)往往也是大股东侵害中小股东利益的重要途径,如果拟发行人在发行申请时存在应收大股东的款项,这可能导致将来的利益侵害,反映了拟发行人的公司治理质量不高。因而,如果拟发行人与大股东在发行申请时存在应收款,那么变量 YSK 的取值为 0,否则 1。

4. 信息披露质量与公司治理指数

上市公司的信息披露越充分、透明度越高,大股东侵害中小股东利益的行为越可能被发现,比如 Leuz,Nanda 和 Wysokci(2003)发现,投资者法律保护有助于抑制上市公司的盈余管理行为,因而,信息披露质量往往被视为反映投资者保护的指标之一。

在衡量拟发行人的信息披露质量方面,本书借鉴 Mitton(2002)的做法,以拟发行人聘请的中介机构声誉来表示信息披露质量。分别以 repu_u、repu_a 代表拟发行人聘请的主承销商和审计机构的声誉,如果拟发行人聘请的主承销商在上年度 IPO 市场份额中位居前 10 名,则变量 repu_u 取值为 1,否则为 0;如果拟发行人聘请的审计机构在上年度的上市公司审计服务市场位居前 10 名,则变量 repu_a 取值为 1,否则为 0。

5. 小结

表 3-2 对公司治理指数的具体构成进行了归纳。本章主要从股权结构、董事会结构、隧道效应和信息披露质量四个方面选择了 10 个指标来构造公司治理指数以反映拟发行人的公司治理质量,10 个指标的值相加就构成了拟发行人的公司治理指数,该指数值越大,代表拟发行人的公司治理质量越高。

表 3-2　表示拟发行人公司治理质量的公司治理指数构成情况

指标	指标的内容	取值为 1 的情形	取值为 0 的情形
股权结构	两权分离情况(divergence)	现金流所有权等于投票权	投票权大于现金流所有权
	股权制衡(balance)	存在股权制衡	不存在股权制衡
董事会结构	独立董事比例(indep)	大于等于 1/3	小于 1/3
	两职兼任(dual)	不兼任	兼任
隧道效应	关联交易(jcgl)	没有关联销售和关联采购	有关联销售或关联采购
	同业竞争(tyjz)	不存在	存在
	贷款担保(dkdb)	不存在	存在
	资金占有(ysk)	不存在	存在
信息披露质量	会计师事务所(repu_a)	上年度市场占有率前 10 名	上年度市场占有率非前 10 名
	主承销商(repu_u)	上年度市场占有率前 10 名	上年度市场占有率非前 10 名

三、研究设计

1. 样本选择

本书以主板市场(包括中小板市场)第八届至第十二届股票发行审核委员会审核的拟发行人为研究对象。在样本数据搜集中,先从中国证监会官方网站(www.csrc.gov.cn)的信息公开目录下的发审会公告栏中获得研究期间拟发行人的发行申请和发审委审核结果的数据。在此期间,主板市场股票发行审核委员会共对758家拟发行人进行了审核(不包含暂缓表决和取消审核的拟发行人)。然后,搜集拟发行人的首次公开发行股票招股说明书(申报稿)。尽管中国证券会在其官方网站的预先披露信息栏目披露拟发行人的首次公开发行股票招股说明书,但无法直接在证监会预先披露栏目下找到2006、2007、2008年度的拟发行人首次公开发行股票招股说明书(申报稿)。为此作者主要通过Baidu和Google搜索引擎寻找相应的申报稿,有6家拟发行人的申报稿没有找到,最终的研究样本包括752家拟发行人。表3-3是本章的研究样本构成情况。

表 3-3　研究样本构成情况

发审委界别	时间	样本数	未找到申报稿	最终样本
第八届	2006.5—2007.4	111	3	108
第九届	2007.5—2008.4	182	2	180
第十届	2008.5—2009.4	52	1	51
第十一届	2009.5—2010.4	217	0	217
第十二届	2010.5—2011.4	196	0	196
合　计	—	758	6	752

2. 变量

(1)被解释变量

本书通过考察拟发行人的公司治理质量对发审委审核行为的影响来研究IPO市场准入管制与投资者保护的关系。因而,发审委的审核结果为被解释变量。以虚拟变量pass表示审核结果,当审核结果为通过时pass=1,否则pass=0。关于拟发行人的发行审核结果数据主要从中国证监会发行审核委员会的会议审核结果公告中获取。

(2)解释变量

在本章的研究中,通过编制公司治理指数来表示拟发行人的公司治理质量,以变量G_index表示,它的值就是与拟发行人的股权结构、董事会结构、隧道效应和信息披露质量有关的10个指标值相加得到。

（3）控制变量

除了解释变量会对发审委审核行为产生影响外，我们还控制以下变量的影响，以尽可能降低遗漏变量带来的内生性问题。本书把控制变量划分为以下几类：与拟发行人风险相关的控制变量、与拟发行人财务状况有关的控制变量，以及其他控制变量。

第一，与拟发行人经营风险有关的控制变量。胡旭阳（2011）认为，发审委委员在股票发行审核中遵循谨慎原则，在其他条件相同的情况下，具有低风险特征的拟发行人更受发审委"青睐"，而以下变量在一定程度上反映了拟发行人风险的大小：

其一，拟发行人的客户集中度和原材料采购集中度。一般而言，客户集中度和原材料采购集中越高，拟发行人对特定客户或原材料供应商的依赖就越强，企业的经营风险越大。本书采用C5和R5来表示拟发行人的客户集中度和原材料采购集中度；其中C5表示向前5名客户的销售占营业收入的比例，R5表示前5名供应商的采购占拟发行人采购总额的比重。上述两个变量的预期符号为负。相关数据来源于拟发行人招股说明书（申报稿）中的"业务与技术——本公司的主要业务"这一章节，通过手工方式搜集。

其二，拟发行人的行业地位（变量position）。行业排名越靠前，拟发行人抗击经营风险的能力越强。如果拟发行人位于其所在子行业的前10位，则令position＝1；否则position＝0。该变量的预期符号为正。另外，根据拟发行人总是愿意披露有利于自己信息的原则，对于那些没有披露自己在行业或子行业中排名的拟发行人，本书令position＝0。该数据来源于拟发行人招股说明书（申报稿）中的"业务与技术——本公司的行业竞争地位"这一章节，通过手工方式搜集。

其三，企业规模（变量asset）。一般而言，企业规模越大，风险越小。本书用总资产来代表拟发行人的公司规模，并取自然对数，以降低异方差的影响；该变量的预期符号为正。

第二，与拟发行人财务状况有关的控制变量。在本书的研究中主要控制以下与拟发行人财务有关的变量：资产负债率（变量ratio）、上市前一年的净资产收益率（roe）、上市前一年的主营业务增长率（growth1）和净利率增长率（growth2）、上市前的流动比例（liqui）。

第三，其他的控制变量。其一，变量F_char表示拟发行人第一大股东的股权性质。如果拟发行人的最终控制人为各级政府，则F_char＝1；如果最终控制人为自然人、社会法人、外资股东等，则F_char＝0。该变量的预期符号为正,即政府控股的拟发行人更可能通过发行审核。

其二,拟发行人董事会的规模。以变量 Size 表示拟发行人董事会规模,它等于董事会的总人数。

其三,行业变量。本章按证监会 2001 年发布的《上市公司行业分类指引》,将行业分为 21 类,其中制造业包含 10 个子行业,并把所有拟发行人少于 10 家的行业作为对照组,这样共有 19 个虚拟变量,行业虚拟变量的符号分别为 $Ind_i(i=1,2,\cdots,19)$。

其四,发审委的界别差异。本章研究的拟发行人发行申请审核涉及第八届到第十二届发审委,为此,我们引入四个虚拟变量(Fsw8、Fsw9、Fsw10、Fsw11)来控制不同界别发审委的"异质性"对审核结果的可能影响,其中第十二届发审委为对照组。

四、实证分析结果

1. 变量的描述性统计结果

在 752 家拟发行人的股票发行申请审核中,有 623 家拟发行人通过发审委的发行审核获得上市资格,占样本数的 82.8%,129 家拟发行人的发行申请被发审委否决,占样本数的 17.2%,表 3-4 是按照发审委界别划分的股票发行审核结果。

表 3-4　发审委发行申请审核结果统计

届　别 审核结果	通过		未通过	
	数量	所占比率	数量	所占比率
8	88	82.2%	19	17.8%
9	144	80.0%	36	20.0%
10	41	82.0%	9	18.0%
11	189	87.1%	28	12.9%
12	160	81.6%	36	18.4%
合　计	623	82.8%	129	17.2%

表 3-5 是解释变量和部分控制变量的描述性统计结果。在样本公司中,代表拟发行人公司治理质量的变量 G_index 的最大值为 10,最小值为 1,均值为 6.0188,标准差为 1.3647,这说明拟发行人的公司治理质量存在一定差异;董事会中董事数量(变量 size)平均为 9.09 人,最大值为 19 人,最小值为 5 人,标准差为 1.949;拟发行人的资产规模(变量 asset)最大值为 20.6048,最小值为 8.6512,均值为 11.3771,标准差为 1.6238。以上的统计分析结果

表明，拟发行人在公司治理质量、资产规模、董事会规模方面均存在较大差异。

表 3-5　解释变量和部分控制变量的描述性统计结果

变量	极小值	极大值	均值	标准差
G_index	1	10	6.0188	1.3647
size	5	19	9.0900	1.9490
asset	8.6512	20.6048	11.3771	1.6238
ratio	0.0901	0.9734	0.5358	0.1609
growth1	−0.5320	3.8240	0.2694	0.3529
growth2	−0.7652	8.9714	0.4359	0.8094
roe	0.0414	1.1362	0.2786	0.1282
C5	0.0001	1.0000	0.3439	0.2391
R5	0.0080	0.9783	0.3931	0.2222

　　表 3-6 是通过发行审核与未通过发行审核的两类拟发行人相关变量的均值比较结果。从表 3-6 的均值比较结果来看，通过发行审核的拟发行人的公司治理质量高于未通过发行审核的拟发行人，对于变量 G_index，前者的值为 6.1060，高于后者的 5.6873，这种差异在 1% 水平显著；此外，通过发行审核的拟发行人在资产规模（变量 asset）显著高于未通过发行审核的拟发行人；而在净利润增长率（变量 growth2）、客户集中度（变量 C5）上通过发行审核的拟发行人显著低于未通过发行审核的拟发行人。

表 3-6　两类拟发行人相关变量的均值比较结果

变量	审核结果	均值	标准差	均值差异显著性
G_index	1	6.1060	1.3139	1%水平显著
	0	5.6873	1.5245	
asset	1	11.4765	1.7221	1%水平显著
	0	10.8971	0.8823	
size	1	9.13	1.977	不显著
	0	8.89	1.799	
ratio	1	0.5385	0.1625	不显著
	0	0.5232	0.1529	

续表

变量	审核结果	均值	标准差	均值差异显著性
growth1	1	0.2699	0.3543	不显著
	0	0.2668	0.3469	
growth2	1	0.4056	0.7128	1%水平显著
	0	0.5822	1.1614	
C5	1	0.3339	0.2332	10%水平显著
	0	0.3923	0.2615	
R5	1	0.3827	0.2209	不显著
	0	0.4431	0.2219	

2. 变量的相关性分析结果

表 3-7 是被解释变量(pass)与解释变量和部分控制变量的相关性分析结果。表 3-7 的相关性分析结果表明,变量 pass 与变量 G_index 的相关系数为 0.143,在 1%水平显著,这表明拟发行人的公司治理质量与拟发行人通过股票发行审核获得上市资格的可能性正相关,公司治理质量越高的拟发行人通过发行审核的可能性越大。

相关性分析结果还表明,拟发行人的资产规模越大,拟发行人通过发行审核的可能性越大,这体现在变量 pass 与变量 asset 的相关系数为 0.135,大于零且在 1%水平显著;拟上市公司在子行业中的排名越靠前,其通过股票发行审核的可能性越大,这体现在变量 pass 与变量 position 的相关系数为 0.188,大于零且在 1%水平显著。

此外,变量 C5、R5 与变量 pass 的相关系数分别为 -0.092(在 5%水平显著)、-0.103(在 1%水平显著),均小于零且在统计上显著,拟发行人的销售客户集中度、原材料采购集中度越高,拟发行人通过股票发行审核的可能性越小。变量 growth2 与变量 pass 的相关系数为 -0.082,小于零且在 5%水平显著,拟发行人净利润增长率与拟发行人通过股票发行审核的可能性负相关,净利润增长越快,通过发行审核的可能性越小。

表 3-7 变量的相关性分析结果

		1	2	3	4	5	6	7	8	9	10
pass	1	1									
G_index	2	0.143**	1								
asset	3	0.135**	-0.006	1							

		1	2	3	4	5	6	7	8	9	10
position	4	0.188**	0.022	0.092*	1						
C5	5	−0.092*	−0.020	−0.221**	0.022	1					
R5	6	−0.103**	0.024	−0.320**	0.055	0.226**	1				
ratio	7	0.036	−0.048	0.516**	0.036	−0.148**	−0.201**	1			
roe	8	0.024	0.014	−0.085*	0.089*	0.087*	0.073*	−0.069	1		
growth1	9	0.003	0.020	0.017	0.022	0.031	−0.016	0.127**	0.340**	1	
growth2	10	−0.082*	0.004	0.051	0.093*	−0.015	−0.008	0.107**	−0.381**	0.434**	1

**:1%水平显著,*:5%水平显著

3. Logistic 回归模型的分析结果

下面通过 logistic 回归模型在控制其他因素的影响下来分析拟发行人的公司治理质量与其能否通过发行审核的关系,表 3-8 是 Logistic 回归分析结果。

表 3-8 的回归分析结果表明,在控制其他因素的影响下,变量 G_index 的系数为 0.336,大于零且在 1% 水平显著,这表明拟发行人的公司治理指数越大,拟发行人通过股票发行审核获得上市资格的可能性越大,股票发行审核委员会在发行审核中是关注拟发行人的公司治理质量的,拟发行人的公司治理结构越完善,通过股票发行审核的可能性越大。

表 3-8　拟发行人通过发行审核影响因素的 Logistic 回归分析结果

变量	系数	标准差	Wals 统计量	显著水平
常量	−5.027**	2.233	5.070	0.024
G_index	0.336***	0.084	15.885	0.000
F_char	0.147	0.335	0.193	0.660
Size	0.008	0.073	0.013	0.908
C5	−0.915*	0.500	3.349	0.067
R5	−1.150**	0.527	4.772	0.029
position	0.901***	0.231	15.242	0.000
asset	0.506***	0.167	9.195	0.002
ratio	−2.259*	1.225	3.400	0.065
roe	0.923	1.152	0.642	0.423
growth1	0.383	0.397	0.929	0.335

续表

变量	系数	标准差	Wals 统计量	显著水平
growth2	−0.471***	0.136	11.986	0.001
liqui	−0.544***	0.192	8.004	0.005
Fsw8	0.010	0.448	0.001	0.982
Fsw9	0.175	0.331	0.281	0.596
Fsw10	0.021	0.498	0.002	0.966
Fsw11	0.544*	0.313	3.018	0.082
行业效应	控制			
方程特征	$N=735$,Cox & Snell $R^2=0.145$			

***:1%水平显著,**:5%水平显著,*:10%水平显著

除了变量 G_index 对发审委审核行为有显著影响外,回归分析结果还表明:第一,风险越小的拟发行人,通过股票发行审核的可能性越大。这体现在变量 asset、position 的系数分别为 0.506(1%水平显著)、0.901(1%水平显著),均显著大于零,这说明拟发行人的资产规模越大、行业排名越靠前,拟发行人通过股票发行审核的可能性越大,而企业规模越大、行业排名越靠前,企业的经营风险越小;与此同时,变量 C5、R5 的系数分别为−0.915(10%水平显著)、−1.150(5%水平显著),均显著小于零,这说明拟发行人的销售客户和原料采购集中度越集中于前 5 名客户,拟发行人通过股票发行的可能性越小,而客户和原材料采购越集中,公司的经营风险越大。第二,拟发行人能否通过发行审核与拟发行人的财务状况有关。变量 ratio 的系数为−2.259(10%水平显著),这表明拟发行人的资产负债率越高,拟发行人通过发行审核的可能性越小;变量 growth2 的系数为−0.471(1%水平显著),净利润增长率越高,拟发行人通过发行审核的可能性反而越低,这说明发审委可能关注拟发行人的盈余管理问题;变量 liqui 的系数为−0.544(在1%水平显著),这表明拟发行人通过股票发行审核的可能性与上市前的流动比率成反向关系。

五、稳健性分析

以上的实证研究结果表明,拟发行人通过股票发行审核的可能性与拟发行人的公司治理指数正相关,公司治理指数越大,拟发行人通过股票发行审核获得上市资格的可能性越大,这表明股票发行审核委员会关注拟发行人的公司治理质量。那么上述结论是否稳健呢?

1. 公司治理指数的分解

以上的分析主要从股权结构、董事会结构、隧道效应和信息披露质量四个方面构造指数来反映拟发行人的公司治理质量，下面分别考察上述四个方面的因素对发审委审核行为的影响以检验结论的稳健性。

在具体的研究中，首先不考虑拟发行人的公司治理质量而仅考虑控制变量对股票发行审核委员会审核行为的影响，然后逐步把相关的公司治理因素加入回归模型，比较公司治理因素的影响。在表 3-9 中，原模型仅考虑控制变量的回归分析结果。

(1)股权结构对发审委审核行为的影响

本章主要从现金流所有权与投票权分离、股权制衡角度分析股权结构与公司治理指数的关系。而模型 1 和模型 2 是在原模型的基础上，分析作为反映公司治理质量要素的现金流所有权与投票权分离、股权制衡对发审委审核行为的影响。

在模型 1 中，变量 divergence 反映了第一大股东是否存在两权分离。如果上市公司实际控制人的现金流所有权等于投票权，那么 divergence 取值为 1，否则为 0。回归分析表明，变量 divergence 的系数为 -0.508(在 5% 水平显著)，这表明两权分离反而增加了拟发行人通过发行审核的可能性，与预期不一致。

在模型 2 中，变量 balance 表示拟上市公司是否存在股权制衡。当存在股权制衡时(第二至第五大股东的持股比例超过第一大股东)，其取值为 1，否则为 0。回归分析结果表明，变量 balance 的系数为 -0.370，存在股权制衡的拟发行人通过股票发行的可能性反而降低，与预期不一致，但在统计上不显著。

以上的分析表明，如果以现金流所有权与投票权的两权分离、股权制衡作为衡量公司治理质量的指标，那么公司治理质量并不能增加拟发行人成功过会的概率。

其实，股权制衡是否有利于公司发展存在不同观点。股权制衡可能造成不同股东之间的"窝里斗"，不利于公司治理机制的完善和企业的发展(朱红军，汪辉，2004)，而徐莉萍(2006)的经验研究表明，过高的股权制衡程度对公司的经营绩效有负面影响。

(2)董事会结构对发审委审核行为的影响

在编制拟发行人的公司治理指数时，对于董事会结构，本章主要考虑了独立董事比例、董事长是否兼任总经理两个因素，模型 3、模型 4 分别把它们作为解释变量来分析公司治理质量对发审委审核行为的影响。

在模型 3 中,解释变量 indep 为独立董事的比例(独立董事人数/董事总人数)。回归分析结果表明,变量 indep 的系数为 7.293,大于零且在 5% 水平显著,拟发行人的独立董事比例越高,拟发行人通过股票发行审核的可能性越大,这说明股票发行审核委员会关注拟发行人董事会的独立性。

在模型 4 种,解释变量为 dual。如果拟发行人的董事长兼任总经理,则变量取值为 0,否则为 1。回归分析结果表明,变量 dual 的系数为 0.268,与预期一致,但它的影响在统计上并不显著。

由此可见,从董事会结构角度来看,独立董事比例越高,拟发行人通过股票发行审核的可能性越高,这说明发审委关注拟发行人董事会的独立性。

表 3-9　指数构成要素分解的稳健性分析结果(Ⅰ)

变量	原模型	股权结构		董事会结构	
		模型 1	模型 2	模型 3	模型 4
常量	−1.421	−1.329	1.319	−4.383*	1.614
divergence		−0.508**			
balance			−0.370		
indep				7.293**	
dual					0.268
F_char	0.025	0.057	−0.023	0.042	0.063
Size	−0.017	−0.015	−0.011	0.054	−0.020
C5	−0.899*	−0.940**	−0.858*	−0.912*	−0.853*
R5	−0.915	−0.790	−0.889*	−0.975*	−0.917 *
position	0.999***	0.989***	1.001***	1.015***	1.015***
asset	0.459***	0.459***	0.452***	0.447***	0.475***
ratio	−3.238***	−3.179***	−3.228***	−3.237***	−3.259***
roe	1.644	1.599	1.522	1.263	1.530
growth1	0.471	0.507	0.514	0.488	0.443
growth2	−0.475***	−0.483***	−0.481***	−0.465***	−0.473***
liqui	−0.423**	−0.381**	−0.405**	−0.402**	−0.426**
Fsw8	0.348	0.289	0.359	0.310	0.384
Fsw9	0.151	0.149	0.146	0.134	0.184
Fsw10	−0.203	−0.151	−0.203	−0.205	−0.173
Fsw11	0.386	0.397	0.359	0.372	0.374
Cox & Snell R^2	0.118	0.124	0.121	0.126	0.119
行业效应	控制				

***:1% 水平显著,**:5% 水平显著,*:10% 水平显著

（3）隧道效应对发审委审核行为的影响

上市公司与大股东及其关联方的经常性和非经常性关联交易是形成隧道效应进而影响外部投资者利益的重要途径。因而，上市公司与关联方的关联交易往往被视为公司治理质量重要的反向指标（Berkman、Cole & Fu，2009）。下面分析拟发行人上市前与关联方的经常性和非经常性关联交易对发审委审核行为的影响。

模型5分析了经常性关联交易对发审委审核行为的影响。这里选取了两个变量glsr和glcb来表示拟发行人与关联方之间的关联交易情况，其中glsr是上市前一年度关联销售占营业收入的比重，glcb是关联采购占营业成本的比重。模型5的回归分析结果表明，变量glsr的系数为−2.323，小于零且在10%水平显著，这说明拟发行人上市前的关联销售占比越高，拟发行人通过股票发行审核的可能性越低；变量glcb的系数为−1.160，这说明拟发行人上市前的关联采购占比越高，拟发行人通过发行审核的可能性越低，但这种影响在统计上并不显著。

表 3-10　指数构成要素分解的稳健性分析结果（Ⅱ）

变量	隧道效应		信息披露质量		综合模型
	模型 5	模型 6	模型 7	模型 8	
常量	−2.358	−1.967	−0.899	−1.607	−5.658**
divergence					−0.581**
balance					0.359
indep					6.575**
dual					0.117
glsr	−2.323*				−1.954
glcb	−1.160				−0.479
dkdb		−1.649***			−1.699***
ysk		−1.500***			−1.536***
repu_u			0.526**		0.559**
repu_a				0.251	0.353
F_char	0.131	0.298	0.056	0.041	0.368
Size	−0.019	−0.026	−0.025	−0.019	0.030
C5	−0.626	−0.790	−0.878*	−0.915*	−0.584
R5	−0.788	−1.110**	−0.936*	−0.926*	−0.864
position	0.963***	0.932***	0.952***	1.005***	0.877***
asset	0.525***	0.492***	0.411***	0.465***	0.497***

续表

变量	隧道效应		信息披露质量		综合模型
	模型 5	模型 6	模型 7	模型 8	
ratio	−3.110***	−2.692**	−3.172***	−3.274***	−2.352**
roe	1.425	1.981*	1.585	1.698	1.504
growth1	0.611	0.439	0.464	0.489	0.717
growth2	−0.497***	−0.475***	−0.457***	−0.493***	−0.560***
liqui	−0.389**	−0.397**	−0.467**	−0.422**	−0.317*
Fsw8	0.381	0.408	0.338	0.428	0.485
Fsw9	0.253	0.183	0.061	0.225	0.289
Fsw10	−0.040	−0.017	−0.211	−0.127	0.325
Fsw11	0.424	0.380	0.379	0.429	0.445
Cox & Snell R^2	0.123	0.170	0.125	0.120	0.230
行业效应	控制				

*** :1%水平显著,** :5%水平显著,* :10%水平显著

模型6分析了非经常性关联交易对发审委审核行为的影响。本书选取了两个变量dkdb和ysk来表示非经常性关联交易可能对中小股东利益的侵害,其中变量dkdb表示是否存在拟发行人在上市前为大股东提供贷款担保的行为,如果有,则变量取值为1,否则为0;变量ysk表示拟发行人是否有应收大股东的其他应收款,如果有,则变量取值为1,否则为0。模型6的回归分析结果表明,变量dkdb的系数为−1.649,小于零且在1%水平显著,这说明拟发行人为大股东提供贷款担保将显著降低拟发行人通过发行审核的可能性;而变量ysk的系数为−1.500,同样小于零且在1%水平显著,这说明拟发行人与关联方之间的非经常性关联交易降低了拟发行人通过股票发行审核可能性。

以上的分析表明,在上市前,拟发行人与大股东及其关联方存在经常性和非经常性关联交易降低了拟发行人通过发行审核的可能性。因而,以关联交易作为拟发行人公司治理质量的反向指标,那么公司治理的质量越高,拟发行人通过发行的可能性越大。

(4)信息披露质量对发行审核行为的影响

信息披露透明度越高,大股东侵害小股东利益被发现的可能性越大,因而信息披露质量是显示上市公司的公司治理质量的重要指标。而本书把拟发行人聘请中介机构的声誉作为信息披露质量的代理变量:repu_u 代表主

承销商的声誉,repu_a 代表会计师事务所的声誉,如果拟发行人聘请的会计师事务所和主承销商在上年度的审计服务市场和 IPO 承销市场的市场占有率排名前 10,则上述变量取值为 1,否则为 0。

模型 7 的解释变量为 repu_u。回归分析结果表明,变量 repu_u 的系数为 0.526,大于零且在 5% 水平显著,这表明拟发行人聘请的主承销商声誉越高,拟发行人通过股票发行审核的可能性越大。

模型 8 的解释变量为 repu_a。回归分析结果表明,变量 repu_a 的系数为 0.251,大于零,这表明拟发行人聘请的会计师事务所声誉越高,拟发行人通过股票发行审核的可能性越大,但这种影响在统计上不显著。

(5)小结

综合模型把编制公司治理指数的 10 个指标同时作为解释变量加入回归方程来分析拟发行人的公司治理质量对发审委审核行为的影响。在 10 个指标中,仅有变量 divergence 的系数符号与预期相反,而其他 9 个指标的系数符号均与预期一致;在系数符号与预期一致的 9 个指标中,变量 dkdb、ysk 的系数分别为 −1.699、−1.536,均小于零且在 1% 水平显著,这表明拟发行人为大股东提供贷款担保和有资金往来显著降低了拟发行人通过发行审核的可能性。

变量 indep 的系数为 6.575,大于零且在 5% 水平显著,拟发行人董事会中独立董事比例越高,拟发行人通过发行审核的可能性越大,这说明发审委重视拟发行人董事会的独立性。而变量 repu_u、repu_a 的系数均大于零,拟发行人聘请的中介机构的声誉越高,拟发行人通过股票发行审核的可能性越大,但只有变量 repu_u 的影响显著。

变量 glsr、glcb 的系数均小于零,这说明经常性关联交易比例越高,拟发行人通过发行审核的可能性越低,但以上两个变量的影响在统计上并不显著[①]。

从以上分析可知,本章在构造公司治理指数时所考虑的所有权结构、董事会结构、"隧道"效应、信息披露质量四个方面因素中,董事会结构、"隧道"效应、信息披露质量的相关指标对发审委审核行为的影响均与预期相一致,只有股权结构的相关指标的影响与预期不一致。综上,拟发行人的公司治理质量影响股票发行审核委员会的审核行为,公司治理质量越高,拟发行人通过发行审核的可能性越大,因而本章的结论是稳健的。

---

① 但如果把变量 ysk 排除在综合模型之外,则变量 glsr 的系数在 5% 水平显著,这源于二者之间的相关性。

2. 二次过会的影响

在以上的分析中,有一种拟发行人需要注意:第一次发行申请被发审委否决但第二次发行申请却被发审委审核通过的拟发行人,比如北京中长石基信息技术股份有限公司在 2006 年 7 月的第一次发行申请被发审委否决,但 2007 年 6 月的第二次发行申请被发审委核准。为了考虑上述因素可能对本章结论稳健性的影响,本章把第一次发行申请被否决后再次申请发行而被核准的拟发行人从样本中删除,再对理论假设进行检验。

表 3-11 的第二列为剔出二次过会拟发行人后的回归分析结果。回归分析结果表明,变量 G_index 的系数为 0.333,大于零且在 1‰ 水平显著,这表明拟发行人的公司治理质量越高,拟发行人通过发行审核的可能性越大,本章的结论不受样本变化的影响。

3. 国有与民营拟发行人的区别

下面按照第一大股东的股权属性把拟发行人划分为两个样本:国有拟发行人和民营拟发行人,其中国有拟发行人指第一大股东为各级政府或政府控制的国有企业,剩余的拟发行人被划分为民营拟发行人。表 3-11 的第 3、4 列分别以民营拟发行人和国有拟发行人为样本,分析拟发行人的公司治理质量与拟发行人通过股票发行审核的关系。

表 3-11 第 3 列的回归分析结果表明,变量 G_index 的系数为 0.369,大于零且在 1‰ 水平显著,这说明对于民营拟发行人而言,公司治理质量显著影响其能否通过股票发行审核,公司治理质量越高,民营拟发行人通过股票发行审核的可能性越大。

表 3-11 第 4 列的回归分析结果表明,对于国有拟发行人,变量 G_index 的系数为 0.086,值大于零但在统计上并不显著,这说明对于国有拟发行人,公司治理质量对拟发人通过发行审核没有显著影响。

表 3-11 稳健性分析结果(Ⅲ)

变量	二次过会	民营拟发行人	国有拟发行人
常量	−4.826	−6.154**	2.640
G_index	0.333***	0.369***	0.086
F_char	0.001	—	—
size	0.002	0.039	−0.262
C5	−1.082**	−1.241**	−2.002
R5	−0.894	−1.376**	−2.499
position	0.845***	0.845***	3.411***

续表

变量	二次过会	民营拟发行人	国有拟发行人
asset	0.598***	0.585***	0.853
ratio	−3.728***	−2.595*	−10.952***
roe	1.783	2.613**	1.853
$growth_1$	0.754*	0.038	2.989**
$growth_2$	−0.516***	−0.475***	−3.445***
liqui	−0.580***	−0.479**	−1.270***
Fsw_8	1.073	0.207	2.144
Fsw_9	0.357	0.495	0.163
Fsw_{10}	−0.193	0.101	2.463
Fsw_{11}	0.803**	0.561*	1.499
Cox & Snell R^2	0.141	0.146	0.312
行业效应	控制		

*** :1％水平显著,** :5％水平显著,* :10％水平显著

第四节　结论性评述

在法律制度对投资者保护不充分的情况下,积极的政府监管和企业自我实施的公司治理机制可以发挥法律替代机制作用,进而促进资本市场的发展。而本章认为,在股票发行核准制下,IPO 市场准入管制是监管部门实施投资者保护的重要手段之一,这体现在股票发行审核环节发审委对拟发行人公司治理质量的要求上。

以 2006 年 5 月至 2011 年 4 月期间(第 8 至第 12 届发审委)在主板市场申请股票发行的拟发行人为研究样本,从股权结构、董事会结构、关联交易和信息披露质量四个方面编制代表公司治理质量的指数,本章对上述问题进行了实证分析。本章的实证研究表明,拟发行人的公司治理质量显著影响发审委的股票发行审核行为,公司治理质量越高的拟发行人越受发审委"青睐",通过股票发行审核的可能性更大,并且稳健性分析结果表明结论是可靠的。这说明,作为我国股票市场的"把门者",发审委在股票发行审核中对拟发行人公司治理质量的关注体现了监管部门在 IPO 市场准入管制中对投资者利益的重视。

本章的实证研究还表明,在核准制下,IPO 市场的准入管制仍旧是证监

会实施投资者权益保护的手段之一。不同之处在于,审批制下证监会通过股票发行额度的分配来敦促地方政府选择高质量企业上市并承担减少所辖地区上市公司发生丑闻的责任进而间接保护投资者利益,而核准制下证监会敦促发审委在股票发行审核环节重视拟发行人的公司治理质量来体现其对投资者利益保护的重视,这表现在公司治理质量越高的拟发行人通过股票发行审核获得上市资格的可能性越大。本章的研究贡献体现在:第一,丰富了法与金融学的研究文献。本书的研究结果表明,在核准制下 IPO 市场的准入管制是中国证监会实现投资者保护的手段,这主要体现在发审委对拟发行人公司治理质量的关注上,本章的实证研究结果为政府积极监管是投资者法律保护的替代机制的理论观点提供了新的经验证据。第二,丰富了有关发审委实际运作的研究文献。尽管股票发行核准制改革引发许多相关研究文献(周孝华等,2006;郭泓,赵震宇,2006),但针对发审委审核行为本身的实证研究却比较缺乏,胡旭阳(2011)、李敏才等(2012)、杜兴强等(2013)是少数关注这方面的文献,胡旭阳的实证研究表明,发审委的审核行为呈现风险厌恶的特征,且具有政治关系的拟发行人更可能通过发行审核;李敏才等人和杜兴强等人的研究表明,过会时企业拥有的中介机构发审委社会资本或发审委联系能够提高其上市成功率。而且上述研究更加关注股票发行核准制运作中的寻租行为及其对资本市场发展的不利影响;而本书的研究表明,发审委在保护中小投资者利益方面发挥了事前"把门"的作用,在促进资本市场发展方面发挥了一定的积极作用。

本章的研究有助于对发审委在首次公开发行市场监管中的作用做更为全面的评价。本章的研究结果表明,在我国首次公开发行市场监管中,IPO市场准入监管的效果具有两面性:一方面,相对于股票发行审批制,核准制标志我国股票发行向市场化迈出了重要的一步,但相对于完全市场化的注册制,政府监管部门的干预仍旧存在,在股票发行核准制下租金的存在难以避免,并由此引发寻租活动降低经济效率(朱红军,钱友文,2010;杜兴强等,2013),政府监管部门因此面临"诘难";另一方面,在 IPO 市场准入管制中,政府监管部门是重视中小投资者利益保护的,这对我国资本市场发展具有积极的一面,这是以往研究所忽视的。

当然,在 IPO 市场准入管制中,政府监管部门通过提高对拟发行人公司治理质量的要求来达到保护投资者的目的具有局限性,因为它不能防范事后大股东的侵害行为。比如,不能排除拟发行人为了获得上市资格而在上市前进行"粉饰",而在获得上市资格后,撕下"伪装"。因而,IPO 市场准入的事前监管仅仅是投资者保护的环节和措施之一,事后的监管和执法更是不可缺少。

第四章 | IPO市场准入管制与中国资本市场中介机构声誉机制的培育

第一节 中介机构声誉对资本市场发展的影响

信息是决定金融市场效率的关键,而金融中介机构扮演着信息生产者的角色。在资本市场的直接融资中,主要由承销商、审计机构等资本市场中介机构承担信息生产和认证的功能,与银行同时作为信息的生产者和消费者不同,资本市场的中介机构本身并不直接消费自己生产的信息,这可能会引发中介机构的道德风险进而降低资本市场的信息质量和效率。而资本市场中介机构的声誉被认为是保证信息质量和可靠性的关键机制(Booth & Smith,1986;Chemmanur & Fulghieri,1994)。国外的研究表明,中介机构的声誉在资本市场的信息生产和信息质量认证方面发挥了重要作用,这方面的经验证据主要来自首次公开发行市场。

信息不对称被认为是造成首次公开发行市场新股抑价的主要原因(Welch,1989;Allen & Faulhaber,1989),发行人要降低新股抑价,必须通过各种措施向投资者传递公司价值信息来降低事前的不确定性,而中介机构(会计师事务所和主承销商)的选择就是发行人向投资者传递公司价值信息信号的重要手段。Betty(1989)发现,选择大会计师事务所作为主审机构的IPO公司的新股抑价程度显著降低;而Carter和Manaster(1990)发现,由高等级投资银行承销的IPO公司的新股抑价程度显著降低。

国内研究文献也试图从新股抑价角度来考察我国资本市场中介机构声誉是否发挥了作用。相关的实证研究结果表明,在新股发行审批制下,中介机构的声誉并没有发挥显著的作用,原因在于新股发行审批制下,新股发行数量和定价具有浓厚的计划经济色彩,造成新股定价系统性偏低和股票供不应求,市场对中介机构声誉的内在需求不强烈(胡旭阳,2003;黄春玲和陈峥嵘,2007)。

2001 年 3 月我国股票发行制度发生重大变革,由审批制转向核准制。核准制改革是否为中介机构声誉机制发挥作用创造了条件引起了研究者的关注。对于这个问题,相关的实证研究也没有得到一致的结论。蒋顺才等(2006)的研究表明,不论是在核准制改革前还是改革后,投资银行声誉均没有对新股抑价产生显著影响。郭泓和赵震宇(2006)也发现,在核准制改革前后承销商的声誉对新股发行抑价都没有显著影响,但承销商声誉对 IPO 公司的长期回报有显著影响。徐浩萍和罗炜(2007)发现,单纯以市场份额或执业质量来表示投资银行声誉时,投资银行声誉对新股抑价没有影响,但同时将二者纳入分析框架并考虑交互作用时,市场份额高且执业质量好的投资银行显著降低 IPO 的抑价程度。而陈俊和陈汉文(2010)发现,审计师声誉有助于降低新股抑价,提高定价效率,但新股发行的最高限价制约了审计机构声誉作用的发挥。尽管没有形成一致结论,但上述研究无疑为理解转轨背景下我国资本市场中介机构声誉机制的形成机理及其制约因素提供了多视角的思考。

而本章将从另一视角来审视上述问题:股票发行审核委员会(简称发审委)是否关注资本市场中介机构的声誉。在股票发行核准制下,发审委的发行审核而非投资者的需求是决定企业能否成功上市的关键,而发审委委员是否关注中介机构的声誉势必会对我国资本市场中介机构声誉的培育和作用的发挥进而对资本市场效率产生重要影响。

在首次公开发行市场中,由于拟发行人与投资者之间存在信息不对称,发行人需要通过聘请中介机构来传递自身质量,缓解信息不对称对自己的不利影响。而在我国新股发行审批制下,能否发行股票取决于拟发行人是否能够从政府部门获得股票发行额度,一旦拟发行人获得了股票发行额度就能确保股票的顺利发行,因而在股票发行审批制下并不存在对中介机构声誉的内在需求。换而言之,在股票发行审批制下,IPO 市场的重要市场机制之一,资本中介机构声誉的形成和培育缺乏基础。

而股票发行核准制改革取消了审批制下的股票发行额度,以股票发行审核委员会的审核取而代之,那么,股票发行审核委员会是否在发行审核中关注拟发行人聘请的中介机构的声誉,并把它作为股票发行审核的重要依据势必会对我国 IPO 市场中介机构声誉机制的形成和培育产生重要影响。如果股票发行审核委员会在股票发行审核中把拟发行人聘请的中介机构声誉作为重要的决策依据,使聘请中介机构的声誉越高的拟发行人通过发行审核获得上市资格的可能越大(在其他条件相同的情况下),那么势必导致拟发行人对中介机构声誉的关注,产生对高声誉中介机构的内在需求,进而有助于我国 IPO 市场中介机构声誉机制的形成和培育,促进资本市场效率的提高。

基于此,以主板市场 2006 年 5 月至 2011 年 11 月期间发审委所审核的拟上市公司为样本,本章对拟上市公司聘请的中介机构的声誉是否影响发审委审核行为进行实证分析,来研究在股票发行核准制下,股票发行审核委员会对中介机构声誉的关注情况,以判断核准制下 IPO 市场准入管制对 IPO 市场的中介机构声誉机制培育的影响。本章的结构如下:第二节为相关理论分析和理论假设的提出;第三节对相关理论假设进行实证检验;第四节为本章结论。

第二节　IPO 市场准入管制对中介机构声誉培育影响的理论分析

一、制度背景分析

1999 年颁布的《证券法》规定,国务院证券监督管理机构设发行审核委员会,依法审核股票发行申请;发行审核委员会由国务院证券监督管理机构的专业人员和所聘请的该机构外的有关专家组成,以投票方式对股票发行申请进行表决。根据《证券法》的精神,中国证监会在 1999 年颁布了《股票发行审核委员会条例》,该条例对股票发行审核委员会的组成、委员的选拔条件、工作程序进行了规范。

在股票发行核准制下,发审委的审核取代了以往的计划额度成为决定拟发行人能否获得上市资格的关键。自发审委设立以来,中国证监会一直在探索和完善关于发审委的组成结构和运作流程方面的制度,而增加透明度和提高发审委审核的专业性是证监会改革中一直遵循的原则,其中发审委委员身份的公开是增加透明度的重要举措,而提高来自市场中介机构的发审委委员比例是提升审核工作专业性的重要举措。本章认为,这些举措对发审委委员的审核行为产生影响,使中介机构的声誉成为发审委审核决策的依据之一。

第一,发审委委员身份的公开。1999 年颁布的《股票发行审核委员会条例》规定,参会的发审委委员名单不对外公布。这样做的初衷在于防范发行人的公关和寻租行为,以保证股票发行审核工作的公平、公正。然而"王小石事件"使中国证监会面临尴尬。2002 年 2 月至 9 月,作为中国证监会发审委助理调研员的王小石,利用自己身为政府工作人员的便利为拟发行人"跑关系"牟取私利而枉法。为此,2003 年 12 月颁布的《中国证券监督管理委员会股票发行审核委员会暂行办法》取消了参会委员身份必须保密的原规定,取而代之是在发审委会议召开前 5 日,中国证监会在其网站公布参会发审委委员名单。

上述改革措施提高了发审委审核工作的透明度,增加了社会公众对发审委委员审核行为的监督。如果通过审核的发行人在上市后很快就发生业绩大幅度下降、亏损、破产或被发现财务造假等,发审委委员将面临较大的社会舆论压力,并使自己的声誉遭受损失。因而,对外部舆论压力和自身声誉的关注会敦促发审委委员重视拟发行人的质量。

第二,发审委专业性的提高。1999 年颁布的《股票发行审核委员会条例》规定,发审委共由 80 名委员构成,其中来自中国证券业协会、中国注册会计师协会、中国律师协会的专家委员为 8 名,占比仅为 10%。而 2003 年的《中国证券监督管理委员会股票发行审核委员会暂行办法》和 2006 年的《中国证券监督管理委员会发行审核委员会办法》使情况发生了变化,每届发审委由 25 名委员组成,其中来自会计师事务所和律师事务所的专业人士构成了发审委的"主力军"。在 2004 年主板市场第六届发审委的 25 名委员中,会计师 5 名、律师 4 名、资产评估师 1 名,占总数的 40%;从 2008 年第十届发审委开始,会计师从 5 名增加到 9 名,律师从 4 名增加到 5 名,资产评估师仍为 1 名,来自中介机构的委员比例进一步提高到 60%。

相对于来自其他部门(比如大学、政府机构)的发审委委员,来自中介机构的委员更关注拟发行人的质量和申报信息的可靠性,这是因为这些中介机构业务与证券市场密切相关。如果发审委委员在审核过程中不谨慎、不作为使"低质量"的拟发行人顺利过会而造成不良社会影响,那么发审委委员本人及其所在单位可能会在证券监管部门丧失声誉而对未来业务产生不利影响。因而,来自政府监管部门的压力和自身业务发展的需要会敦促那些来自中介机构的发审委委员更关注拟上市公司的质量。

二、发审委委员对中介机构声誉的关注

上文分析表明,中国证监会关于发审委委员运作和组成的制度改革将从外部社会压力和自身发展需要两个方面强化发审委委员对拟上市公司质量和申报信息可靠性的重视,这势必导致发审委委员对中介机构声誉的关注,原因在于,虽然发审委委员有选择高质量拟上市企业的动机,但上述行为受制于发审委委员自身知识结构和首次公开发行市场的信息不对称,而

中介机构的声誉在解决上述问题中将发挥作用。

　　虽然发审委委员大都是某个领域的专家,但核准制下对拟上市公司质量的实质审查非常复杂,涉及宏观经济、产业政策、财务、法律、税收、公司治理结构等多方面的内容,发审委委员个人不可能仅凭自身的专业知识就能对拟上市公司的质量做出全面、客观的评价。在这种情况下,中介机构提供的相关材料和意见书成为发审委委员决策的重要依据,相关资料的真实性、可靠性将直接影响发审委委员的决策。而拟上市公司聘请的中介机构的声誉则成为发审委委员判断申报材料可靠性和准确性的重要依据,原因有三:第一,中介机构声誉的形成是一个长期严格执业的积累过程,中介机构只有制定更为严格的执业标准并长期遵循和执行,方能建立和维持声誉(Chemmanur & Fulghieri,1994),因而,中介机构的声誉构成了信息质量和可靠性的保证。第二,高声誉中介机构的机会主义行为成本非常高,这有助于保证信息的质量和可靠性。中介机构声誉的建立需要长期的积累,而声誉的破坏只需旦夕,因而中介机构的声誉越高,其维持自身声誉的动机就越强,这将导致更高质量的信息认证。第三,声誉高、规模大的中介机构与拟上市公司合谋的可能性更小。由于客户多,高声誉中介机构不太可能因为某个客户的更换威胁而参与合谋造假。

　　除了发审委委员自身专业知识的限制外,IPO市场的信息不对称也会促使发审委委员关注中介机构的声誉。首次公开发行市场的典型特征就是信息不对称(Allen & Faulhaber,1989),与投资者一样,发审委委员在判断拟发行人质量时面临不确定性。而拟发行人部分特征传了自身风险大小的信号,其中拟发行人选择主承销商和审计机构的行为就是传递公司价值信息的信号,高声誉的主承销商和审计机构往往成为传递拟发行人更准确、可靠信息的信号(Titman & Trueman,1986)。因而从IPO市场的信息不对称角度看,中介机构声誉高低构成发审委委员判断拟发行人质量和披露信息可靠性的重要依据之一。

　　根据以上的分析,提出理论假设1:发审委委员关注中介机构的声誉,拟发行人聘请的中介机构声誉越高,其通过发审委审核获得上市资格的可能性越大。

三、发审委对中介机构声誉关注的所有制差异

　　虽然核准制下政府对新股发行的干预程度大大下降,但政府仍旧是市场的主导者,它的影响仍在多个方面存在,比如发审委委员的选择、发行初审意见均由中国证监会决定;拟上市公司募集资金投向是否符合国家的产

业政策、投资管理、环境保护和土地管理方面的法规需取得相关政府部门的行政认可。此外,虽然核准制下国有企业与民营企业均可以申请上市,但政府在企业上市程序方面依然会优先照顾国有企业(李敏才等,2012),具有政治关系的拟发行人更可能获得上市资格(胡旭阳,刘安超,2011)。

正是由于国有拟上市公司与政府之间的密切关系,发审委委员可能在政府部门的行政干预下给予国有拟上市公司以"关照",而这种"关照"可能会影响中介机构声誉作用的发挥。

第一,不同所有制的拟上市公司对中介机构声誉的内在需求不一样。对于国有拟上市公司而言,股东的政府背景往往是其获得上市资格的关键因素,而中介机构的声誉不是影响其能否获得上市资格的关键因素,它没有动力聘请高声誉的中介机构来传递自身价值的信息。因而国有拟上市公司聘请的中介机构的声誉不具有信息含量。

而民营企业则完全不同。一方面,由于所有制歧视的原因,获得上市资格成为民营企业缓解融资难的重要途径,因而在资本市场准入方面,民营企业间存在激烈的竞争。另一方面,在民营经济发展的早期,出于避税的原因,许多民营企业不愿意向外部提供企业的真实信息,因而没有甚至是故意不建立健全的会计、财务制度。然而当民营企业有谋求在国内外资本市场上市动机时,不透明的财务状况和不健全的公司治理结构成为障碍。民营企业需要通过聘请保荐人和会计师事务所等中介机构来指导企业的改制,完善公司治理结构和健全财务制度以满足监管部门的要求。在这种情况下,民营企业聘请的中介机构声誉越高,表明自己与过去"切割"的决心越强,其所披露的信息的真实性、可靠性更高。因而,民营拟上市公司聘请的中介机构声誉往往具有信息含量。

第二,对于不同所有制的拟上市公司,如果上市后出现问题,发审委委员面临的压力是不一样的。在国有企业的上市过程中,政府是直接的利益相关者,投资者往往认为政府对 IPO 公司的质量负有隐性担保的责任(邵新建等,2010)。如果国有拟上市公司上市后出现问题,市场和舆论更可能把主要原因归咎于政府的干预而非发审委委员的失误或未尽责,发审委委员不会面临更大的舆论压力,这会造成发审委委员的道德风险而忽视对国有拟上市公司的质量。

相比之下,如果民营上市公司上市后出现问题,失去政府干预这块"挡箭牌"庇护的发审委委员将可能面临舆论的责难,甚至可能被质疑是否收受了贿赂等,压力完全不同于国有拟上市公司。因而发审委委员将更关注民营拟上市公司披露信息的可靠性和真实性,而中介机构的声誉则成为发审委委员判断民营拟上市公司信息披露质量的依据之一。

根据以上的分析,本书提出理论假设 2:发审委委员对中介机构声誉的关注存在所有制差异,中介机构的声誉影响民营拟上市公司能否成功过会,而对国有拟上市公司则没有显著影响。

第三节　IPO 市场准入管制对中介机构声誉培育影响的实证分析

一、样本选择

本章以主板市场(包括中小板市场)2006 年 1 月至 2011 年 4 月末期间股票发行审核委员会审核的拟上市公司为研究对象。在样本数据搜集中,先从中国证监会官方网站(www.csrc.gov.cn)的信息公开目录下的发审会公告栏中获得研究期间拟上市公司的发行申请和发审委审核结果的数据。在此期间,股票发行审核委员会共对 756 家拟上市公司进行了发行审核(不包含暂缓表决和取消审核的拟上市公司)。然后,搜集拟上市公司的首次公开发行股票招股说明书(申报稿)。中国证监会在其官方网站的预先披露信息栏目披露拟上市公司的首次公开发行股票招股说明书(申报稿),但无法直接在证监会预先披露栏目下找到 2006、2007、2008 年度的拟上市公司首次公开发行股票招股说明书(申报稿)。为此作者主要通过 Baidu 和 Google 搜索引擎寻找相应的申报稿,其中浙江嘉康电子股份有限公司(2006 年)、威海华东数控股份有限公司(2007 年)、广东新宝电器股份有限公司(2007 年)、广州白云电器设备股份有限公司(2007)、新疆塔里木河种业股份有限公司(2007 年)、山东信得科技股份有限公司(2008)等 6 家拟上市公司的申报稿没有找到,最终的研究样本包括 752 家拟上市公司。

二、变量

1. 被解释变量

以变量 pass 表示发审委的审核结果,pass 为虚拟变量,拟上市公司的发行审核获得通过时 pass＝1,否则 pass＝0。关于拟上市公司的发行审核结果数据主要从中国证监会股票发行审核委员会的会议审核结果公告中获取。

2. 解释变量

拟上市公司聘请的中介机构主要包括会计师事务所、主承销商、律师事务所和资产评估事务所等,本书以主承销商和会计师事务所为研究对象,并分别以变量 $repu_1$、$repu_2$ 来表示主承销商和会计师事务所的声誉。

本章采用市场占有率来表示中介机构的声誉,市场占有率越高,中介机构的声誉越高。如果拟上市公司聘请的主承销在前一年度的 IPO 承销市场份额中位居前 10 位,则 $repu_1=1$,否则为 0;该数据主要从中国证券业协会网站中获得。如果拟上市公司聘请的会计师事务所在前一年度 A 股股票市场的审计市场份额中位居前 10 位,则 $repu_2$ 取值为 1,否则为 0;该数据主要从国泰安数据库下载上市公司的年报审计机构数据,然后整理而成。

3. 控制变量

除了解释变量会对发审委审核行为产生影响外,我们还控制以下变量的影响,以尽可能降低遗漏变量带来的内生性问题。由于涉及的控制变量众多,本章把控制变量划分为以下几类:与公司治理结构相关的控制变量、与风险相关的控制变量、与拟上市公司财务状况有关的控制变量以及其他控制变量。

(1)与公司治理结构有关的控制变量。

第一,股份公司设立以来,拟上市公司的实际控制人是否发生变更(变量 change)。如果发生变更,change=1,否则为 0。

第二,拟上市公司的股权制衡情况。以变量 balance 来表示拟上市公司是否存在股权制衡。在计算时,我们把拟上市公司第二至五位股东持股比例加总,然后与第一大股东持股比例相除,得到的结果若大于等于 1,则表明存在股权制衡,balance=1;若小于 1,则表明不存在股权制衡,balance=0。

第三,变量 F_char 表示拟上市公司第一大股东的股权性质。如果拟上市公司的最终控制人为各级政府,则 F_char=1;否则 F_char=0。本书预期该变量的符号为正,即政府控股的拟上市公司更可能通过发行审核。

第四,拟上市公司的董事会规模(变量 Size)和独立董事比例(变量 Indep),前者为董事会的总人数,后者等于独立董事人数除以董事会总人数。

(2)与拟上市公司经营风险有关的控制变量。

胡旭阳(2011)认为,发审委委员在股票发行审核中遵循谨慎原则,在其他条件相同的情况下,具有低风险特征的拟上市公司更受发审委"青睐"。而以下变量在一定程度上反映了拟上市公司风险的大小:

第一,拟上市公司的客户集中度和原材料采购集中度。一般而言,客户集中度和原材料采购集中度越高,拟上市公司对特定客户或原材料供应商的依赖就越强,企业经营的风险越大。本书采用 C5 和 R5 来表示拟上市公司的客户集中度和原材料采购集中度;其中 C5 表示销售前 5 名客户占拟上市公司营业收入的比例中,R5 表示前 5 名供应商的采购占拟上市公司营业成本的比重;上述两个变量的预期符号为负。上述数据来源于拟上市公司招股说明书(申报稿)中的"业务与技术——本公司的主要业务"这一章节。

第二,拟上市公司的行业地位(变量 position)。行业排名越靠前,拟上市公司抗击经营风险的能力越强。如果拟上市公司位于其所在子行业的前 10 位,则令 position＝1;否则 position＝0。该变量的预期符号为正。另外,根据拟上市公司总是愿意披露有利于自己信息的原则,对于那些没有披露自己在行业或子行业中排名的拟上市公司,本书令 position＝0。该数据来源于拟上市公司招股说明书(申报稿)中的"业务与技术——本公司的行业竞争地位"这一章节。

第三,拟上市公司的规模(变量 asset)。一般而言,企业规模越大,风险越小。本书用总资产来表示拟上市公司的规模,并取自然对数,以降低异方差的影响。

(3)与拟上市公司财务状况有关的控制变量。

在本书的研究中还控制以下与拟上市公司财务有关的变量:上市前一年的净资产收益率(变量 roe)、主营利润率(变量 $profit_1$)、主营增长率(变量 $growth_1$)、净利率增长率(变量 $growth_2$)、上市前的流动比率(变量 liqui)。

(4)其他的控制变量

第一,行业变量。本书按证监会 2001 年发布的《上市公司行业分类指引》,将行业分为 22 类,其中制造业包含 10 个子行业,并将拟上市公司数量少于 10 家的行业作为对照组,这样本书行业虚拟变量共有 19 个,变量符号为 $Ind_i(i=1,2,\cdots,19)$。

第二,发审委界别的差异。本书研究的拟上市公司发行申请审核涉及第八届到第十二届发审委,为此,我们引入四个虚拟变量(Fsw_8、Fsw_9、Fsw_{10}、Fsw_{11})来控制不同界别发审委的"异质性"对审核结果的可能影响,其中第十二届发审委为对照组。

第三,发审委审核与股份公司设立之间的时间(变量 year),以年为单位,该变量等于发审委审核年份减去公司设立年份。

三、模型选择

本书采用如下的 Logistic 回归模型对上述理论假说进行检验:

$$logit(p) = \ln\left(\frac{p}{1-p}\right) = \alpha + \beta x' + \gamma y' + \varepsilon$$

在上述模型中,p 为建模的响应概率;x 为检验理论假设的解释变量构成的自变量向量($repu_1$、$repu_2$);y 为控制变量构成的控制变量向量;ε 为随机误差项。

四、实证分析结果

1. 变量的描述性统计结果

在 752 家拟上市公司的股票发行申请审核中，有 623 家拟上市公司通过发审委的股票发行审核，占样本数的 82.8%，129 家拟上市公司的发行申请被发审委否决，占样本数的 17.2%，表 4-1 是部分变量的描述性统计结果。

表 4-1　变量的描述性统计结果

常量	极小值	极大值	均值	标准差
pass	0	1	0.828	0.377
$repu_1$	0	1	0.50	0.500
$repu_2$	0	1	0.47	0.500
C5	0.0001	1.0000	0.3439	0.2391
R5	0.0080	0.9783	0.3931	0.2221
Size	5	19	9.09	1.949
Indep	0.200	0.571	0.361	0.0488
asset	8.6512	20.6048	11.377	1.6238
$profit_1$	0.0135	0.8707	0.1761	0.1238
$growth_1$	−0.5320	3.8240	0.2694	0.3529
$growth_2$	−0.7652	8.9714	0.4359	0.8094
roe	0.0414	1.1362	0.2786	0.1284
change	0	1	0.14	0.344
balance	0	1	0.67	0.470

表 4-2 是通过发行审核与没有通过发行审核的拟上市公司聘请的中介机构声誉差异。均值比较结果显示，通过发行审核的拟上市公司聘请的主承销商声誉高于没有通过发行审核的拟上市公司聘请的主承销商（1% 水平显著）；并且这种差异在国有拟上市公司和民营拟上市公司间都存在，但显著性存在差异，民营拟上市公司更显著。总体上，通过发行审核的拟上市公司聘请的会计师事务所的声誉与没有通过发行审核的拟上市公司聘请的会计师事务所之间不存在显著差异；把样本划分国有和民营拟上市公司后，通过发行审核的民营拟上市公司聘请的承销商的声誉高于没有通过的公司（不显著），但通过发行审核的国有拟上市公司聘请的会计师事务所声誉反

而低于未通过的公司,但这种差异在统计上不显著。

表 4-2　两类拟上市公司解释变量的均值比较结果

	声誉	审核结果	均值	标准差	均值差异
全部样本	$repu_1$	1	0.53	0.499	1%水平显著
		0	0.36	0.483	
	$repu_2$	1	0.48	0.500	不显著
		0	0.47	0.500	
民营拟上市公司	$repu_1$	1	0.53	0.500	1%水平显著
		0	0.36	0.482	
	$repu_2$	1	0.51	0.500	不显著
		0	0.47	0.500	
国有拟上市公司	$repu_1$	1	0.55	0.500	不显著
		0	0.41	0.482	
	$repu_2$	1	0.37	0.484	10%水平显著
		0	0.45	0.509	

2. 变量的相关性分析结果

表 4-3 是被解释变量(pass)与解释变量和部分控制变量的相关性分析结果。表 4-3 的相关性分析结果表明,代表主承销声誉的解释变量($repu_1$)与被解释变量(pass)的相关系数为 0.126(1%水平显著),这表明主承销商的声誉与拟上市公司通过发行审核的可能性正相关;代表会计师事务所声誉的解释变量($repu_2$)与被解释变量(pass)的相关系数为 0.009,但这种正相关关系在统计上并不显著。

被解释变量(pass)与 C5、R5 的相关系数分别为 -0.092(1%水平显著)、-0.103(1%水平显著),这说明拟上市公司的客户集中度越高、原料采购越集中,通过发行审核的概率越低;被解释变量(pass)与 indep、asset 的相关系数分别为 0.060(不显著)、0.135(1%水平显著),这表明拟上市公司的独立董事比例越高、资产规模越大,拟上市公司通过发行审核的可能性越大。此外,行业排名越靠前,拟发行人通过发行审核的可能性也越大,这体现在变量 position 的系数为 0.179(1%水平显著)。

表 4-3　相关变量的相关性分析结果

变量		1	2	3	4	5	6	7	8	9	10
pass	1	1									
$reput_1$	2	0.126**	1								
$reput_2$	3	0.009	−0.093*	1							
C5	4	−0.092**	−0.073*	0.040	1						
R5	5	−0.103**	−0.038	0.021	0.226**	1					
indep	6	0.060	0.034	−0.035	−0.012	−0.004	1				
asset	7	0.135**	0.064	−0.022	−0.221**	−0.320**	−0.055	1			
F_char	8	0.066	0.029	−0.105**	−0.073*	−0.135**	−0.082*	0.449**	1		
size	9	0.046	0.027	−0.007	−0.081*	−0.137**	−0.407**	0.467**	0.381**	1	
position	10	0.179**	0.123**	0.009	0.032	0.075*	−0.010	0.048	−0.004	0.009	1
roe	11	0.024	0.020	0.012	0.087*	0.073*	0.149**	−0.085**	−0.158**	−0.158**	0.079*

**:1%水平显著,*:5%水平显著

3. Logistic 模型的回归分析结果

（1）理论假设 1 的检验结果

在 Logistic 回归分析中,由于部分数据缺失（比如银行业没有披露 C5、R5 的数据）,样本数减少为 735 家。表 4-4 的数据表明,模型的总体预测准确率为 84.6%,其中对未通过预测的准确率为 19.4%,在实际观测中有 129 家未通过发行审核,而模型预测有 25 家未通过发行审核;对通过发行审核预测的准确率为 98.5%,实际观测中有 606 家通过发行审核,而模型预测有 597 家通过发行审核。

表 4-4　logistic 模型预测的总体评价

实际观测		模型预测值		
		未通过	通过	预测百分比
未通过	129	25	104	19.4
通过	606	9	597	98.5
总计百分比				84.6

表 4-5 是 Logistic 模型的回归分析结果。回归分析结果表明,变量 $repu_1$ 的系数为 0.561（5%水平显著）,这表明拟上市公司聘请的主承销商声誉越高,其通过发审委发行审核的可能性越大;变量 $repu_2$ 的系数为 0.303,这表明拟上市公司聘请的会计师事务所声誉越高,拟上市公司通过发审委

发行审核的可能性越大,但这种影响在统计上并不显著。变量 $repu_1$、$repu_2$ 的系数均大于零,但显著性存在差异,变量 $repu_1$ 的影响在统计上显著,变量 $repu_2$ 的影响在统计上不显著。

此外,回归分析结果还表明,独立董事比例越高(变量 Indep 的系数为 6.976,5%水平显著),拟上市公司通过发行审核的可能性越大;拟上市公司的资产规模越大(变量 asset 的系数为 0.313,5%水平显著)、在子行业的排名越靠前(变量 position 的系数为 1.060,1%水平显著),拟上市公司通过发行审核的可能性越大。与预期不同的是,净利润增长率越高(变量 growth2 的系数为 -0.463,1%水平显著),拟发行人通过发行审核的可能性越低,这可能与监管部门关注拟上市公司的盈余管理有关。

表 4-5　Logistic 回归分析结果

变量	系数	标准误	Wals 统计量	显著水平
常量	-6.412^{***}	2.450	6.851	0.002
$repu_1$	0.561^{**}	0.229	6.010	0.014
$repu_2$	0.303	0.227	1.779	0.182
change	-0.061	0.312	0.038	0.845
balance	0.345	0.234	2.171	0.141
F_char	0.000	0.338	0.000	0.999
Size	0.052	0.079	0.425	0.515
Indep	6.976^{**}	3.071	5.159	0.023
C5	-0.850^{*}	0.494	2.956	0.086
R5	-0.995^{*}	0.529	3.543	0.060
position	1.060^{***}	0.247	18.468	0.000
asset	0.313^{**}	0.148	4.483	0.034
roe	0.720	1.203	0.358	0.549
$profit_1$	4.293^{***}	1.553	7.638	0.006
$growth_1$	0.410	0.403	1.034	0.309
$growth_2$	-0.463^{***}	0.135	11.779	0.001
liqui	-0.299^{*}	0.169	3.111	0.078
Fsw_8	-0.403	0.420	0.922	0.337
Fsw_9	-0.064	0.334	0.037	0.848
Fsw_{10}	-0.212	0.475	0.199	0.656

续表

变量	系数	标准误	Wals 统计量	显著水平
Fsw_{11}	0.411	0.313	1.717	0.190
year*	0.075	0.041	3.313	0.069
行业效应	行业效应控制			
方程特征	$N = 735, \text{Cox \& Snell } R^2 = 0.144$			

*** :1%水平显著,** :5%水平显著,* :10%水平显著

（2）理论假设 2 的实证检验结果

表 4-6 是把研究样本按照第一大股东的属性划分为国有和民营拟上市公司两个子样本后的 Logistic 回归分析结果。

回归分析结果显示，对于民营拟上市公司（表 4-6 的第二、第三列），变量 $repu_1$、$repu_2$ 的系数分别为 0.592（5%水平显著）、0.450（10%水平显著），均显著大于零，这说明民营拟上市公司聘请的中介机构声誉越高，其通过发行审核的可能性越大。相比之下，对于国有拟上市公司（表 4-6 的第四、第五列），变量 $repu_1$ 的系数大于零，但在统计上并不显著；而变量 $repu_2$ 的系数为 -0.926，小于零，与预期相反，尽管这种影响在统计上并不显著；这说明中介机构的声誉对国有拟上市公司是否能够成功过会没有显著影响。

表 4-6　不同股权属性的 Logistic 回归分析结果

股权属性	民营拟上市公司		国有拟上市公司	
变量	系数	标准误	系数	标准误
常量	-9.794^{***}	3.267	-3.165	7.552
$repu_1$	0.592^{**}	0.256	1.112	0.840
$repu_2$	0.450^{*}	0.255	-0.926	1.081
change	-0.269	0.328	20.914	11842.815
balance	0.189	0.264	1.608^{*}	0.908
Size	0.141	0.100	-0.407	0.252
Indep	9.278^{***}	3.533	3.956	15.550
C5	-1.052^{*}	0.554	1.515	2.084
R5	-1.110^{*}	0.587	-2.236	2.106
position	1.054^{***}	0.276	2.720^{**}	1.148
asset	0.443^{**}	0.197	0.389	0.398
roe	1.212	1.421	2.691	3.745

续表

股权属性	民营拟上市公司		国有拟上市公司	
$profit_1$	4.204**	1.753	6.623	5.037
$growth_1$	0.110	0.491	1.446	1.506
$growth_2$	−0.448***	0.139	−2.638***	1.009
liqui	−0.371**	0.182	−0.428	0.735
Fsw_8	−0.676	0.472	1.751	1.697
Fsw_9	0.232	0.386	0.801	1.671
Fsw_{10}	−0.148	0.518	2.680	2.340
Fsw_{11}	0.538	0.340	3.332*	1.923
year	0.043	0.047	0.125	0.111
行业效应	控制		控制	
方程特征	Cox & Snell $R^2 = 0.159$		Cox & Snell $R^2 = 0.306$	

***:1％水平显著,**:5％水平显著,*:10％水平显著

　　由此可见,从整体上看,中介机构的声誉影响发审委的股票发行审核行为,但这种影响存在所有制差异:对于民营拟上市公司,发审委关注拟上市公司聘请的中介机构的声誉;对于国有拟上市公司,发审委对拟上市公司聘请的中介机构声誉并不关注。以上的实证研究结果表明,理论假设2成立。

　　以上实证研究结果表明,股票发行审核委员会对中介机构声誉的关注存在所有制差异,更关注民营拟上市公司聘请的中介机构的声誉,而对国有拟上市公司聘请的中介机构的声誉并不关注。然而上述结果可能是如下原因造成:国有拟上市公司可能聘请的都是高声誉的中介机构,进而造成中介机构的声誉并不显著影响其是否通过发审委的发行审核。

　　表4-7是两类拟上市公司聘请的中介机构声誉的均值比较结果。均值比较结果表明,国有拟上市公司和民营拟上市公司聘请的主承销商的声誉(变量$repu_1$)不存在显著差异,民营企业聘请的会计师事务所声誉(变量$repu_2$)要显著(1％水平)高于国有拟上市公司;然而,在发行审核通过率方面,国有拟上市公司的通过率要显著高于民营拟上市公司,这种差异在5％水平显著。以上的均值比较结果说明,理论假设2不太可能是由国有拟上市公司聘请的都是高声誉中介机构所造成的。

表 4-7　股权属性与中介机构声誉的均值比较

声誉	股权属性	N	均值	标准差	差异显著性
repu₁	国有拟上市公司	185	0.53	0.501	不显著
	民营拟上市公司	578	0.49	0.500	
repu₂	国有拟上市公司	185	0.38	0.487	1%水平显著
	民营拟上市公司	578	0.50	0.500	
pass	国有拟上市公司	185	0.87	0.354	5%水平显著
	民营拟上市公司	578	0.81	0.391	

第四节　结论性评述

　　本章从中介机构声誉是否显著影响拟上市公司的成功过会角度分析了股票发行审核委员会是否重视中介机构声誉问题。本章的实证研究结果显示,总体上,发审委关注中介机构的声誉,这体现在,拟上市公司聘请的中介机构声誉越高,其通过发行审核的可能性越大;但中介机构声誉的影响存在所有制差异,它显著提高了民营拟上市公司成功过会的概率,而对国有拟上市公司能否成功过会没有显著影响。

　　本章的研究结果有助于了解股票发行核准制下影响我国中介机构声誉培育的促进和制约因素。高声誉中介机构的存在是保证资本市场信息质量和提高市场效率的重要环节,我国资本市场的进一步发展也需要大量高声誉中介机构的存在。然而高声誉中介机构形成的基本条件是,金融市场参与方对高质量信息的内在需求。首次公开发行市场的参与方之间存在严重的信息不对称,有对中介机构声誉的强烈内在需求,从而为中介机构建立声誉创造了条件。然而在我国股票发行审批制下,新股发行遵循"计划额度、计划价格"模式,发行人获得股票发行的计划额度就可以发行股票,同时新股定价的"计划价格"模式造成新股定价偏低,新股发行失败的概率非常低,这导致发行人没有动力通过聘请高声誉中介机构来传递自身价值的信号,而投资者也无须通过观察发行人聘请的中介机构的声誉高低来判断拟发行人的质量。因而在股票发行审批制下,由于市场缺乏对信息质量可靠性的内在需求,中介机构声誉的培育缺乏好的市场环境。

　　而本章的实证研究表明,在股票发行核准制下,存在促进中介机构声誉形成的机制,证据来自发审委对民营拟上市公司聘请的中介机构声誉的关注。由于所有制歧视造成的融资难问题,民营企业有动机通过发行股票融资,从而造成民营企业在新股发行上的激烈竞争,因而民营拟上市公司有强烈的动机向发审委传递自身是高质量拟发行人的信号,以获得发审委委员的"青睐",而选择高声誉的中介机构就是信号之一。此外,发审委委员对民营拟上市公司的审核比对国有拟上市公司的审核更为谨慎。原因在于,国有拟上市公司上市后出现问题,市场或舆论更可能把责任归咎于政府的干预而非发审委委员的失职;但对于民营拟上市公司则不然,市场或舆论更可能认为是发审委委员失职或违规而造成。在这种情况下,发审委委员更加关注民营拟上市公司的质量,民营上市公司聘请的中介机构的声誉成为影响发审委决策的依据之一。因而,加快民营企业的资本市场的准入步伐会促进市场对中介机构声誉的内在需求,进而促进中介机构声誉的培育和提高资本市场的效率。

此外,本章的实证研究还为核准制下股票发行审核委员会发挥了一定积极作用提供了微弱的证据。近几年,我国股票市场表现不佳,"熊"冠主要经济体国家,与我国宏观经济发展不相称,股票发行制度被认为是"罪魁祸首",股票发行审核委员会则因权力大责任小而备受责难,激进者甚至提出取消发审委的政策主张。而保守者则认为,在缺乏诸如集体诉讼等法律配套制度的情况下,股票发行注册制将导致市场失灵,因而股票发行核准制仍旧是次优的选择。而本章的实证研究表明,发审委委员对民营拟上市公司聘请的中介机构声誉的关注有助于资本市场中介机构声誉的培育,而大量高声誉中介机构的形成将为我国新股发行制度进一步市场化改革创造条件,因而发审委在促进资本市场发展方面还是发挥了一定积极作用。

本章的研究贡献体现在以下方面:第一,有助于打开发审委这个"黑匣子",进一步了解发审委审核行为的影响因素。胡旭阳(2011)的实证研究表明,发审委的审核行为呈现风险厌恶的特征;李敏才等(2012)的研究表明,过会时企业拥有的中介机构发审委社会资本能够提高其上市成功率。而本章研究表明,中介机构的声誉影响发审委的审核行为。第二,本章的研究结果表明,在股票发行核准制下,股票发行审核委员会在IPO市场的准入管制中把中介机构的声誉作为审核决策的依据之一,这有助于我国IPO市场中介机构声誉机制的培育。第三,有助于了解中国转轨过程中资本市场中介机构声誉培育的制约和促进因素。本章研究的启示是,在核准制下向国有企业倾斜的股票发行制度不利于中介机构声誉的培育,而放宽民营企业资本市场准入的政策有助于中介机构声誉的培育和提高资本市场的效率。

IPO市场准入管制对中国资本市场发展的负面效应

第五章 | IPO 市场准入管制与市场准入歧视

第一节 中国转轨过程中的所有制歧视现象

在改革开放以前,国有企业"一统天下",因而不存在所谓的所有制歧视问题。改革开放后,随着民营经济的发展和民营企业的成长,所有制歧视问题逐步凸现。所有制歧视导致民营企业在生产要素的获得和市场准入方面没有享受到与国有企业一样的国民待遇,这也成为制约我国民营经济和国民经济进一步发展的重要因素。而且随着我国政治和经济体制的变革,民营企业发展面临的所有制歧视表现形式也发生了变化。

一、改革开放初期的显性所有制歧视

所有制歧视的最初形成与政治上对民营经济发展所持的态度有关。在新中国成立初期,国家对私营经济采取了限制、改造的政策,而随后受"大跃进"、"以阶级斗争为纲"等"左"倾思想的影响,私营经济被视为资本主义的"尾巴"而在政治上遭到否定,私营经济和私营企业逐步淡出。

而 1978 年党的十一届三中全会纠正了以往"左"倾错误的思想,并做出了实行改革开放的战略决策,这为私营经济和私营企业的再度发展奠定了政治基础。然而,在改革开放初期,包括私营经济在内的民营经济的发展面临着较大的政治风险。比如,1981 年 7 月国务院颁布的《关于城镇非农业个体经济若干政策规定》提出了可以发展城镇个体经济,但也做出了限制:第一,个体经济未经批准一律不得营业;第二,对个体经济的人数进行了严格的限制。而 1983 年中共中央 1 号文件《关于当前农村经济政策的若干问题》要求对有雇工的私营经济,采取"不宜提倡、不要公开宣传、也不要急于取缔"的方针政策。这些政策都体现出在改革开放初期政治上对民营经济发

展所持有的"观望"和"试点"态度。

而 1989 年受经济政策和意识形态争议的影响,私营经济发展的政治环境发生了变化,一些诸如"私营经济是资产阶级自由化的社会基础"、"发展私营经济是搞私有化"等"左"倾观点开始出现,整个社会意识形态和政治环境不利于私营经济的发展(吴金群,2009)。

改革开放初期社会意识形态中姓"社"姓"资"争议和政治上对民营经济发展持"观望"态度决定了政府在政策上不会平等对待国有企业和民营企业,国有企业必然在各个方面享有"优待",所有制歧视呈显性状态。

显性所有制歧视往往表现为政府公开宣称在某些方面给予国有企业优惠待遇。以首次公开发行市场的准入为例,中国证监会颁布的《关于做好1997 年股票发行工作的通知》明确指出:"重点支持国有大中型企业,尤其要优先鼓励和支持优势国有企业通过发行股票收购兼并有发展前景但目前还亏损的企业"。在股票发行审批制下,政府监管部门在股票发行额度分配上公开向国有企业倾斜,这是典型的显性所有制歧视。

二、民营企业市场准入的隐性所有制歧视

随着民营经济和民营企业对我国社会经济发展巨大的促进作用不断显现,尤其是在 1992 年邓小平同志南方讲话之后,在政治上对民营经济发展从"观望"转变为肯定,从而使民营经济发展面临的政治风险消除。与此同时,中央政府也意识到所有制歧视对民营企业发展的不利影响,并一直在尝试改变这种格局,使民营企业获得与国有企业同等的待遇。

早在 1993 年党的十四届三中全会,党中央曾经提出国家要为各种所有制经济平等参与市场竞争创造条件,对各类企业一视同仁,然而具体的政策并未颁布。这种局面一直维持到 2005 年国务院颁布《关于鼓励和引导个体私营等非公有制经济发展的若干意见》(简称"非公 36 条")才结束。"非公36 条"明确提出了允许非公有资本进入以往国有企业"专属"领域:垄断产业、公用事业和基础设施、金融服务业、社会事业等。然而,包括"非公 36 条"在内的中央政府旨在消除所有制歧视的政策主张并没有得到很好的贯彻执行,甚至在 2008 年国际金融危机后,出现了"国进民退"的现象。为此国务院于 2010 年 5 月再度颁布了《国务院关于鼓励和引导民间投资健康发展的若干意见》(简称"新非公 36 条"),再次提出了同等对待各类投资主体,不得单独对民营资本设置附加条件的要求。

"非公 36 条"和"新非公 36 条件"对民营企业的行业准入方面执行了"非禁即入"的原则,即在行业准入方面,除了法律明确禁止民营资本进入的投

资领域外,民营企业都能进入,政府相关监管部门不得设置障碍,旨在消除行业(市场)准入的所有制歧视。尽管国务院"三令五申"以帮助民营企业获得公平的市场准入机会,但民营企业的行业准入仍受制于政府监管部门的条条框框,没有得到很大改观。上述现象被社会形容为民营企业行业准入的"玻璃门"。这说明,所有制歧视现象仍旧存在,只不过形式发生了变化,从显性所有制歧视转变成了隐性所有制歧视。

民营企业行业准入"玻璃门"存在的可能原因在于国务院只能提出粗略的宏观目标,细化的落实政策仍旧由政府监管部门负责运作,而中央政府旨在消除所有制歧视的政策主张则减少了政府监管部门职权范围,部门利益受到损害,这样政府监管部门可以利用自由处置权设置隐形障碍,维护部门利益。因而,虽然民营企业市场准入的显性障碍没了,但隐形的所有制歧视仍旧存在。

显性与隐性所有制歧视存在异同点。显性所有制歧视和隐性所有制歧视的相同点在于:生产要素获得和市场准入上的不平等,国有企业相对于民营企业享有优惠。不同点在于:第一,表现形式不同。在显性所有制歧视中,政府部门公开宣称给予国有企业以优惠待遇,而事实也是如此;而在隐性所有制歧视中,中央政府在政策上已给予民营企业与国有企业平等的地位,因而在名义上已经不存在所有制歧视;但事实上,民营企业在要素获得和市场准入方面仍面临"玻璃门"的阻碍。第二,形成机理的差异。显性所有制歧视更多在转轨初期政治上对民营经济发展所持观望态度在经济政策上的体现;而隐性所有制歧视是国务院在政策上已要求公平对待民营企业的情况下,政府监管部门出于自身利益而对民营企业设置障碍造成。

三、IPO市场准入管制与隐性所有歧视

尽管民营企业行业准入受制于政府监管部门"玻璃门"的影响得到了社会普遍认可,但学界并没有给出政府监管部门利用自由处置权区别对待国有企业和民营企业进而形成隐形所有制歧视的直接经验证据,原因可能在于很难获得关于政府监管部门行政审批的大样本数据。而本章尝试以我国首次公开发行市场准入为研究对象来考察政府监管中是否存在隐形所有制歧视问题。基于以下的原因,本章认为以首次公开发行市场准入为研究对象来考察政府监管中的隐形所有制歧视问题是合适的。

第一,我国首次公开发行市场准入仍属政府管制的范畴。2001年我国新股发行制度发生重大变革,核准制取代具有浓厚计划色彩的审批制。虽然核准制下股票发行审核委员会的发行审核决定拟发行人能否发行股票,

但政府监管部门的影响无处不在,这体现在:其一,发审委委员的选拔由政府监管部门——中国证监会负责,中国证监会可以通过选择发审委委员来实现对证券市场的间接干预。其二,发审委审核依据的法律法规是政府监管部门制定的。其三,政府监管部门的意见构成了发审委委员决策重要依据。在股票发行审核中,除了法律法规外,发审委委员决策的另一重要依据就是监管部门出具的初审报告。其四,每次股票发行审核委员会召开的时间和审核对象完全由政府监管部门确定。由此可见,在股票发行核准制下,首次公开发行市场的准入仍旧是政府管制的,尚未完全市场化。同时,首次公开发行市场准入不存在显性所有制歧视,每年有大量的民营企业和国有企业申请发行股票并上市。因而,首次公开发行市场的准入管制为通过大样本数据来研究政府管制中的隐性所有制歧视问题创造了条件。

第二,股票发行审核委员会审核依据的模糊和弹性。民营企业行业准入"玻璃门"的存在与大部分政府监管标准是定性的、原则性的而非定量的密切相关。政府监管部门可以利用自由处置权区别对待不同所有权属性的企业,进而形成隐形所有制歧视。

股票发行审核也面临着相似的问题。其一,对拟上市公司的评价标准是多维的。对拟上市公司的评价内容包括但不限于公司的盈利能力、成长性、公司治理、财务状况等多个方面,这就涉及以哪一方面为主、如何权衡的问题。其二,对拟上市公司的评价指标不存在清晰、明确的、普遍认可的标准。虽然财务性的指标容易比较,但对于一些"软性"的指标,比如,公司治理结构是否完善,缺乏统一的标准。因而,股票发行审核标准的弹性为监管部门差别化对待不同所有权属性的拟上市公司创造了条件。

下面以 IPO 市场准入管制为例,对隐性所有制歧视形成的机理进行理论和实证分析。其中,第二节对隐性所有制歧视形成的机理进行理论分析,着重分析监管部门在市场准入中拥有自由处置权对隐性所有制歧视形成的影响,然后以此为指引对 IPO 市场准入管制中原则条件和定量条件进行分类。第三节,隐性所有制歧视实证研究方法介绍,以劳动经济学中研究性别、种族歧视的 Blinder-Oaxaca 分解方法为基础,借鉴 Fairlie(1999、2005)的做法,按 B-O 线性分解方法的思路对非线性 Logit 或 Probit 回归模型进行分解,分析原则变量和定量变量对组别差异的贡献。第四节,以股票发行审核委员(第八届至第十二届)审核的拟发行人为样本,通过非线性 Blinder-Oaxaca 分解方法(Fairlie,1999、2005)对隐性所有制歧视的存在性及其程度进行实证分析。

第二节　市场准入管制中隐性所有制歧视形成机理分析

一、政府管制的定性规则与定量规则

1. 定性规则与定量规则的含义

国内外知名学者从不同角度对政府管制进行了定义[①]。史普博把政府管制定义为,行政机构制定并执行的直接干预市场机制或间接改变企业和消费者决策的一般规则或特殊行为;日本学者植草益把政府管制定义为社会公共机构依照一定的规则对企业的活动进行限制的行为;萨缪尔森认为,政府管制是政府以命令的方法改变或控制企业的经营活动而颁布的规章或法律,以控制企业的价格、销售或生产决策。王俊豪认为,政府管制是具有法律地位的、相对独立的政府管制者(机构)依照一定的法规对被管制者所采取的一系列行政管理与监督行为。从以上国内外学者关于政府管制的定义来看,管制规则的制定和执行构成了政府管制的基础,上述定义并没有涉及政府管制规则的进一步分类。

而 Schaefer(2006)把法律规范划分精确的法律规则(precise rules)和模糊、任务导向的法律规范(standards);前者为法官和公民提供了行动指南,法官和公民可以机械地按照规则判断是否违反了法律规定,不需要具备高深的法律专业知识;而后者只阐明了基本的原则,需要执法者和仲裁者在具体的执法过程中进行解释。比如,在交通法规中,车速不得超过 120 公里/每小时的交通法规就属于前者;而驾驶者要谨慎驾驶的交通法规就属于后者。

类似地,政府的管制规则也可以进一步划分为精确性规则和原则性规则(田野,陈全,2011)。精确性规则又可以称为定量规则,是对执行者和利益相关者而言,易于判断是否达到或违背了管制要求的规则;而原则性规则又可以称为定性规则,是相对于精确规则而言,具有一定模糊性、难以直接判断是否满足监管要求的规则。比如,我国首次公开发行市场的准入管制中,拟上市公司需要连续三年保持盈利就属于精确性规则,而要求拟上市公司需要完善的公司治理结构就属于原则性规则。

[①]　这部分内容主要引用自:王俊豪:《政府管制经济学导论:基本理论及其在政府管制实践中的应用》,商务印书馆 2010 年版。王俊豪(主编):《管制经济学原理》,高等教育出版社 2007 年版。

2. 定性规则与定量规则取舍的决定因素

在监管规则的制定上,到底是采取定性规则还是定量规则取决于什么因素呢?换而言之,定性规则和定量规则的取舍决定于什么因素呢?下面主要从规则的制定、规则的执行和规则对环境变化的适应三个方面分析政府管制中定性规则和定量规则取舍的影响因素。

(1)原则规则、精确规则的制定和执行成本

Schaefer(2006)分析了一个国家的经济发展水平与法律制度选择的关系。他把法律制度划分为法律规则(rules)和法律规范(standards)。他认为,对于低收入国家,由于平均人力资本比较低,因而需要把少数具备专业知识的人士集中在规则制定领域,以制定精确的法律规则(precise rules),这样在执法上缺乏大量具有专业知识的人才也不会降低法律实施的效果;相反,如果低收入国家制定模糊的、任务导向的法律规范(standards),那么由于在执法环节人力资本不足将使法律的执行效果大打折扣;而对于高收入国家,由于人力资本充足,则应该采取与低收入国家相反的策略。表5-1是Schaefer对法律规则(rules)和法律规范(standards)差异的比较。

借鉴Schaefer(2006)、田野和陈全(2012)的思路,下面从经济学的收益—成本角度来分析政府管制规则选择的影响因素。

精确规则往往要针对管制对象出现的不同情况制定出尽可能详尽的管制策略,这要求规则制定者事前必须进行详细的信息搜集、加工和处理,因而精确规则的制定需要花费非常高的成本。相比之下,原则性规则往往确定管制的一般性原则,而不需要涉及更多的细节,因而在规则制定成本方面,原则性规则要远远小于精确性规则。

表5-1 法律规则和法律规范的比较

比较项目	法律规则(rules)	法律规范(standards)
法律起草和制定成本	高	低
执法成本	低	高
法律不确定性带来的成本	低	高或低,取决于将法律标准转变为法官审判依据的难以和行政程序
来自法律僵化的成本	高	低

尽管精确性规则的制定成本比较高,但它的执行成本却比较低。精确性规则对被管制者是否达到或违背相关规定有了较为明确和清晰的规定,易于执行者判断和掌握,因而执法者更多按照精确性规则进行"机械"式执法,这有助于降低精确性规则的执法成本。另外,由于精确性规则易于掌

握,因而对执法者无需更多的专业性知识要求,这有助于降低执法机构组建的成本。

与精确性规则正好相反,尽管原则性规则的制定成本比较低,但执行成本却比较高。由于原则性规则只规定了政府管制过程中的基本指导性原则,而没有针对各种具体情况做出仔细、明确的规定,需要执行者针对具体的情况根据基本规则的精神进行处理,增加了政府管制的执法成本。与此同时,原则性规则需要执法者在针对具体情况运用基本指导原则进行处理,这对执法者提出了较高专业知识要求,进一步增加了原则性规则的执法成本。

因而,从经济学的成本—收益角度看,到底是采取精确规则还是原则性规则决定于规则制定成本和执行成本之和最小。由于规则制定成本属于固定成本,而规则执行成本属于变动成本,成本属性的不同决定了到底采取精确规则还是原则性规则还受规制执法频率的影响。如果规制对象数量众多、执法非常频繁,那么精确规则所需要的高额制定成本可以得到分摊,同时可以大幅度降低频繁执法所产生的成本,因而在这种情况下,精确性规则比原则性规则更加经济;相反,如果政府管制所涉及的领域非常"冷门",仅偶尔执行,那么精确规则所需要的高额制定成本难以得到有效分摊,在这种情况下,原则性规则比精确性规则更加经济。

(2)环境适应性与管制规则的采用

虽然规则制定和规则执行的成本是政府管制规则选择的重要决定因素,但还有其他因素是政府监管规则制定时需要考虑的,其中对环境的适应性就是其中之一。

精确性规则在内容上的具体性和特定性以及结构上的相对封闭性,决定了其在涵盖事项范围上的狭窄性以及适用上的局限性(田野,陈全,2011),同时规则需要在一段时间内保持稳定,以避免朝令夕改。然而,精确性规则所规制对象的属性及其所处的环境发生变化往往会使相对稳定的精确性规则"过时",进而影响精确性管制规则的效果。而原则性规则一般根据政府监管对象的共同属性和监管目标制定原则性的指导原则,不会因为监管对象属性及其环境的变化而很快过时,因而具有较强的环境适应性。换而言之,按照 Schaefer(2006)的做法,精确性规则由于规则僵化难以适应环境变化带来的成本要高于原则性规则。在这种情况下,政府管制规则的制定者需要根据规则对象及其环境变化的速度来确定合适的规则。

(3)转轨国家政府监管中原则规则与精确规则选择的权衡

从经济学的收益—成本角度看,精确性规则与原则性规则各有利弊,管

127

制规则的确定需要综合考虑规则制定、执行和适应性等多方面的因素。然而对于转轨国家的政府监管部门,由于专业人员的缺乏和社会经济体制的快速变化,政府监管部门在精确规则和原则性规则上面临两难选择。

一方面,专业人员的缺乏需要政府应选择精确管制规则。对于从计划经济向市场经济转型的国家而言,许多市场行为需要适度的政府管制,但原先的计划体制并未为政府监管部门提供充足的精通专业知识和富有经验的专业人士。在这种情况下,转轨国家少量的专业人士应该集中在精确性规则的制定上,这样可以减少执行环节对专业人才的需求。因而,精确性规则是比较经济的选择。另一方面,转轨国家的显著特征就是经济体制和经济环境的快速发展变化,这意味精确性管制规则难以适应快速变化的市场环境,进而可能引发高昂的经济和社会成本。因而,从环境适应角度来看,转轨国家在政府管制规则上应该采用原则性规则。因而,对于转轨国家的政府监管部门而言,定性原则和精确性原则的选择是一个动态的过程:在初期,精确性规则占据主导地位,然后到精确性规则和定性规则并重,最后随着专业人士的增加和经济社会现象复杂程度提高,定性规则将占据主导地位。

二、原则性规则、监管部门的自主裁量权与隐性所有制歧视

1. 原则性规则与政府监管部门的自主裁量权

行政自由裁量权是政府行政部门在法律、法规规定的原则和范围内有选择余地的处置权利。在政府管制中,原则性规则与精确性规则的最大区别在于原则性规则赋予行政执法部门以更大的自由裁量权。由于原则性规则一般只规定行政执法过程中的基本原则和规范,行政执法部门在法律、法规规定的原则和范围内根据具体情况进行弹性处理,因而原则性规则赋予监管部门较大的自由裁量权。

政府监管部门自主裁量权的影响具有两面性:一方面,自由裁量权具有积极的影响,它赋予政府监管部门根据监管对象的具体情况进行具体的处理,避免了"一刀切"。另一方面,自由裁量权给政府监管部门带来寻租的空间,尤其在政府监管部门的行政权力缺乏监督和行政监管程序不透明的情况下。

2. 监管部门的自由裁量权与隐性所有制歧视的形成

政府监管制度中原则性规则赋予监管部门一定的自由裁量权,而在中国经济转轨的特定制度和市场条件下,政府监管部门拥有的自由裁量权是造成隐性所有制歧视的重要原因,并使隐性所有制歧视成为"痼疾",难以根治。

第一,政治关联与隐性所有制歧视的形成。企业的政治关联(political

connection)是指企业与政府之间的密切关系,具有政治关联的企业能够从政府那里获得更多的经济支持(Faccio,2006)。显然,国有企业与民营企业在与政府的关系方面存在重大差异。在计划经济年代,国有企业与政府之间的关系被科尔奈形容为"父子关系"。尽管在我国的经济转轨过程中,国有企业与政府之间的关系已经不再如计划经济时期那么密切,但国有企业与政府之间的关系仍旧是民营企业所不能比拟的,比如部分政府的领导人是从国有企业培养成长起来的,政府有时需要依赖国有企业来实现和承担部分经济、社会功能。这决定了国有企业与政府之间仍旧有密切的关系。而政治关联能够给关联企业带来政策和经济上的优惠。在这种情况下,尽管中央政府三令五申要求政府监管部门在市场准入方面给予民营企业同等待遇,但政治关联可以使政府监管部门利用自由裁量权给予国有企业以隐性的优惠待遇,从而形成隐性所有制歧视。

第二,政府的行政干预与隐性所有制歧视。在中国从计划经济向市场经济的转轨过程中,市场准入的监管或多或少体现出计划经济下政府干预的色彩,比如在我国股票市场发展初期,新股发行审批制对首次公开发行市场采用"计划额度、计划价格"的监管模式基本上延续了计划经济的模式,体现出了政府对市场的干预。即使随着市场化改革的深入,然而由于制度变迁的路径依赖原因,政府部门仍不会完全放弃对市场准入的干预,监管部门的自由裁量权为政府的干预提供了便利,进而为隐性所有制歧视的形成埋下了种子。此外,自由裁量权为政府监管部门的寻租行为提供了便利,并固化为特殊的部门利益。这都造成政府监管部门不愿放弃市场准入的管制权,使隐性所有制现象成为"痼疾",难以得到解决。

第三,自由裁量权加大了对政府监管的监督成本,使监管部门难以被问责。市场准入监管的隐性所有制歧视尽管被中央政府和社会所"诟病",但是由于市场准入监管中的原则性规则使得监管部门拥有自由处置权,造成中央政府和社会很难对监管部门进行问责和监督,进而导致隐性所有制歧视长期存在。

三、小结

在政府监管部门的管制政策制定方面,到底是采用原则性规则还是精确性规则取决于规则制定成本、执行成本和规则对环境变化的适应性。对于转轨国家,由于专业人员的不足和制度环境变化快的特征,政府监管部门往往采用精确性规则和原则性规则并重的监管模式,原则性规则的存在使政府监管部分具有自由裁量权。具体到市场准入监管方面,尽管国务院再三强调赋予民营企业平等的权利,但是监管部门可以根据原则性监管规则赋予的自由裁量权对民营企业的市场准入设置障碍为部门谋取私利,对国务院旨在消除所有制歧视的政策置若罔闻,从而造成隐性所有制歧视。

第三节 IPO 市场准入管制的隐性所有制歧视实证检验研究设计

正如前文分析所指出的,转轨国家政府监管部门往往采用精确性规则和原则性规则并重的监管模式,这种监管模式由于原则性规则的存在,从而使政府监管部门具有较大的行政自由裁量权,进而造成市场准入中的隐性所有制歧视。监管部门是否在精确性规则和原则性规则差别化对待国有企业和民营企业进而造成首次公开发行市场准入管制的隐性所有制歧视是本章关注的问题。在具体的研究设计上,本节主要解决以下两个问题:第一,对我国 IPO 市场准入管制规则进行划分,把相关监管规则划分为精确性规则和原则性规则,并确定相应的代理变量,为研究 IPO 市场准入管制是否存在隐形所有制歧视问题奠定基础。第二,确定实证研究中计量方法的选择,主要借鉴非线性 Blinder-Oaxaca 分解方法来研究 IPO 市场准入管制是否存在隐形所有制歧视的证据。

一、我国 IPO 市场准入的管制规则

作为股票市场的重要组成部分,我国政府监管部门一直在探索股票发行监管制度的变革。2001 年我国股票发行制度开始实施核准制改革,作为上述改革的重要配套制度,中国证监会于 2006 年颁布的《首次公开发行股票并上市管理办法》构成了核准制下我国 IPO 市场准入管制的基本法律依据。它从发行人的主体资格、发行人独立性、规范运行、财务会计和募集资金运用等五个方面对首次公开发行证券的企业提出了相关要求。因而,在《首次公开发行股票并上市管理办法》中关于市场准入管制条件的划分是研究 IPO 市场准入管制隐形所有制歧视问题的基础。

胡旭阳(2008)把首次公开发行市场准入管制的实质条件划分为客观性条件和主观性条件。所谓客观性条件是指对拟发行人是否满足条件的判断具有客观的标准,拟上市公司是否满足条件一目了然,无须额外的权衡判断;相反,主观性条件是指对拟发行人是否满足条件的判断没有客观的标准,需要发行审核委员会委员的主观判断。胡旭阳把 2006 年颁布实施的《首次公开发行股票并上市管理办法》中对拟发行人在主体资格、发行人独立

性、规范运行、财务会计和募集资金运用五个方面的要求划分为客观条件和主观条件，具体见表5-2。

表5-2　《首次公开发行股票并上市管理办法》实质条件的分类

项目	客观条件	主观条件
主体资格	①发行人应当是依法设立且合法存续的股份有限公司；②持续经营时间应当在3年以上，但经国务院批准的除外；③发行人最近3年内主营业务和董事、高级管理人员没有发生重大变化，实际控制人没有发生变更	①发行人的生产经营符合法律、行政法规和公司章程的规定，符合国家产业政策
独立性	①发行人的人员独立；发行人的总经理、副总经理、财务负责人和董事会秘书等高级管理人员不得在控股股东、实际控制人及其控制的其他企业中担任除董事、监事以外的其他职务，不得在控股股东、实际控制人及其控制的其他企业领薪；发行人的财务人员不得在控股股东、实际控制人及其控制的其他企业中兼职；②发行人的财务独立；发行人不得与控股股东、实际控制人及其控制的其他企业共用银行账户	①发行人应当具有完整的业务体系和直接面向市场独立经营的能力；②资产独立性：生产型企业应当具备与生产经营有关的生产系统、辅助生产系统和配套设施；非生产型企业应当具备与经营有关的业务体系及相关资产；③发行人应当建立独立的财务核算体系，能够独立做出财务决策，具有规范的财务会计制度和对分公司、子公司的财务管理制度；④发行人的业务应当独立于控股股东、实际控制人及其控制的其他企业，与控股股东、实际控制人及其控制的其他企业间不得有同业竞争或者显失公平的关联交易；⑤发行人在独立性方面不得有其他严重缺陷
规范运行	①发行人已经依法建立健全股东大会、董事会、监事会、独立董事、董事会秘书制度；②发行人不得有，最近36个月内未经法定机关核准，擅自公开或者变相公开发行过证券；或者有关违法行为虽然发生在36个月前，但目前仍处于持续状态；③发行人不得有，最近36个月内违反工商、税收、土地、环保、海关以及其他法律、行政法规，受到行政处罚；④发行人不得有，最近36个月内曾向中国证监会提出发行申请，但报送的发行申请文件有虚假记载、误导性陈述或重大遗漏；⑤涉嫌犯罪被司法机关立案侦查，尚未有明确结论意见	①发行人的董事、监事和高级管理人员已经了解与股票发行上市有关的法律法规，知悉上市公司及其董事、监事和高级管理人员的法定义务和责任；②发行人的内部控制制度健全且被有效执行，能够合理保证财务报告的可靠性、生产经营的合法性、营运的效率与效果；③发行人不得有，以不正当手段干扰中国证监会及其发行审核委员会审核工作；④发行人不得有，严重损害投资者合法权益和社会公共利益的其他情形

续表

项目	客观条件	主观条件
财务与会计	①发行人的内部控制在所有重大方面是有效的,并由注册会计师出具了无保留结论的内部控制鉴证报告;②最近3个会计年度净利润均为正数且累计超过3000万元,净利润以扣除非经常性损益前后较低者为计算依据;③最近3个会计年度经营活动产生的现金流量净额累计超过5000万元;或者最近3个会计年度营业收入累计超过3亿元;④发行前股本总额不少于3000万元;⑤最近一期末无形资产(扣除土地使用权、水面养殖权和采矿权等后)占净资产的比例不高于20%;⑥最近一期末不存在未弥补亏损	①发行人资产质量良好,资产负债结构合理,盈利能力较强,现金流量正常;②发行人编制财务报表应以实际发生的交易或者事项为依据;③在进行会计确认、计量和报告时应当保持应有的谨慎;④对相同或者相似的经济业务,应选用一致的会计政策,不得随意变更
募集资金运用	①发行人应当建立募集资金专项存储制度,募集资金应当存放于董事会决定的专项账户;②募集资金应当有明确的使用方向,原则上应当用于主营业务	①发行人董事会应当对募集资金投资项目的可行性进行认真分析,确信投资项目具有较好的市场前景和盈利能力,有效防范投资风险,提高募集资金使用效益;②募集资金投资项目应当符合国家产业政策、投资管理、环境保护、土地管理以及其他法律、法规和规章的规定

胡旭阳(2008)把IPO市场准入管制条件划分为客观条件和主观条件,虽然这类似于本章提出的精确性规则和原则性规则,但上述两种划分方法存在差异。

客观条件主要针对单个公司是否满足条件而言的,且易于客观判断,它往往构成了拟上市公司获得上市资格的必要条件,因而,想获得上市资格的公司都可能会达到上述要求。对于另外一些指标,如果就单个公司进行评判时,它是主观条件,但是通过在不同公司之间进行横向比较时,它可能就变成了客观指标。下面以《首次公开发行股票并上市管理办法》中对拟上市公司的会计与财务的要求为例来说明这个问题。《首次公开发行股票并上市管理办法》要求拟发行人在财务上需要"资产负债结构合理,盈利能力较强,现金流量正常",这是一个主观条件,很难就单个公司来评价它的盈利能力是否强或资产负债结构是否合理。但是,可以通过对处于相同行业公司的资产负债利率、净资产收益率、经营性净现金流量等指标进行横向比较、评价,进而可以客观地判断拟上市公司的资产负债、盈利能力是否合理。因而,上述监管规则可以划入本章的精确性规则中。

相反,对于另外一些主观性的指标,即使是不同公司之间进行比较,也很难进行客观的评判。比如《首次公开发行股票并上市公司管理办法》中对拟上市公司有"发行人应当具有完整的业务体系和直接面向市场独立经营的能力"的要求就很难通过指标进行客观衡量,因而,它也属于本章所指的原则性指标。

由于政府 IPO 市场准入管制涉及政府监管是否公正、公平,市场参与者不但可以通过直接观察客观性指标还可以通过比较不同公司之间某些主观指标差异,来判断政府监管行为的公正性、公平性。因而主观性指标并意味政府监管部门具有自由处置权,监管部门的自由处置权可能来自难以横向比较的原则性规则。

因而,本章把中国证监会颁布实施的《首次公开发行股票并上市管理办法》中的客观条件和可以直接进行横向比较的主观条件归纳为精确性条件,而把主观条件中难以比较部分纳入原则性规则。

二、IPO 市场准入管制的精确性规则和原则性规则及其代理变量

在股票发行核准制下,政府监管部门通过对拟上市公司的发行申请进行实质审查为投资者甄选高质量的上市公司,而对上市公司的评价涉及多方面的指标,本章把政府监管部门对拟上市公司的监管规则划分为精确性规则和原则性规则,精确性规则的显著特点就是易于判断和比较,而原则性规则难以在不同公司之间进行比较。

1. 精确性规则及其代理变量

IPO 市场的准入管制是政府监管部门担当了为投资者选择高质量上市公司的重任。在这种情况下,监管部门类似于一个"投资者",需要以投资者标准来分析和比较不同的上市公司。在实践中,投资者、投资银行经常面临新股定价的问题,通常采用现金流贴现法(cash flow discount)和比较公司法(comparable firm method)来对新股进行定价,而这些定价方法往往以公司的会计信息为基础,这将为确定精确性规则及其代理变量提供便利。

(1)现金流贴现法

现金流贴现法的基本原理在于任何有价证券的内在价值等于其未来现金流的现值之和。具体的公式如下:

$$p = \sum_{t=1}^{+\infty} \frac{CF_t}{(1+r)^t}$$

其中,p 为内在价值;CF_t 为第 t 期的现金流;r 为贴现率。

根据现金流贴现法,对有价证券的估值需要获得两方面的资料:有价证券未来各期的现金流和贴现率。但是,对于新股的定价,现金流贴现方法

的缺陷在于无法准确估计未来公司的现金流和贴现率,尤其对于那些成立不久的公司更是如此。

在对公司未来现金流量做出如下假设的情况下:第一,股息的支付在时间上是永久的;第二,股息的增长速度是一个常数;第三,贴现率大于股息增长率,那么上述现金流贴现模型简化为所谓的戈登模型(Gorden Model),即 $p = \dfrac{D_1}{r-g}$,其中,D_1 为第一期股息,r 为贴现率,g 为股息永久增长率。根据戈登模型,一个公司派发的股息和股息增长率越高,公司的内在价值越大,而股息往往与盈利能力正相关,股息增长率与营业收入和利润的增长率正相关。因而,反映公司盈利能力和成长性的财务指标往往成为比较不同公司价值的重要指标。

(2)比较公司法

由于无法准确估计公司未来现金流量,在现实中运用现金流贴现法给新股定价存在缺陷。在实践中,更多的是运用比较公司法对新股进行定价或估值。所谓比较公司法是指,在 IPO 公司的估值或定价中,从已经上市的公司中选取与新上市公司具有相似特征的公司作为参照来确定新股价格的方法(DeAngelo,1990;Kim & Ritter,1999;Pukthuanthong-Le & Varaiya,2007)。在比较公司法中,选取具有相似特征的上市公司作为参照是关键,参照公司往往与新上市公司处于相同的行业,具有相似的运营风险、盈利能力和成长机会等。

在具体的新股定价上,根据比较公司法,新股价格与参照公司价格之间的关系可以表示成如下的公式(Pukthuanthong-Le & Varaiya,2007):

$$P_{\text{IPO}} = \frac{P_{\text{match}}}{S_{\text{match}}} \times S_{\text{IPO}} \tag{5-1}$$

在式(5-1)中,P_{IPO} 是新股价格;P_{match} 参照公司的价格;S_{match} 为参照公司的关键价值驱动要素(key value driver),它可以是公司的销售额或盈利,也可以是公司的顾客数等;S_{IPO} 为 IPO 公司对应的价值驱动要素。

作为参照公司的关键价值驱动要素,S_{match} 的选取是比较公司法对新股定价的关键,实践中和学术研究中往往以公司的会计信息资料来表示 S_{match}(Kim & Ritter,1999;Liu,Nissim & Thomas,2002;Pukthuanthong-Le & Varaiya,2007),而经常被用来表示 S_{match} 的会计信息包括:销售额、利润、经营性现金流量、账面价值等。比如 P/E(市盈率)、M/B(市场价值账面价值比率)就是经常采用的方法。

(3)精确性规则的代理变量

在核准制下,政府对 IPO 市场监管的目标是选择高质量的上市公司,其角色类似于投资者或投资银行,市场参与者往往以拟上市公司的会计信息为基础通过比较公司法对 IPO 公司进行定价或估值。因而,监管部门可以借鉴投资者或投资银行对 IPO 公司定价或估值的方法来评价上市公司的质量高低。只不过,市场参与者利用的会计信息都是公开和可以在不同公司之间进行比较的,这意味着政府监管部门如果在这些指标上差异化对待国有拟上市公司和民营拟上市公司,遵循不同的标准,那么市场就会质疑政府监管的公平性。因而,本章分析中,把监管部门对拟上市公司的会计、财务要求视为精确性规则(或定量标准),把相应的财务指标(诸如资产规模、资产负债率、主营增长率等)视为精确性规则的代理变量。

2. 原则性规则及其代理变量

作为首次公开发行市场准入的监管者,证监会不能仅仅从投资者的估价角度来评价拟上市公司质量的高低,还需要从促进资本市场健康发展的角度来评价和选择拟上市公司。正如法与金融学(law and finance)所强调的,中小投资者利益保护对一个国家资本市场的发展具有重要作用;而在法律制度不能为投资者利益提供充分保护的情况下,政府监管可以作为法律保护的替代机制发挥作用。

第一章的分析表明,首次公开发行市场准入管制是中国证监会实施投资者保护的重要手段,只不过在股票发行审批制和核准制下实现的途径不同。在股票发行审批制下,中国证监会利用股票发行额度的自由处置权来敦促地方政府甄选好的公司上市并承担减少所管辖地区上市公司发生丑闻的责任进而间接保护投资者的利益;而在股票发行核准制下,中国证监会敦促股票发行审核委员会在股票发行审核环节关注拟上市公司的公司治理质量进而达到间接保护投资者利益的目的。

显然,IPO 市场准入管制中,尽管证监会关注中小投资者利益保护,但证监会或股票发行审核委员会并不能直接观察到拟上市公司的大股东侵害小股东利益的行为,原因在于拟上市公司还没有获得上市资格,侵害的事实尚未发生。因而,监管部门只能从拟上市公司披露的信息中去预期未来可能发生的侵害。

假设 y 表示未来拟上市公司的大股东侵害中小股东利益的行为,$x = (x_1, x_2, \cdots, x_n)$ 代表申报资料中可被发审委委员观察到的关于拟上市公司的信息集,比如关联交易情况、独立董事数量等;$p(y/x)$ 表示给定关于拟上市公司信息条件下证监会或发审委对拟上市公司上市后大股东侵害中小股东利益行为发生可能性的预期。

虽然监管部门能从拟上市公司披露的相关信息或状态变量(信息集 X)

去预期拟上市公司未来发生侵害行为的可能性,但 X 与 y 之间不是必然的因果关系,比如,拟上市公司与大股东之间的关联交易虽然为大股东侵害中小股东提供了便利,但并不表示大股东一定会通过关联交易侵害中小股东利益,甚至在少数情况下,大股东可能通过关联交易支持(prop)上市公司。因而,从政府监管部门角度,体现对中小投资者利益关注的监管规则更多的是原则性规则,这会给政府监管部门带来自由处置权;而从投资者角度看,涉及投资者利益保护的规则属于原则性规则,不同公司之间往往很难比较。因而,在涉及投资者利益保护的监管原则上,监管部门利用自由处置权区别对待国有和民营拟上市公司也不会招致市场对其监管行为的公平、公正性的质疑。因而,在本章的研究中,把涉及中小投资者利益保护的相关监管规则视为原则性规则。

下面从公司治理质量角度分析投资者保护,并选取相关的代理变量来反映拟发行人的公司治理质量,为进一步分析 IPO 市场准入管制中的隐性所有制歧视问题奠定基础。

Shleifer 和 Vishny(1997)把公司治理定义为投资者使自己的投资获得回报的一系列制度安排。公司治理机制可以划分为内部治理机制和外部治理机制,前者包括董事会、监事会、股权激励等,后者包括外部控制权市场、职业经理人市场等。

由于公司治理机制涉及多个方面,对于到底何谓好的公司治理机制,学界缺乏统一的标准,甚至有分歧,但是对于某些公司治理特征有助于保护投资者利益还是达成了共识。比如,对于董事长与总经理是否由同一人担任对企业效率的影响并没有达成共识,然而对大股东与上市公司的关联交易可能损害外部股东利益还是达成了共识。本书主要从董事会的独立性、关联交易、信息披露质量等几个方面选取代理变量来反映拟发行人的公司治理质量。

三、研究方法的选择

在劳动经济学中,Blinder-Oaxaca 的线性和非线性分解方法被广泛用于研究性别歧视、种族歧视问题,而本书运用 Blinder-Oaxaca 分解方法来分析 IPO 市场准入管制中的隐性所有制歧视问题。

1. Blinder-Oaxaca 线性分解方法

(1)禀赋效应与系数效应的分解

假设样本可以划分为两个子样本,A 组和 B 组,被解释变量为 Y,解释变量为列向量 X,那么组别 A 和 B 的被解释变量均值的差异($R = \bar{Y}_A - \bar{Y}_B$)

在多大程度上可以由二者解释变量的差异来解释呢？

运用线性回归模型，将样本数为 N 的样本划分为 A、B 两组 $g=(A,B)$，按照式(5-2)分别进行回归，获得两组子样本各自的系数估计值 $\hat{\beta}_A$、$\hat{\beta}_B$。

$$Y_{ig} = X_{ig}\beta_g + \varepsilon_{ig}, \tag{5-2}$$

其中，$i = 1,2,\cdots,N_g$；$\sum_g N_g = N$。

在此基础上，Blinder-Oaxaca 分解方法对 A、B 组的差异进行分解，具体的分解步骤：

$$\overline{Y}_A = \overline{X}_A\hat{\beta}_A,\ \overline{Y}_B = \overline{X}_B\hat{\beta}_B$$

$$\overline{Y}_A - \overline{Y}_B = \Delta^{\mathrm{OLS}} = \overline{X}_A\hat{\beta}_A - \overline{X}_B\hat{\beta}_A + \overline{X}_B\hat{\beta}_A - \overline{X}_B\hat{\beta}_B$$

$$\overline{Y}_A - \overline{Y}_B = \Delta^{\mathrm{OLS}} = (\overline{X}_A - \overline{X}_B)\hat{\beta}_A + \overline{X}_B(\hat{\beta}_A - \hat{\beta}_B) \tag{5-3}$$

其中，$\overline{Y}_g = \sum_{i=1}^{N_g} Y_{ig}/N_g$ 为组别 g 的被解释变量的均值；$\overline{X}_g = \sum_{i=1}^{N_g} X_{ig}/N_g$ 为组别 g 解释变量的均值向量。在式(5-3) 中，组别 A、B 的被解释变量的均值差异被分解成两部分：第一，禀赋效应 $[(\overline{X}_A - \overline{X}_B)\hat{\beta}_A]$；第二，系数效应 $[\overline{X}_B(\hat{\beta}_A - \hat{\beta}_B)]$。

禀赋效应(endowment effect)是指由于解释变量不同 $(\overline{X}_A - \overline{X}_B)$ 所导致的 A 组和 B 组被解释变量的差异，其中 $(\overline{X}_A - \overline{X}_B)$ 被视为组别 A 与组别 B 的禀赋差异；系数效应(coefficients effect)是指回归方程中两个组别解释变量的系数不同所造成的被解释变量的差异，系数效应及其占总差异的比例往往被视为歧视存在和程度的重要证据。

(2)细化的分解

Blinder-Oaxaca 线性分解将被解释变量的差异分解成禀赋效应和系数效应，禀赋效应是所有解释变量差异造成的，因而可以对禀赋效应进行进一步分解，进而确定单个解释变量对禀赋效应的贡献。同理，系数效应是所有解释变量回归系数差异造成的，也可以进一步分解为单个解释变量系数差异对系数效应的贡献。

假设 $\overline{X}_A = (\overline{X}_{1A}, \overline{X}_{2A}, \cdots)$、$\overline{X}_B = (\overline{X}_{1B}, \overline{X}_{2B}, \cdots)$、$\hat{\beta}_A = (\hat{\beta}_{1A}, \hat{\beta}_{2A}, \cdots)$、$\hat{\beta}_B = (\hat{\beta}_{1B}, \hat{\beta}_{2B}, \cdots)$ 分别为组 A 和组 B 的解释变量均值向量及其对应的估计系数，下面对禀赋效应和系数效应进行详细的分解，以确定单个解释变量的贡献。

禀赋效应的详细分解如式(5-4)所示：

$$(\overline{X}_A - \overline{X}_B)\hat{\beta}_A = (\overline{X}_{1A} - \overline{X}_{1B})\hat{\beta}_{1A} + (\overline{X}_{2A} - \overline{X}_{2B})\hat{\beta}_{2A} + \cdots \tag{5-4}$$

等式右边的第一项是解释变量 X_1 对禀赋效应的贡献，第二项是解释变量 X_2 对禀赋效应的贡献，以此类推。

同理，系数效应的详细分解如式(5-5)所示：

$$\overline{X}_B(\hat{\beta}_A - \hat{\beta}_B) = \overline{X}_{1B}(\hat{\beta}_{1A} - \hat{\beta}_{1B}) + \overline{X}_{2B}(\hat{\beta}_{2A} - \hat{\beta}_{2B}) + \cdots \quad (5\text{-}5)$$

等式右边的第一项是解释变量 X_1 的系数效应,第二项是解释变量 X_2 的系数效应,以此类推。

(3)基于 Blinder-Oaxaca 分解的隐性所有制歧视度量

本章认为,政府监管部门在 IPO 市场准入管制中可能会在原则性指标上区别对待国有拟上市公司和民营拟上市公司,进而形成隐性所有歧视。换而言之,在 IPO 市场的准入管制上,除了系数效应所造成的歧视外,监管部门在原则性规则上可能对民营拟上市公司提出更高的要求,即要求民营上市公司在原则性规则的代理变量值要高于国有拟上市公司。

假设精确性规则对应的解释变量有 n 个,原则性规则对应的代理变量有 m 个,那么根据 Blinder-Oaxaca 线性分解的结果,IPO 市场准入管制的禀赋效应包含三个部分:精确性规则造成禀赋效应 B_1、原则性规则代理变量造成的禀赋效应 B_2 和其他控制变量造成的禀赋效应 B_3,其中禀赋效应 B_2 为本章所分析的隐性所有制歧视。

$$(\overline{X}_A - \overline{X}_B)\hat{\beta}_A = B_1 + B_2 + B_3 \begin{cases} B_1 = \sum_{i}^{n} (\overline{X}_{iA} - \overline{X}_{iB})\hat{\beta}_{iA} \\ B_2 = \sum_{n+1}^{m+n} (\overline{X}_{iA} - \overline{X}_{iB})\hat{\beta}_{iA} \\ B_3 \end{cases}$$

$B_2 = \sum_{n+1}^{m+n} (\overline{X}_{iA} - \overline{X}_{iB})\hat{\beta}_{iA}$ 代表隐性所有制歧视,如果 A 组表示国有拟上市公司,B 组表示民营拟上市公司,那么 B_2 就小于零,表明在原则性规则的代理变量上,民营拟上市公司高于国有拟上市公司。

2. Blinder-Oaxaca 非线性分解方法

Blinder-Oaxaca 线性分解主要用于线性回归模型,但是当回归模型为 Probit、Tobit 等非线性模型时,线性 Blinder-Oaxaca 分解就不适用了,原因在于对于非线性模型,$E(Y_{ig} \mid X_{ig})$ 不一定等于 $\overline{X}_g\hat{\beta}_{gA}$,这样就需要采用 Blinder-Oaxaca 非线性分解方法来分解禀赋效应和系数效应。一个适用于非线性 Blinder-Oaxaca 分解公式(Sinning, Hahn & Bauer, 2008)为式(5-6):

$$\Delta_A^{NL} = \{E_{\beta_A}(Y_{iA} \mid X_{iA}) - E_{\beta_A}(Y_{iB} \mid X_{iB})\} + \{E_{\beta_A}(Y_{iB} \mid X_{iB}) - E_{\beta_B}(Y_{iB} \mid X_{iB})\} \quad (5\text{-}6)$$

其中,$E_{\beta_g}(Y_{ig} \mid X_{ig})$ 为 Y_{ig} 的条件期望值;$E_{\beta_g}(Y_{ih} \mid X_{ih})$ 为以系数向量 $\hat{\beta}_g$ 估算的 Y_{ih} 的条件期望值,$g、h = (A, B)$,$g \neq h$,B 为参照组。上述等式中,等式右边第一项是由解释变量差异引起的被解释变量差异部分,即禀赋效应;等式右边第二项是由系数差异引起的被解释变量差异部分,即系数效应。

3. 本章的实证研究模型

在本章的实证研究中,由于被解释变量是虚拟变量(拟上市公司的发行申请是否被发审委审核通过),本章采用如下的 logit 模型:

$$P(y = 1 \mid x) = G(\beta_0 + \beta_1 x_1 + \cdots + \beta_2 x_1 + \beta_k x_k)$$

其中,$G(z) = \exp(z)/[1 + \exp(z)]$,由于 logit 模型为非线性模型,因而本章采用非线性 Blinder-Oaxaca 模型来研究 IPO 市场准入管制的隐性歧视问题。在 stata 统计软件中,可以通过 nldecompose 命令来实现线性和非线性的 Blinder-Oaxaca 分解,但 nldecompose 命令不提供单个解释变量对禀赋效应的贡献,而本章分析的隐性所有制歧视问题需要分解出单个解释变量对禀赋效应的贡献。

而 Fairlie(1999、2005)提供了一个针对 logit 和 probit 非线性模型的分解方法,该方法提供了每个解释变量对禀赋效应贡献,本书将运用 Fairlie(1999、2005)的方法来分析 IPO 市场准入管制的隐性所有制歧视问题。

对于非线性模型 $Y = F(x\beta)$,组 A 与组 B 的被解释变量差异可以分解成:

$$\bar{Y}_A - \bar{Y}_B = \left[\sum_{i=1}^{N_A} \frac{F(x_i^A \beta^B)}{N_A} - \sum_{i=1}^{N_B} \frac{F(x_i^B \beta^B)}{N_B} \right] +$$

$$\left[\sum_{i=1}^{N_A} \frac{F(x_i^A \beta^A)}{N_A} - \sum_{i=1}^{N_B} \frac{F(x_i^A \beta^B)}{N_B} \right] \quad (5-7)$$

在上述等式中,第一项为解释变量差异所造成的禀赋效应,其中函数 F 为逻辑函数,N_A、N_B 分别为组 A 和组 B 的样本数,分解中的对照组为 B 组。

Fairlie(1999、2005)对等式 5-7 的第一项进行了进一步分析,以确定单个解释变量对禀赋效应的贡献。假设解释变量向量为 $x = (x_1, x_2, \cdots, x_i, \cdots, x_n)$,那么变量 x_i 对禀赋效应的贡献为:

$$\frac{1}{N_B} \sum_{j=1}^{N_B} F(x_{1j}^B \beta_1^B + x_{2j}^B \beta_2^B + \cdots + x_{ij}^A \beta_i^B + \cdots + x_{nj}^B \beta_n^B)$$
$$- F(x_{1j}^B \beta_1^B + x_{2j}^B \beta_2^B + \cdots + x_{ij}^B \beta_i^B + \cdots + x_{nj}^B \beta_n^B)$$

上式中:解释变量 x_i 对禀赋效应的贡献是在保持其他解释变量不变的情况下,当以组 A 的 x_i 分布替代组 B 的 x_i 分布时,被解释变量的平均(预期概率)的变化。在组 A 和组 B 样本数不一样的情况下,Fairlie(1999)给出了计算相关系数的具体步骤:第一,运用 logit 模型以组 B 为样本(假设组 A 的样本数大于组 B)进行回归,获得相关解释变量的系数;然后用回归系数预测组 B 所有样本的预期概率,以及从组 A 中随机挑选一个观察数与组 B 样本数相等的子样本,并预测该子样本所有观察值的预期概率;第二,对组 B 和组 A 的子样本按照预测的概率进行排序,然后对两组中排名相同观察值进行匹配计算单个解释变量的贡献。在 stata 分析软件中,可由命令 Fairlie 来实现上述功能。

第四节　IPO 准入管制与隐性所有制歧视的实证检验

一、研究设计

1. 研究样本

本书以主板市场(包括中小板市场)中 2006 年至 2011 年 4 月(第八届至第十二届发审委审核期间)的拟发行人为研究对象。在样本数据搜集中,先从中国证监会官方网站(www. csrc. gov. cn)的信息公开目录下的发审会公告栏中获得研究期间拟发行人的发行申请和发审委审核结果的数据。在此期间,主板市场股票发行审核委员会共对 758 家拟发行人进行了发行审核(不包含暂缓表决和取消审核的拟发行人)。然后,搜集拟发行人的首次公开发行股票招股说明书(申报稿)。中国证券会在其官方网站的预先披露信息栏目[①]披露拟发行人的首次公开发行股票招股说明书(申报稿),但无法直接在证监会预先披露栏目下找到 2006、2007、2008 年度的拟发行人首次公开发行股票招股说明书(申报稿)。为此作者主要通过 Baidu 和 Google 搜索引擎寻找相应的申报稿,其中浙江嘉康电子股份有限公司(2006 年)、威海华东数控股份有限公司(2007 年)、广东新宝电器股份有限公司(2007 年)、广州白云电器设备股份有限公司(2007)、新疆塔里木河种业股份有限公司(2007年)、山东信得科技股份有限公司(2008)等 6 家拟发行人的申报稿没有找到,最终的研究样本包括 752 家拟发行人。表 5-3 为研究样本构成情况。

表 5-3　研究样本构成情况

发审委界别	时间	样本数	未找到申报稿	最终样本
第八届	2006.5—2007.4	111	3	108
第九届	2007.5—2008.4	180	2	178
第十届	2008.5—2009.4	51	1	50
第十一届	2009.5—2010.4	217	0	217
第十二届	2010.5—2011.4	196	0	196
合计	—	758	6	752

---

① http://www.csrc.gov.cn/pub/newsite/xxpl/yxpl/inex_20.htm。

2. 变量

（1）被解释变量

发审委的审核结果为被解释变量，以变量 pass 表示审核结果，pass 为虚拟变量，当拟发行人的发行申请获得通过时 pass＝1，否则 pass＝0。关于拟发行人的发行审核结果数据主要从中国证监会发行审核委员会的会议审核结果公告中获取。

（2）解释变量

本章的研究目的是考察 IPO 市场准入管制中监管部门是否会在原则性规则上差别化对待国有拟上市公司和民营拟上市公司进而形成隐性所有制歧视。而根据上一节的分析，本章把易于比较的财务会计信息类指标视为精确性条件，把反映公司治理结构的相关代理变量视为原则性条件，精确性条件和原则性条件的具体组成情况如下：

第一，精确性条件。

在会计信息和财务指标方面，本章主要从资产规模、盈利能力、成长性、债务偿还能力等几个方面来选取相应的指标。

其一，资产规模。企业资产规模是衡量企业实力的重要指标之一，一般而言，企业规模越大，企业实力越强。以变量 asset 来表示企业的资产规模，它的取值为申请股票发行时拟上市公司的总资产（单位万元），并取自然对数以降低异方差的影响。

其二，资产负债率。资产负债率高低反映了企业偿还债务面临的压力，资产负债率越高，企业面临的债务风险越大。以变量 ratio 来表示，它的取值为申请股票发行时拟上市公司的总负债与总资产之比。

其三，流动比率。流动比率反映了企业面临的短期债务偿还压力，流动比率越高，企业面临的短期债务偿还压力越小。以变量 liqui 来表示，它等于流动资产除以流动负债。

其四，净资产收益率。净资产收益率反映了企业的盈利能力，该指标越高，给股东带来的回报越大。以变量 roe 来表示，它等于拟上市公司上市前一年度的净利润/净资产。

其五，主营业务增长率和净利润增长率。这两个指标反映了拟上市公司的成长性，分别以变量 zyzzl 和 jlzzl 来表示。

其六，行业或子行业排名。行业排名越靠前，拟发行人抗击经营风险的能力越强。如果拟发行人位于其所在子行业的前 10 位，则令 position＝1；否则 position＝0。该变量的预期符号为正。另外，根据拟发行人总是愿意披露有利于自己信息的原则，对于那些没有披露自己在行业或子行业中排名的拟发行人,本书一律令 position＝0。

其七,股份公司成立的时间。以变量 time 来表示,指股份公司设立到申请发行股票之间的时间(以年为单位)。

第二,原则性条件。

在本章的研究中,原则性条件主要是反映拟上市公司治理结构和中小投资者利益保护的相关指标及其代理变量,具体情况如下:

其一,经常性关联交易及其代理变量。关联交易往往是大股东侵害中小股东利益的重要途径,因而,从保护中小投资者利益角度,经常性关联交易越少,大股东侵害中小股东利益的可能性越小。拟发行人与关联方的交易包括关联销售和关联采购;关联销售是拟发行人向关联方销售产品或服务,而关联采购则是拟发行人从关联方采购原料或服务;本书以变量 glsr(关联收入占比,它等于对关联方的销售占拟发行人营业收入的百分比)和变量 glcb(关联采购占比,它等于从关联方的采购占拟发行人营业成本的百分比)来表示拟发行人与关联方之间在上市前一年的关联交易情况。关联销售占比和关联采购占比越高,关联方越可能通过关联交易侵害中小投资者的利益,因而,上述变量的预期符号为负。

其二,非经常性关联交易及其代理变量。除了产品销售和原材料采购等经常性关联交易外,拟上市公司与关联方还可能发生偶发的关联交易,其中贷款担保就是其中之一。在关联方违约的情况下,贷款担保有可能成为上市公司的财务负担进而损害中小股东的利益。与前一章不同,本章把拟发行人与大股东之间的贷款担保进一步划分为两类:拟发行人为大股东提供贷款担保(以变量 dkdb1 表示,在发行申请时没有担保的,它取值为 0,否则为 1)和大股东为拟发行人贷款提供担保(以变量 dkdb2 表示,在发行申请时没有担保的,它取值为 0,否则为 1)。

其三,同业竞争及其代理变量。同业竞争是拟发行人与实际控制人或控股股东从事相同、相似业务,或具有竞争性的业务,存在这种情况的拟发行人上市后,有可能会出现实际控制人或其所控制的企业排挤拟发行人的市场份额进而损害中小股东的利益。本章以变量 tyjz 来表示同业竞争,它是一个虚拟变量,如果拟发行人与控股股东及关联方存在同业竞争,那么 tyjz＝0,否则 tyjz＝1。

其四,资金往来及其代理变量。本章把资金往来定义为拟发行人与大股东之间的应收(付)款、其他应收(付)款等往来情况。如果拟发行人与大股东之间存在资金往来,那么就可能形成未来资金占用,进而便利大股东侵害中小股东的利益,此时变量 zjwl＝0;如果拟发行人与大股东之间没有资金往来,则 zjwl＝1。

其五,股权结构及其代理变量。股权结构是决定公司治理结构和权力配置的关键因素,本章主要采用两个指标来反映股权结构对公司治理结构的影响:第一大股东持股比例和股权制衡情况,分别以变量 F_share 和 balance 来表示。在计算变量 balance 时,我们把拟发行人第二至第五大股东持股比例加总,然后与第一大股东持股比例相除,得到的结果若大于等于1,则表明存在股权制衡,balance＝1;若小于1,则表明不存在股权制衡,balance＝0。股权制衡对中小股东利益的影响具有两面性:一方面,股权制衡能够制约大股东侵害行为,保护外部中小股东的利益;另一方面,股权制衡可能造成不同股东之间的"窝里斗",不利于公司治理机制的完善和企业的发展(朱红军,汪辉,2004),而徐莉萍等(2006)的经验研究表明,过高的股权制衡程度对公司的经营绩效有负面影响。

其六,拟上市公司的董事会治理情况。本章主要采用三个变量来反映拟上市公司的董事会治理情况。其一,董事会规模,以变量 size 来表示。董事会是公司最重要的权力机构,但是对于董事会规模多大为好,学界尚未达成一致意见。其二,董事会中独立董事的比例,以变量 indep 来表示。根据上一章的分析,公司董事会中独立董事的比例越高,董事会的独立性越强,越有助于抑制大股东的侵害行为。其三,董事长是否兼任总经理,以变量 dual 来表示,如果二者分离,则取值为 0,否则为 1。

第三,其他控制变量。

除了精确性条件和原则性条件之外,本章还控制以下变量的影响:

其一,拟发行人的客户集中度和原材料采购集中度。一般而言,客户集中度和原材料采购集中度越高,拟发行人对特定客户或原材料供应商的依赖就越强,企业的经营风险越大。本书采用 C5 和 R5 来表示拟发行人的客户集中度和原材料采购集中度;其中 C5 表示向前 5 名客户的销售占营业收入的比例,R5 表示前 5 名供应商的采购占拟发行人采购总额的比重;上述两个变量的预期符号为负。相关数据来源于拟发行人首次公开发行股票招股说明书(申报稿)中的"业务与技术——本公司的主要业务"这一章节,通过手工方式搜集。

其二,行业变量。本章按证监会 2001 年发布的《上市公司行业分类指引》,将行业分为 22 类,其中制造业包含 10 个子行业,并把所有拟发行人少于 10 家的行业作为对照组,这样共有 19 个虚拟变量,行业虚拟变量的符号分别以 $Ind_i(i=1,2,\cdots,19)$ 来表示。

其三,发审委界别的差异。本章研究的拟发行人发行申请审核涉及第 8

到第 12 届发审委,为此,我们引入四个虚拟变量(Fsw_8、Fsw_9、Fsw_{10}、Fsw_{11})来控制不同界别发审委的"异质性"对审核结果的可能影响,其中第十二届发审委为对照组。

表 5-4 精确性条件和原则性条件的代理变量

类型	变量符号	变量含义	变量取值
精确性条件	asset	资产规模	ln(上市前总资产)
	ratio	资产负债率	总负债/总资产
	liqui	流动比率	流动资产/流动负债
	roe	净资产收益率	净利润/净资产
	zyzzl	主营增长率	主营收入/上年度主营收入-1
	jlzzl	净利润增长率	净利润/上年度净利润-1
	position	行业排名	行业排名前 10 取值为 1,否则为 0
	time	股份公司成立时间	股份公司设立至发行申请的时间(年)
原则性条件	glsr	关联收入占比	上市前一年的关联销售/营业总收入
	glcb	关联成本占比	上市前一年的关联采购/营业总成本
	$dkdb_1$	为大股东贷款担保	为大股东提供担保取值 1,否则为 0
	$dkdb_2$	大股东为公司贷款担保	大股东为拟上市公司担保取值为 1,否则为 0
	tyjz	同业竞争	大股东与关联方存在同业竞争为 1,否则为 0
	zjwl	资金往来	有应收大股东款项为 1,否则为 0
	F_share	第一大股东持股比例	第一大股东上市前持有股权比例
	balance	股权制衡	第二至第五大股东持股比例之和超过第一大股东持股比例时为 1,否则为 0
	size	董事数	董事会总人数
	indep	独立董事比例	独立董事人数/董事会总人数
	dual	董事长兼任总经理	兼任为 1,否则为 0

二、实证分析结果

1. 描述性统计和均值比较结果

表 5-5 是不同样本的拟上市公司通过股票发行审核的概率。在本章的研究样本中,全部样本的平均审核通过率为 83%,而国有拟上市公司的平均审核通过率为 86%,民营拟上市公司的平均审核通过率为 81%,国有拟上市

公司的平均审核通过率比民营拟上市公司高出5％，而均值比较结果显示二者的差异在5％水平显著。央企平均审核通过率为97％，显著高于非央企的82％。

表5-5　拟上市公司的股票发行审核通过率

类别	全部样本	国有拟上市公司	民营拟上市公司	央企	非央企
样本数	752	174	578	45	707
通过率	83％	86％	81％	97％	82％

表5-6是国有拟上市公司和民营上市公司的精确性条件和原则性条件各代理变量的描述性统计结果。

表5-6　国有和民营拟上市公司精确性条件和原则性条件的描述性统计结果

	全部样本		国有拟上市公司		民营拟上市公司	
	均值	标准差	均值	标准差	均值	标准差
asset	11.377	1.624	12.705	2.413	10.977	0.997
ratio	0.536	0.161	0.595	0.182	0.518	0.149
liqui	2.029	13.12	1.627	3.842	2.144	14.731
roe	0.263	0.125	0.226	0.1399	0.274	0.117
zyzzl	0.269	0.353	0.298	0.462	0.261	0.313
jlzzl	0.436	0.809	0.351	0.685	0.461	0.842
position	0.45	0.498	0.45	0.499	0.45	0.498
time	4.23	4.86	5.41	4.091	3.88	5.014
glsr	0.026	0.077	0.0571	0.1052	0.0165	0.063
glcb	0.020	0.058	0.0470	0.0950	0.0118	0.0383
$dkdb_1$	0.040	0.186	0.03	0.183	0.04	0.187
$dkdb_2$	0.51	0.500	0.36	0.482	0.55	0.498
tyjz	0.04	0.202	0.09	0.290	0.03	0.164
zjwl	0.15	0.360	0.28	0.451	0.11	0.318
F_share	0.535	0.201	0.603	0.222	0.515	0.189
balance	0.67	0.4701	0.74	0.440	0.65	0.477
size	9.09	1.949	10.44	2.388	8.68	1.568
indep	0.361	0.048	0.354	0.058	0.364	0.0450
dual	0.37	0.484	0.16	0.370	0.44	0.497

表 5-7 对比了国有拟上市公司与民营拟上市公司在精确性条件和原则性条件各代理变量的均值差异。

第一,精确性条件上的差异。在精确性条件上,国有拟上市公司的资产规模(变量 asset)显著高于民营上市公司,这种差异在 1% 水平显著;国有拟上市公司的资产负债率(变量 ratio)为 59.5%,显著高于民营拟上市公司的 51.8%;另一方面,民营拟上市公司的净资产收益率(变量 roe)平均为 27.4%,要显著高于国有拟上市公司的 22.7%;民营上市公司的净利润增长率也显著高于国有拟上市公司,分别为 46.1% 和 35.1%。另外,国有拟上市公司与民营拟上市公司在流动比率(变量 liqui)、主营增长率(变量 zyzzl)、行业排名(变量 position)等方面没有显著差异。

第二,原则性条件上的差异。国有拟上市公司的经常性关联交易比民营拟上市公司的比例要高。在关联销售占比上,国有拟上市公司为 5.7% 显著(1% 水平)高于民营拟上市公司的 1.6%;在关联采购占比上,国有拟上市公司为 4.7% 显著(1% 水平)高于民营拟上市公司的 1.2%。在是否存在同业竞争方面,国有拟上市公司显著高于民营拟上市公司,这体现在变量 tyjz 上,前者为 9%,后者为 3%。在资金往来方面,国有拟上市公司与大股东间的资金往来(变量 zjwl)要显著(1% 水平)高于民营拟上市公司。经常性关联交易比例越高、同业竞争度越高、资金往来越多,中小股东的利益越可能受到大股东的侵害,这表明国有拟上市公司在股票发行申请时呈现了更多具有侵害中小股东利益的表象。

而在公司治理结构特征方面,国有拟上市公司的董事会规模(平均为 10.44 人)显著高于民营拟上市公司(8.68 人),第一大股东持股比例也显著高于民营拟上市公司(分别为 60.3% 和 51.5%)。另一方面,民营拟上市公司更可能出现董事长兼任总经理的现象,这体现在变量 dual 上,前者为 0.47,后者为 0.16,差异在 1% 水平显著;民营上市公司的股权制衡程度要高于国有拟上市公司,这体现在变量 balance 的差异上,前者为 0.35,后者为 0.26,这种差异在 5% 水平显著。此外,国有拟上市公司与民营拟上市公司在独立董事比例(变量 indep)、拟上市公司为大股东担保(变量 dkdb1)没有显著差异。

以上关于拟上市公司的精确性条件和原则性条件的均值比较结果显示,国有拟上市公司与民营上市公司在一些指标上存在显著差异:第一,国有拟上市公司的规模高于民营拟上市公司,这表现在资产规模(变量 asset)、董事总人数(size)上。第二,在涉及可能侵害中小投资者利益的指标上(glsr、glcb、tyjz、zjwl),国有拟上市公司呈现更可能侵害中小投资者利益的特征。

146

表5-7　国有拟上市公司与民营拟上市公司的精确性条件和原则性条件比较

类型	变量符号	变量均值		均值差异
		国有拟上市公司	民营拟上市公司	
精确性条件	asset	12.705	10.977	1%水平显著
	ratio	0.595	0.518	1%水平显著
	liqui	1.627	2.214	不显著
	roe	0.227	0.274	1%水平显著
	zyzzl	0.298	0.261	不显著
	jlzzl	0.351	0.461	1%水平显著
	position	0.45	0.45	不显著
	time	5.41	3.88	不显著
原则性条件	glsr	0.057	0.016	1%水平显著
	glcb	0.047	0.012	1%水平显著
	$dkdb_1$	0.03	0.04	不显著
	$dkdb_2$	0.36	0.55	1%水平显著
	tyjz	0.09	0.03	1%水平显著
	zjwl	0.28	0.11	1%水平显著
	F_share	0.603	0.515	1%水平显著
	balance	0.26	0.35	5%水平显著
	size	10.44	8.68	1%水平显著
	indep	0.354	0.364	不显著
	dual	0.16	0.47	1%水平显著

2. Logistic 回归模型分析结果

本章的目的在于考察股票发行审核委员会是否在发行审核中区别对待国有和民营拟上市公司，下面采用 Logistic 回归模型分样本来检验国有拟上市公司和民营拟上市公司获得上市资格的影响因素是否相同。表5-8是回归分析结果。

(1)影响拟上市公司的精确性条件差异分析

在影响成功过会可能性的精确性条件方面，国有拟上市公司与民营拟上市公司存在显著差异，这种差异体现在两个方面：

第一，国有拟上市公司大部分变量的系数要远远大于民营上市公司。以资产负债率(ratio)为例，对于国有拟上市公司，变量 ratio 的系数为－28.172，而对于民营拟上市公司，变量 ratio 的系数为－1.299，前者是后者的20倍。仅有变量 asset 的系数相差不大，国有上市公司为1.083，而民营拟上市公司为 0.699。

第二,在精确性条件中,显著影响国有和民营拟上市公司获得上市资格的因素不同。对于民营拟上市公司和国有拟上市公司,变量 asset 的系数均显著大于零,这说明企业规模越大,拟上市公司通过发行审核的可能性越大,但系数的显著性存在差异,对于民营上市公司,变量 asset 的系数在 1% 水平显著,而对于国有拟上市公司,该变量的系数在统计上不显著。但变量 ratio、liqui 的系数显著性则与 asset 相反,对于所有拟上市公司,这两个变量的系数均小于零,表明资产负债率和流动比率越高,拟上市公司通过发行审核的可能性越小;但在系数显著性上,仅国有拟上市公司显著,而民营拟上市公司则不显著。变量 time 的系数均大于零,但仅国有拟上市公司显著,而民营拟上市公司不显著。

变量 jlzzl、position、roe 对拟上市公司通过发行审核的影响具有相同的方向,且显著性差异不大。变量 jlzzl 的系数在两个样本中均小于零,净利润增长率与通过发行审核之间存在负相关关系,这说明发审委可能比较关注拟上市公司的盈余管理问题,只不过国有拟上市公司的系数在 5% 水平显著,而民营拟上市公司的系数在 1% 水平显著;变量 position 的系数均大于零,这说明拟上市公司的行业或子行业排名越靠前,通过发行审核的可能性越大,且对国有和民营拟上市公司,变量的系数均在 1% 水平显著;变量 roe 的系数对两个子样本均大于零,说明净资产收益率越高,拟上市公司通过发行审核的可能性越大,但在显著性上,国有拟上市公司在 5% 水平显著,而民营拟上市公司在 10% 水平显著。

(2)影响拟上市公司过会原则性条件的差异分析

第一,在原则性条件的影响上,国有与民营拟上市公司的系数大小存在显著差异。与精确性条件相比,在影响拟上市公司通过发行审核的因素上,国有拟上市公司影响因素的系数绝对值都比民营拟上市公司要大。

第二,不同于精确性条件中国有和民营拟上市公司的变量的系数符号都是一致的,在原则性条件方面,部分影响国有上市公司过会变量的系数符号与民营上市公司不一致,这主要体现在变量 F_share、balance、size、dual 上:对于国有拟上市公司,变量 F_share 的系数为 −9.808(5% 水平显著),这表明第一大股东持股比例与成功过会可能性负相关,而对于民营拟上市公司,变量 F_share 的系数为 0.062(统计上不显著);对于国有拟上市公司,变量 balance 的系数为 −5.598(5% 水平显著),存在股权制衡的拟上市公司反而通过发行审核的可能性低,而对于民营拟上市公司正好相反,变量 balance 的系数为 0.208,这表明存在股权制衡的民营上市公司更可能通过发行审核,但这种影响在统计上不显著;变量 size 的系数对于国有拟上市公司是小于零(10％水平显著),而对于民营拟上市公司是大于零(在统计上不显著);变量 dual 也存在类似的情况,对于国有拟上市公司,它的系数 6.283,大于零且在 5％水平显著,这说明董事长兼任总经理的国有拟上市公司更可能通过发行审核,而对于民营上市公司则相反。由此可见,在关于公司治理结构对拟上市公司通过发行审核的影响方面,国有与民营拟上市公司存在差异。

第三,国有与民营拟上市公司在影响拟上市公司过会因素的系数显著性上存在差异。变量 $dkdb_1$、zjwl、indep 对国有拟上市公司和民营上市公司的影响在系数的显著性上存在差异:变量 $dkdb_1$ 的系数小于零,这说明拟上市公司为大股东提供担保降低了其通过发行审核的可能性,但这种影响仅对民营上市公司显著(1％水平);变量 zjwl 的系数小于且在统计上显著,这说明与大股东间存在资金往来对拟上市公司通过发行审核有负面影响,对国有拟上市公司的影响在 5％水平显著,而对民营拟上市公司的影响在 1％水平显著;变量 indep 的系数均大于零,这说明拟上市公司独立董事比例与拟上市公司通过发行审核的可能性正相关,但这种影响仅对民营拟上市公司显著而对国有拟上市公司则不显著。

(3)其他变量影响的差异

在其他影响拟上市公司过会的因素中,国有与民营拟上市公司存在显著差异。在截距项上,民营拟上市公司的系数为－10.98(1％水平显著),而国有拟上市公司并不显著;此外,在控制变量 Fsw_8、Fsw_9、Fsw_{10}、Fsw_{11} 上,国有拟上市公司均显著大于零,而民营拟上市公司并不显著。

表 5-8　国有和民营拟上市公司过会影响因素的分样本比较分析

变量类型	变量符号	国有拟上市公司		民营拟上市公司	
		系数	标准差	系数	标准差
控制变量	常数项	1.686	12.937	－10.980***	3.218
	C5	－2.950	3.947	－0.613	0.551
	R5	－4.051	4.079	－0.898	0.577
	Fsw_8	10.122***	3.869	0.109	0.436
	Fsw_9	7.650**	3.499	0.542	0.373
	Fsw_{10}	11.674**	4.897	0.196	0.523
	Fsw_{11}	9.621**	3.815	0.394	0.329
	行业变量	控制		控制	

续表

变量类型	变量符号	国有拟上市公司		民营拟上市公司	
		系数	标准差	系数	标准差
精确性条件	asset	1.083	1.019	0.669***	0.215
	ratio	−28.172***	10.592	−1.299	1.248
	liqui	−5.001**	2.066	−0.217	0.181
	roe	20.191**	8.283	2.535*	1.342
	zyzzl	2.720	2.373	0.317	0.484
	jlzzl	−4.949**	2.165	−0.432***	0.153
	position	10.700***	3.855	0.714***	0.261
	time	0.298*	0.174	0.013	0.032
原则性条件	glsr	−7.450	6.036	−1.003	1.550
	glcb	14.622*	7.670	0.618	3.763
	$dkdb_1$	−2.313	3.203	−1.723***	0.538
	$dkdb_2$	1.710	1.367	−0.255	0.262
	zjwl	−5.872**	2.310	−1.366***	0.309
	F_share	−9.808**	5.087	0.062	0.965
	balance	−5.598**	2.418	0.208	0.358
	size	−0.904*	0.479	0.138	0.104
	indep	36.347	28.696	8.421**	3.443
	dual	6.283**	2.601	−0.107	0.247
方程特征		Cox & Snell R^2=0.429		Cox & Snell R^2=0.178	

注:***:1%水平显著,**:5%水平显著,*:10%水平显著

由此可见,以上的 Logistic 回归分析表明,精确性条件和原则性条件的构成因素对国有拟上市公司和民营拟上市公司的发行审核过会影响存在异同点:第一,影响因素的系数存在差异,国有拟上市公司的系数绝对值显著高于民营拟上市公司;第二,全部的财务指标(精确性条件)对国有拟上市公司和民营拟上市公司的过会影响在方向上是一致的,但在系数的大小上存在差异;第三,与投资者保护和公司治理相关的因素(原则性条件)对拟上市公司过会的影响方面,部分因素对国有拟上市公司和民营拟上市公司的影响呈现不同的方向。综合以上的分析可知,在股票发行审核中,发审委对国有与民营拟上市公司所关注的因素并不相同,尤其是在涉及投资者保护和

公司治理方面的因素上。

3. Fairlie 分解结果

（1）国有与民营拟上市公司过会影响因素的 Fairlie 分解结果

下面通过非线性 Blinder-Oaxaca 分解方法（stata 中的 Fairlie 命令）来分析不同因素对国有和民营拟上市公司过会概率影响的差异。

从表 5-9 的 Fairlie 分解结果中可知，民营拟上市公司的发行审核通过率比国有拟上市公司低 4.400%，这种通过率差异由禀赋效应造成的为 —0.653%，占总差异的 14.84%；而不能由禀赋效应解释的差异为 —3.747%，占总差异的 85.16%。由此可见，所有制歧视所造成的差异占总差异比重的绝大部分。

表 5-9　国有与民营拟上市公司通过率的总体分解

	国有拟上市公司	民营拟上市公司
样本数	158	573
通过率	0.8607	0.8167
通过率差异	—4.400%	
差异的 Fairlie 分解	禀赋效应	歧视效应
	—0.653%	—3.747%
	14.84%	85.16%

下面对禀赋效应的具体构成进行进一步的分解，以确定精确性条件和原则性条件对禀赋效应的贡献，表 5-10 是 Fairlie 分解的具体结果。从 Fairlie 的分解结果中可知，按照精确性条件所对应的变量计算，民营拟上市公司的通过率比国有拟上市公司低 4.035%；换而言之，在精确性条件所对应变量的均值方面，民营拟上市公司比国有拟上市公司要低。

而按照原则性条件所对应的变量计算，民营拟上市公司的通过率比国有拟上市公司高 3.796%，换而言之，在衡量公司治理结构和投资者保护所对应的变量均值方面，民营上市公司高于国有拟上市公司。这意味着监管部门对民营拟上市公司在公司治理结构和投资者保护方面提出了比国有拟上市公司更高的要求。由此可见，我国 IPO 市场准入管制存在一定程度的隐性所有制歧视。

综上，Logistic 回归分析表明，国有拟上市公司与民营拟上市公司过会影响因素存在显著差异，尤其是在关于公司治理结构和投资者保护的变量方面；而 Fairlie 分解结果进一步表明，IPO 市场准入管制存在本书提出的隐性所有制歧视，即监管部门在 IPO 市场准入管制中，对民营上市公司在原则性条件(公司治理结构和投资者保护)方面提出了更高的要求。另外,总体上,所有制歧视造成的最终影响并不大,这主要体现在国有拟上市公司的通过率仅比民营拟上市公司高 2.46%。

表 5-10 禀赋效应的 Fairlie 分解结果

	变量	单个变量对禀赋效应贡献	标准差
精确性条件	asset	−0.0392784***	0.0116491
	ratio	0.0090273	0.0080679
	liqui	−0.0076579**	0.0037979
	roe	0.0094885	0.0079264
	zyzzl	−0.0000485	0.0019094
	jlzzl	−0.0107051**	0.005025
	position	0.0049573	0.0033519
	time	−0.0061378	0.009602
	合计	−4.035%	
原则性条件	glsr	0.0060996	0.0104679
	glcb	−0.0003867	0.0028092
	dkdb$_1$	−0.0011371	0.0026602
	dkdb$_2$	−0.0060066	0.0041973
	tyzj	0.0424636***	0.0105312
	zjwl	0.0157995*	0.0096115
	f_share	−0.0165285**	0.0076563
	size	−0.0080726	0.0133098
	indep	0.0053945	0.0039673
	dual	0.0003342	0.0055858
	合计	3.796%	

***:1% 水平显著,**:5% 水平显著,*:10% 水平显著

(2)央企与非央企拟上市公司的 Fairlie 分解结果

以上的分析主要以国有与民营(非国有)拟上市公司为对象来分析 IPO 市场准入管制中的隐性所有制歧视问题;但是国有企业中有一类非常特殊的国有企业——国务院(国务院国有资产管理委员会)直接管辖的国有企业,简称央企;这些企业往往以"中国"冠名,其董事长或总经理具有省、部级的政治身份,且规模巨大。在 2008 年的金融危机后,央企在各个领域"攻城拔寨,所向披靡",大肆扩张。那么这种现象到底是源于其本身的竞争力,还是来源于政府的优惠政策支持呢? 换而言之,央企是否在市场准入、资本要

素获得方面享有特殊的待遇呢？这个问题以往研究关注较少。下面从 IPO 市场准入管制角度来分析央企在股票上市方面是否较其他企业享有优待。

表 5-11 的分析结果表明,央企的股票发行上市通过率为 96.77%,非央企的股票发行申请通过率为 82.00%,央企的过会成功率比非央企高 14.77%。在上述差异中,禀赋效应造成的差异为 −8.04%,占总差异的 54.43%,而由于歧视效应造成的差异仅为 −6.73%,占总差异的 45.57%。对差异的初步分解表明,央企与非央企在 IPO 市场的准入方面似乎不存在歧视。

表 5-11　央企与非央企拟上市公司通过率的总体分解

	央企拟上市公司	非央企拟上市公司
样本数	31	700
通过率	96.77%	82.00%
过会率差异	−14.77%	
差异率的 Fairlie 分解	禀赋效应	歧视效应
	−8.04%	−6.73%
	54.43%	45.57%

表 5-12 给出每个解释变量对禀赋效应形成的贡献。在禀赋效应的构成中,变量 asset 的贡献为 −11.955%,变量 position 的贡献为 −1.622%,二者合计为 −13.577%,占禀赋效应的 91.92%,由此可见,禀赋效应的贡献主要来源于变量 asset 和 position,而变量 asset 反映了拟上市公司的规模,而 position 则反映了行业的排名,显然央企属于规模上的"巨无霸"。换而言之,央企高过会率完全来源于规模禀赋。

表 5-12　央企与非央企的 Fairlie 分解结果

	变量	单个变量对禀赋效应贡献	标准差
精确性条件	asset	−0.11955***	0.02310
	ratio	0.01786	0.01324
	liqui	0.02354**	0.01147
	roe	0.00993	0.00787
	zyzzl	0.00245	0.00374
	jlzzl	−0.00131	0.00494
	position	−0.02001***	0.00893
	time	0.00095	0.00334
	合计	−8.614%	

续表

变量		单个变量对禀赋效应贡献	标准差
原则性条件	glsr	0.00065	0.00246
	glcb	−0.00005	0.00145
	$dkdb_1$	0.00338	0.00621
	$dkdb_2$	−0.00205	0.00317
	tyzj	0.08325***	0.01597
	zjwl	0.01585	0.00907
	f_share	−0.01566*	0.00946
	size	−0.0004	0.00321
	indep	−0.01566	0.01180
	dual	0.00110	0.00309
合计		7.041%	

***:1%水平显著,**:5%水平显著,*:10%水平显著

如果不考虑规模因素(变量 asset、position)的话,那么又有什么变化呢?表 5-13 是没有考虑规模因素后的 Fairlie 分解结果。

表 5-13 不考虑规模效应后的 Fairlie 分解结果

	央企拟上市公司	非央企拟上市公司
样本数	31	700
通过率	96.77%	82.00%
过会率差异	−14.77%	
	禀赋效应	歧视效应
差异率的 Fairlie 分解	2.34%	−17.11%
	−15.84%	115.84%

上表的分析结果表明,当把反映企业规模的两个变量从方程中移去的话,禀赋效应为 2.34%,而歧视效应为 −17.11%,后者占总差异的 115.84%。由此可见,如果不考虑规模效应的话,央企的财务指标、公司治理结构和投资者保护等变量上的差异并不能解释它的通过率高于非央企的原因,这表明 IPO 市场准入中存在央企与非央企制歧视,并且这种歧视是由规模歧视造成。

综合以上实证研究结果表明,我国 IPO 市场准入管制在一定程度上存在所有制歧视,这主要体现在以下两个方面:第一,对国有和民营拟上市公

司过会影响因素的 Fairlie 分解结果表明，IPO 市场准入管制存在一定程度的隐性所有制歧视，监管部门在原则性规则方面（主要体现在拟上市公司的公司治理结构上）对民营拟上市公司提出了更高的要求；第二，Fairlie 分解结果表明，IPO 市场准入管制存在非央企歧视效应，规模差异是造成央企与非央企在 IPO 市场准入成功概率差异的关键因素。

第六章 | IPO 市场准入管制与 IPO 审计市场竞争的不公平性

第一节 会计师事务介入 IPO 市场准入管制的一些事实

一、IPO 市场准入管制具有公私合作的特征

前文的分析已经指出,在我国首次公开发行市场准入监管制度变迁中,发审委委员组成结构的专业化和市场化是其中较为重要的一项改革举措,这体现在来自会计师事务所、律师事务所等中介机构的委员比例大幅度上升。比如,在第一届股票发行审核委员会的 80 名委员中,仅有 8 名委员来自会计师事务所、律师事务所、资产评估师事务所等中介机构,比例仅为 10%;而自主板市场第十届发审委开始,来自中介机构的委员比例大幅度上升,在25 名主板市场发审委委员中,有 15 名委员来自市场中介机构,比例高达到60%,此后一直稳定在 60%的水平;而 2009 年成立的创业板市场股票发行审核委员会共由 35 名委员构成,其中 21 名委员来自中介机构,比例同样达到 60%。

这种市场中介机构参与 IPO 市场准入监管的制度改革被法学界称为公私合作监管模式,即私人主体参与到政府监管活动中的混合监管模式(时晋和曾斌,2012)。从理论上,对于 IPO 市场准入监管而言,上述监管模式创新的影响可能具有两面性。

一方面,公私合作监管模式在首次公开发行市场的监管中具有合理、积极的一面。在股票发行核准制下,股票发行的实质审查赋予监管部门很大的行政自由裁量权,使其担负着为投资者选择高质量拟上市公司的重任,然

而对于拟上市公司质量的评价,发审委委员很难比专业机构和投资者有更强的能力和专业知识去甄别上市公司质量的高低。在这种情况下,借助专业中介机构的参与有助于处理市场监管过程中面临的专业性问题,进而提高监管效率。因而,从理论上,IPO市场准入监管的公私合作监管模式可能有助于提高监管效率。

另一方面,公私合作的监管模式也可能带来负面影响:利益冲突。私人部门可能会在监管过程中利用监管部门赋予的行政权力谋取私利,进而影响市场的公平竞争并降低市场效率。而在我国IPO市场的准入监管中,中介机构介入股票发行审核环节可能会带来如下具体的问题:第一,来自中介机构的发审委委员是否在股票发行审核中寻租或滥用权力。尽管在股票发行审核中采用回避原则,来自中介机构的发审委委员并不直接参与涉及自己所在单位的拟上市公司的发行审核,但可能会与来自其他中介机构的委员私下"结盟"而相互给予关照;另外,中介机构委员是否会利用审核权力来打压主要竞争对手进而间接使自己所在单位受益,比如对主要竞争对手审计的拟上市公司实施更高的审核标准。第二,中介机构介入是否会间接导致IPO市场中介机构间的不公平竞争。对于那些有会计师担任发审委委员的会计师事务所可能会被更多的拟上市公司聘请担任企业上市的审计机构,拟上市公司之所以聘请有员工担任发审委委员的会计师事务所作为审计机构,可能并不是基于会计师事务所的声誉或质量,而是希望在今后的股票发行审核中被"照顾",或者有担任发审委委员的中介机构在审计方面更加知晓监管部门的审核规则;前者出于"寻租"动机,而后者更多的是拟上市公司的理性选择,对于会计师事务所而言是介入监管的额外报酬,但这也会导致不同中介机构之间的不公平竞争。

由此可见,会计师事务所、律师事务所等中介机构介入IPO市场准入管制的监管模式创新对市场的影响具有两面性:一方面,中介机构的专业性可能有助于市场监管效率的提升;另一方面,这也可能引发IPO中介服务市场的不公平竞争。但是,从实证角度对中介机构参与IPO市场监管具体影响的研究仍旧比较缺乏,相关的理论观点并未得到经验证据的支持。而本章打算以会计师事务所为研究对象,对上述问题进行实证分析。之所以选择会计师事务所作为研究对象是因为来自中介机构的发审委委员中,注册会计师占了大多数,比如在主板市场的15名中介机构委员中,来自会计师事务所的委员9名,占中介机构委员的60%,占发审委委员总人数的36%;而对于创业板市场的发审委,21名中介机构委员中的14位来自会计师事务所,占比为2/3。

自第一届股票发行审核委员会设立开始,发审委委员构成中就有来自中介机构的委员,但在 2003 年以前发审委委员名单保密,无法获知中介机构委员具体来自哪家中介机构。而 2003 年颁布实施的《股票发行审核委员会暂行办法》取消了发审委委员身份保密的做法,这为了解发审委委员的具体构成提供了便利。下面对 IPO 市场准入监管中会计师事务所员工参与股票发行审核的一些基本事实进行分析,为进一步了解中介机构介入 IPO 市场准入管制的经济影响奠定基础。

二、会计师事务所参与 IPO 准入管制的一些基本事实

1.来自不同会计事务所的主板市场发审委委员

表 6-1 给出了主板市场(第 6—14 届)发审委委员构成中来自会计师事务所委员的数量和比例。从表中可知,来自会计师事务所的主板市场发审委委员比例从第 6 届的 20% 逐步提高,自第十届开始该比例稳定在 36%,这表明在主板市场的发审委委员组成中,超过 1/3 的委员来自会计师事务所。附录 3 是主板市场各届发审委来自会计师事务所委员情况。

表 6-1 主板市场第 6 届—14 届发审委委员中来自会计师事务所委员的数量和比例

届别	发审委委员总数	来自会计师事务所委员的数量	来自会计师事务所委员的比例
主板第 6 届	25	5	20%
主板第 7—8 届	25	5	20%
主板第 9 届	25	8	32%
主板第 10—11 届	25	9	36%
主板第 12 届	25	9	36%
主板第 13 届	25	9	36%
主板第 14 届	25	9	36%

表 6-2 是担任发审委委员的注册会计师在不同会计师事务所的分布情况。在主板市场第六至第十四届发审委委员中,来自会计师事务所的委员共计 68 人次,由于部分委员连任的原因,因而仅有 41 位注册会计师担任过发审委委员,这 41 名委员来自 34 家不同的会计师事务所,其中仅安永华明会计师事务所、普华永道会计师事务所、信永中和会计师事务所有 3 名不同的会计师担任过发审委委员;江苏公证天业会计师事务所、浙江天健会计师事务所有 2 名注册会计师担任过发审委委员;其他的会计师事务所仅有 1 名注册会计师担任过发审委委员;更多的会计师事务所没有员工担任过发审

委委员。

表 6-2　主板市场第 6—14 届发审委委员中来自会计师事务所的委员分布情况①

名称	委员姓名（届别）	人数	人次
安永华明会计师事务所	邱家赐（6、7、8）、蔡碧鹤（10、11）、汪阳（14）	3	6
北京京都会计师事务所	郑建彪（9）	1	1
北京兴华会计师事务所	谭红旭（10、11）	1	2
大信会计师事务所	陆军（9）	1	1
国富浩华会计师事务所	赵燕（12、13）	1	2
江苏公证天业会计师事务所	柏凌菁（10、11）、刘勇（14）	2	3
京都天华会计师事务所	何德明（12、13、14）	1	3
立信大华会计师事务所	李旭东（13、14）	1	2
立信会计师事务所	孟荣芳（10、11）	1	2
立信羊城会计师事务所	刘杰生（12）	1	1
利安达信隆会计师事务所	温京辉（9）	1	1
普华永道会计师事务所	周忠惠（6）、封和平（7、8）、涂益（13、14）	3	5
深圳鹏城会计师事务所	梁烽（9）	1	1
深圳天健信德会计师事务所	邓建新（7、8）	1	2
四川华信会计师事务所	冯渊（12）	1	1
天衡会计师事务所	梁锋（14）	1	1
天健华证中洲（北京）会计师事务所	徐珊（9）	1	1
天健会计师事务所	陈翔（14）	1	1
天健正信会计师事务所	杨雄（10、11）	1	2
五洲松德联合会计师事务所	郭宪明（12）	1	1
武汉众环会计师事务所	谢峰（12）	1	1
信永中和会计师事务所	罗玉成（6、7、8）、张克东（10、11）、郑卫军（13、14）	3	7
亚太中汇会计师事务所	雷小玲（10、11）	1	2

---

①　这里的会计师事务所没有考虑合并因素。

续表

名称	委员姓名(届别)	人数	人次
岳华会计师事务所	魏先锋(9)	1	1
浙江东方中汇会计师事务所	韩厚军(9)	1	1
浙江天健会计师事务所	郑启华(6)、吕苏阳(9)	2	2
中和正信会计师事务所	程建(6、7、8)	1	3
中汇会计师事务所	宋新潮(12、13)	1	2
中磊会计师事务所	谢青(10、11)	1	2
中勤万信会计师事务所	王永新(12、13)	1	2
中瑞岳华会计师事务所	荣健(13、14)	1	2
中审国际会计师事务所	钟平(12、13)	1	2
中准会计师事务所	高原(10、11)	1	2
合　　计		41	68

2.来自不同会计事务所的创业板市场发审委委员

表 6-3 是创业板市场股票发行审核委员会委员的组成情况。创业板市场股票发行审核委员会由 35 位委员组成,其中第 1 至第 3 届发审委委员中来自会计师事务所的委员为 14 名,第 4 届减少到 13 名,与主板市场发审委的组成相似,超过 1/3 的委员来自会计师事务所。

表 6-3　创业板市场第 1—4 届发审委委员中来自会计师事务所委员的数量和比例

届别	发审委委员总数	来自会计师事务所的委员数量	来自会计师事务所委员的比例
创业板第 1—2 届	35	14	40%
创业板第 3 届	35	14	40%
创业板第 4 届	35	13	37.1%

表 6-4 是创业板市场第 1—4 届发审委委员中来自会计师事务所委员的分布情况。有 29 位注册会计师担任过发审委委员,共计 55 人次,这些委员分别来自 26 家会计师事务所。

表6-4　创业板市场第1—4届发审委委员中来自会计师事务所的委员分布情况①

会计师事务所	委员姓名(届别)	人数	人次
北京天圆全会计师事务所	孙小波(1、2、3)	1	3
北京兴华会计师事务所	谭红旭(3)	1	1
北京永拓会计师事务所	秦学昌(4)	1	1
大信会计师事务所	陈星辉(1、2、3)	1	3
德勤华永会计师事务所	刘云(4)	1	1
福建华兴会计师事务所有限公司	蒋新红(1、2)	1	2
广东大华德律会计师事务所	李文智(1、2)	1	2
广东正中珠江会计师事务所	吉争雄(1、2)	1	2
国富浩华会计师事务所	张亚兵(4)	1	1
华普天健会计师事务所(北京)	李友菊(1、2)、潘峰(4)	2	3
天衡会计师事务所	郭澳(1、2)、贾丽娜(4)	2	3
京都天华会计师事务所	杨贵鹏(3)	1	1
开元信德会计师事务所	毛育晖(1、2)	1	2
立信会计师事务所	康吉言(3、4)	1	2
上海众华沪银会计师事务所	李文祥(1、2、3)	1	3
天健光华(北京)会计师事务所	韩建旻(1、2、3)	1	3
天健会计师事务所	王国海(3、4)	1	2
天职国际会计师事务所	胡建军(3、4)	1	2
亚太(集团)会计师事务所	谢忠平(1、2、3)	1	3
浙江天健东方会计师事务所	王越豪(1、2)	1	2
中汇会计师事务所	杨建平(3、4)	1	2
中磊会计师事务所	张君(1、2)	1	2
中瑞岳华会计师事务所	朱海武(1、2)、黄简(3、4)	2	4
中天运会计师事务所	王秀萍(3、4)	1	2
中兴华会计师事务所	张云龙(1、2)	1	2
众环海华会计师事务所	钟建兵(4)	1	1
合　　计		29	55

---

①　这里的会计师事务所同样没有考虑合并因素。

三、来自会计师事务所的委员总体分布情况

以上按照时间顺序分别对主板市场和创业板市场中来自会计师事务所的发审委委员分布情况进行了初步分析,而在 2006 年后我国会计师事务所发生了许多合并事件,上述分析并未考虑会计师事务所合并因素的影响。下面按照中国注册会计师行业协会 2012 年末公布的具有证券业从业资格的会计师事务所名单,来调整计算委员的分布情况[①],具体情况见表 6-5。

表 6-5　考虑会计师事务所合并因素后来自会计师事务所委员的分布情况

名　　称	主板人次	主板人数	创业板人次	创业板人数	人次合计	人数合计
天健会计师事务所	6	5	6	3	12	8
天健正信会计师事务所有限公司	6	3	3	1	9	4
信永中和会计师事务所	7	3	0	0	7	3
中瑞岳华会计师事务所	3	2	4	2	7	4
安永华明会计师事务所	6	2	0	0	6	2
普华永道中天会计师事务所有限公司	5	3	0	0	5	3
大华会计师事务所	2	1	2	1	4	2
大信会计师事务所有限公司	1	1	3	1	4	2
京都天华会计师事务所有限公司	3	1	1	1	4	2
立信会计师事务所	2	1	2	1	4	2
天衡会计师事务所有限公司	1	1	3	2	4	3
中汇会计师事务所有限公司	2	1	2	1	4	2
中磊会计师事务所有限责任公司	2	1	2	1	4	2
北京天圆全会计师事务所有限公司	0	0	3	1	3	1
北京兴华会计师事务所有限责任公司	2	2	1	1	3	3
国富浩华会计师事务所	2	1	1	1	3	2
华普天健会计师事务所(北京)有限公司	0	0	3	2	3	2
江苏公证天业会计师事务所有限公司	3	2	0	0	3	2
上海众华沪银会计师事务所有限公司	0	0	3	1	3	1
亚太(集团)会计师事务所有限公司	0	0	3	1	3	1

---

① 　http://cmis. cicpa. org. cn/cicpa2_web/public/query0/1/1. shtml。

续表

名　称	主板人次	主板人数	创业板人次	创业板人数	人次合计	人数合计
福建华兴会计师事务所有限公司	0	0	2	1	2	1
广东正中珠江会计师事务所有限公司	0	0	2	1	2	1
天职国际会计师事务所有限公司	0	0	2	1	2	1
中勤万信会计师事务所有限公司	2	1	0	0	2	1
中审国际会计师事务所有限公司	2	1	0	0	2	1
中审亚太会计师事务所有限公司	2	1	0	0	2	1
中天运会计师事务所有限公司	0	0	2	1	2	1
中兴华富华会计师事务所有限责任公司	0	0	2	1	2	1
众环海华会计师事务所有限公司	1	1	1	1	2	2
北京永拓会计师事务所有限责任公司	0	0	1	1	1	1
德勤华永会计师事务所有限公司	0	0	1	1	1	1
华寅会计师事务所有限责任公司	1	1	0	0	1	1
立信羊城会计师事务所有限公司	1	1	0	0	1	1
利安达会计师事务所有限责任公司	1	1	0	0	1	1
四川华信(集团)会计师事务所	1	1	0	0	1	1
北京中证天通会计师事务所有限公司	0	0	0	0	0	0
毕马威华振会计师事务所	0	0	0	0	0	0
江苏苏亚金诚会计师事务所有限公司	0	0	0	0	0	0
江苏天华大彭会计师事务所有限公司	0	0	0	0	0	0
立信中联闽都会计师事务所有限公司	0	0	0	0	0	0
山东汇德会计师事务所有限公司	0	0	0	0	0	0
山东天恒信有限责任会计师事务所	0	0	0	0	0	0
山东正源和信有限责任会计师事务所	0	0	0	0	0	0
上海东华会计师事务所有限公司	0	0	0	0	0	0
上海公信中南会计师事务所有限公司	0	0	0	0	0	0
上海上会会计师事务所有限公司	0	0	0	0	0	0
深圳市鹏城会计师事务所有限公司	1	1	0	0	1	1
希格玛会计师事务所有限公司	0	0	0	0	0	0

续表

名　　称	主板人次	主板人数	创业板人次	创业板人数	人次合计	人数合计
中喜会计师事务所有限责任公司	0	0	0	0	0	0
中兴财光华会计师事务所有限责任公司	0	0	0	0	0	0
中准会计师事务所有限公司	2	1	0	0	2	1
泰安盈秦会计师事务所	0	0	0	0	0	0
威海盛昆会计师事务所	0	0	0	0	0	0
华寅五洲会计师事务所	0	0	0	0	0	0

表 6-6 是具有证券从业资格的会计师事务所的员工担任发审委委员的分布情况。从表中可知,担任发审委委员的会计师在不同会计师事务所的分布存在较大差异。表 6-6 的数据表明,有 19 家会计师事务所没有员工担任过发审委委员,占具有证券从业资格的会计师事务所数量的 35.18%,2 家会计师事务所有 4 名员工担任过发审委委员,其中合并后的天健会计师事务所有 8 名员工曾经担任过发审委委员。47 家会计师事务所(88%)担任过发审委委员的员工不超过 2 名。

表 6-6　担任发审委委员的注册会计师在不同会计师事务所的分布情况

担任委员的人数	频数	比例
0	19	35.18%
1	17	31.48%
2	11	20.37%
3	4	7.41%
4	2	3.71%
8	1	1.85%
合　计	54	100.00%

表 6-7 是不同会计师事务所的员工担任发审委委员人次的分布情况,同样在人次分布上也存在较大差异。合并后的天健会计师事务所前后共有 12 人次担任发审委委员,而超过 50% 的会计师事务所担任发审委委员在 2 人次以下。

表 6-7　不同发审委委员人次在会计师事务所的分布情况

担任委员的人次	频数	比例
0	19	35.18％
1	6	11.11％
2	9	16.67％
3	7	12.96％
4	7	12.96％
5	1	1.85％
6	1	1.85％
7	2	3.70％
9	1	1.85％
12	1	1.85％
合　　计	54	100.00％

四、小结

在股票发行审核委员会的委员结构变革中,来自会计师事务所的委员成为发审委的重要组成部分,这种制度改革与监管部门试图借助中介机构的专业性来提升监管效率有关。然而,这种公私合作监管模式不可避免地带来利益冲突的质疑:中介机构是否会利用参与IPO市场准入监管的便利为自身谋取私利,进而造成IPO审计服务市场的不公平竞争? 尤其是,担任发审委委员的注册会计师在不同会计师事务所的分布并不均等,会进一步加深上述质疑。

本章拟从以下两个方面来考虑会计师事务所的注册会计师担任发审委委员对IPO审计服务市场竞争带来的影响:

第一,有员工担任发审委委员的会计师事务所审计的拟上市公司在股票发行审核中是否会受到"优待"? 即有员工担任发审委委员的会计师事务所主审的拟发行人是否更可能通过发审委的股票发行审核而获得上市资格?

第二,有员工担任发审委委员的会计师事务所是否在争取IPO审计业务上更具有竞争优势,从而使会计师事务所的IPO审计服务市场占有率得到提高? 此外,如果有员工正在担任或曾经担任过发审委委员的会计师事务所在IPO审计服务市场拥有更高的市场占有率,那么需要分析这种市场占有率的提高来源于何处? 这是否意味着不公平竞争?

第二节　会计师事务所介入对拟发行人过会影响的实证分析

会计师事务所介入 IPO 市场的发行审核势必会引起社会对 IPO 市场公平竞争的质疑,其中最受社会关注的问题无疑是有员工担任发审委委员的会计师事务所主审的拟发行人是否更容易通过发行审核。如果存在上述现象,那么表明在 IPO 市场的准入管制中引入专业中介结构会带来不公平竞争问题。为此,本节将对会计师介入发行审核监管与相关会计师事务所主审的拟发行人成功过会的关系进行实证分析。

一、会计师事务所介入发行审核对拟发行人成功过会影响的理论分析

显然,中国证监会在引入中介机构参与 IPO 市场的股票发行审核时就考虑到上述措施可能带来的利益冲突问题,因而,通过事前的制度设计来防范可能的利益冲突。2006 年颁布的《中国证券监督管理委员会发行审核委员会办法》第十五条列举了发审委委员应该规避的情形,以避免利益冲突,其中的第三款就明确规定:如果发审委委员或者其所在工作单位近两年来为发行人提供保荐、承销、审计、评估、法律、咨询等服务,这可能妨碍其公正履行职责,发审委委员应该回避。根据上述规定,来自会计师事务所的发审委委员必须回避自己所在会计师事务所主审的拟发行人的股票发行审核,从而可以避免直接的利益冲突。

除了事前的制度防范之外,中国证监会的事后行政处罚权也会对发审委委员利用股票发行审核权进行寻租的行为产生威慑作用。如果发审委委员利用参与审核的机会为自身或所在机构谋取私利而被发现,那么证监会可以取消发审委委员的资格,或者不再从相关会计师事务所选拔发审委委员,甚至证监会可以对发审委委员所在的会计师事务所进行行政处罚。

当然,从发审委的具体运作来看,每组发审委由 7 名委员组成,而来自会计师事务所的委员一般为 1～2 名,并不占据主导地位,这在一定程度上增加了来自中介机构的发审委委员利用职权谋取私利的难度,有助于保证 IPO 市场的公平竞争。

根据以上的分析,本章提出关于会计师参与 IPO 市场准入监管对其所在单位主审的拟上市公司过会影响的理论假设:

H_0:是否有员工担任发审委委员不会显著影响相关事务所主审的拟发

行人通过股票发行审核委员会审核而获得上市资格的可能性。

尽管事前的制度防范和事后的行政处罚威慑可以在一定程度上防范发审委委员公开的游说和寻租活动，进而可能会降低股票发行审核中的利益冲突；但能否杜绝会计师事务所的注册会计师参与 IPO 市场准入监管产生的不公平竞争问题仍有质疑，原因如下：

第一，不同会计师事务所发审委委员之间可能存在"合谋"。尽管中国证监会颁布的《中国证券监督管理委员会发行审核委员会办法》明确要求发审委委员不得参加与自己或所在单位有利益关系的拟上市公司的发行审核，但是发审委委员之间可能通过"合谋"来谋取私利，进而影响 IPO 市场的公平竞争。来自不同会计师事务所的同届发审委委员可能相互之间形成默契，在股票发行审核中给予其他委员所在会计师事务所主审的拟上市公司"照顾"，而其他委员在股票发行审核中也会"投桃报李"。这样，尽管来自会计师事务所的委员并不直接参与本单位主审的拟上市公司的股票发行审核，但可以通过这种策略性"合谋"方式相互给予"照顾"而间接从中受益，进而影响 IPO 市场的公平竞争。而上述合谋之所以成为可能与以下条件有关：其一，每届发审委委员的组成人数有限，尤其是来自中介机构的委员。主板市场 25 名发审委委员中，9 名来自会计师事务所；创业板市场 35 名发审委委员中，14 名来自会计师事务所；这些委员在审核之前需要了解股票发行审核的程序和规则，因而，证监会会组织相关的学习、研讨，这便于委员之间相互结识，建立关系。其二，来自不同会计师事务所的注册会计师可能毕业于相同的学校。校友、同学等社会关系成为联结不同委员之间的纽带；其三，在股票发行审核过程中，委员的搭配相对比较固定，这也有助于委员之间的"合谋"。在股票发行审核中，由 7 名委员组成委员会对拟上市进行审核表决。这 7 名委员并非随机组合的，而是有相对比较固定的搭配。比如，主板市场发审委委员一般分为 3 组，每一组的成员都比较固定，发审委组别和人员的固定比随机搭配更有助于"合谋"。

第二，利用职权之便"打压"竞争对手。除了策略性"合谋"可能引发的不公平竞争之外，利用职权之便"打压"竞争对手也可能带来不公平竞争。不同会计师事务所在包括 IPO 业务在内的证券审计服务市场中竞争，尤其是同地区的会计师事务所更是直接的竞争对手，因而，通过各种途径压制竞争对手等同于间接提升自己的竞争力。股票发行审核为有员工担任发审委委员的会计师事务所"打压"竞争对手提供了便利和可能。在股票发行审核中，发审委委员尽可能从负面的角度对竞争对手主审的拟上市公司发表意见，降低竞争对手主审的拟上市公司通过发行审核的可能性，这样势必对竞争对手的 IPO 市场审计服务业务带来不利的影响,进而间接提升了自身的竞争力。另一方面,压制竞争对手、降低其股票发行审核的通过率等同于提高了自己所在会计师事务所的股票发行审核通过率。根据以上的分析,下面提出与理论假设 H_0 相对应的理论假设 H_1。

H_1:有员工担任发审委委员能够显著提高相关会计师事务所主审的拟上市公司通过股票发行审核的可能性。

二、会计师事务所介入发行审核对拟发行人成功过会影响的实证研究设计

上面对会计师事务所介入股票发行审核对拟发行人过会的可能影响进行了理论分析,并在此基础上提出了两个对立假设,下面对上述理论假设进行检验,以判断会计师事务所介入 IPO 发行审核是否会影响拟发行人的成功过会可能性。

1. 研究样本

本章继续以主板市场(包括中小板市场)第八届至第十二届股票发行审核委员会审核的拟发行人为研究对象。在样本数据搜集中,先从中国证监会官方网站(www. csrc. gov. cn)的信息公开目录下的发审会公告栏中获得研究期间内拟发行人的发行申请和发审委审核结果的数据。在此期间,主板市场股票发行审核委员会共对 758 家拟发行人进行了发行审核(不包含暂缓表决和取消审核的拟发行人)。然后,搜集拟发行人的首次公开发行股票招股说明书(申报稿)。中国证监会在其官方网站的预先披露信息栏目①披露拟发行人的首次公开发行股票招股说明书(申报稿),但无法直接在证监会预先披露栏目下找到 2006、2007、2008 年度的拟发行人首次公开发行股票招股说明书(申报稿)。为此作者主要通过 Baidu 和 Google 搜索引擎寻找相应的申报稿,其中浙江嘉康电子股份有限公司(2006)、威海华东数控股份有限公司(2007)、广东新宝电器股份有限公司(2007)、广州白云电器设备股份有限公司(2007)、新疆塔里木河种业股份有限公司(2007)、山东信得科技股份有限公司(2008)等 6 家拟发行人的申报稿没有找到,最终的研究样本包括 752 家拟发行人。

2. 变量

(1)被解释变量

本节的研究目的是分析员工担任发审委委员是否影响相关会计师事务

---

① http://www.csrc. gov. cn/pub/newsite/xxpl/yxpl/inex_20. htm。

所主审的拟发行人成功过会的可能性,因而,发审委的审核结果为被解释变量。以变量 pass 表示审核结果,pass 为虚拟变量,当审核获得通过时 pass＝1,否则 pass＝0。关于拟发行人的发行审核结果数据主要从中国证监会发行审核委员会的会议审核结果公告中获取。

(2)解释变量

本节以虚拟变量 auditor 来表示,在过会时,如果拟上市公司聘请的会计师事务所有员工担任发审委委员,则 auditor＝"1",否则,auditor＝"0"。

(3)控制变量

与前几章的分析一样,在影响拟上市公司能否成功过会的因素方面,本节主要控制以下因素的影响。

第一,与拟发行人公司治理结构有关的控制变量。

其一,拟发行人的股权制衡情况。以变量 balance 来表示拟发行人是否存在股权制衡。在计算时,我们把拟发行人第二至第五位股东持股比例加总,然后与第一大股东持股比例相除,得到的结果若大于等于1,则表明存在股权制衡,balance＝1;若小于1,则表明不存在股权制衡,balance＝0。股权制衡对中小股东利益的影响具有两面性,一方面,股权制衡能够制约大股东侵害行为,保护外部中小股东的利益;另一方面,股权制衡可能造成不同股东之间的"窝里斗",不利于公司治理机制的完善和企业的发展(朱红军,汪辉,2004),而徐莉萍(2006)的经验研究表明,过高的股权制衡程度对公司的经营绩效有负面影响。该变量的预期符号待定。

其二,变量 dual 表示拟发行人的董事长与总经理两职合一情况。如果拟发行人的董事长和总经理的职务由同一人担任,则 dual＝0,否则 dual＝1。该变量的预期符号待定。

其三,变量 F_share 表示第一大股东持股比例。第一大股东持股比例对中小投资者利益的影响同样具有两面性。第一大股东的持股比例越高,大股东可能会利用控制权侵害中小股东利益;另一方面,第一大股东持股比例越高,拥有现金流所有权比例越高,这样能够产生激励效应。该变量的符号待定。

其四,变量 F_char 表示拟发行人第一大股东的股权性质。如果拟发行人的最终控制人为政府,则 F_char＝1;如果最终控制人为自然人、社会法人、外资股东等非国有股东,则 F_char＝0。本书预期该变量的符号为正,即政府控股的拟发行人更可能通过发行审核。

其五,拟发行人董事会的规模。以变量 Size 表示拟发行人董事会规模,它等于董事会的总人数。

其六,独立董事比例。以变量 Indep 来表示,它等于独立董事人数除以董事总人数。

第二,与拟发行人经营风险有关的控制变量。

胡旭阳(2011)认为,发审委委员在股票发行审核中遵循谨慎原则,在其他条件相同的情况下,具有低风险特征的拟发行人更受发审委"青睐",而以下变量在一定程度上反映了拟发行人风险的大小:

其一,拟发行人的客户集中度和原材料采购集中度。一般而言,客户集中度和原材料采购集中越高,拟发行人对特定客户或原材料供应商的依赖就越强,企业经营的风险越大。本书采用 C5 和 R5 来表示拟发行人的客户集中度和原材料采购集中度。其中 C5 表示向前 5 名客户的销售占营业收入的比例,R5 表示前 5 名供应商的采购占拟发行人采购总额的比重;上述两个变量的预期符号为负。上述数据来源于拟发行人首次公开发行股票招股说明书(申报稿)中的"业务与技术——本公司的主要业务"这一章节,通过手工方式搜集。

其二,拟发行人的行业地位(变量 position)。行业排名越靠前,拟发行人抗击经营风险的能力越强。如果拟发行人位于其所在子行业的前 10 位,则令 position=1;否则 position=0。该变量的预期符号为正。另外,根据拟发行人总是愿意披露有利于自己信息的原则,对于那些没有披露自己在行业或子行业中排名的拟发行人,本书一律令 position=0。该数据来源于拟发行人招股说明书(申报稿)中的"业务与技术——本公司的行业竞争地位"这一章节,通过手工方式搜集。

其三,企业规模(变量 asset)。一般而言,企业规模越大,风险越小。本节用总资产来代表拟发行人的公司规模,并取自然对数,以降低异方差的影响。该变量的预期符号为正。

第三,与拟发行人财务状况有关的控制变量。

在本节的研究中主要控制以下与拟发行人财务有关的变量:资产负债率(变量 ratio)、上市前一年的净资产收益率(变量 roe)、主营业务增长率(变量 growth1)、净利率增长率(变量 growth2)、上市前的流动比例(变量 liqui)。

第四,其他控制变量。

其一,行业变量。本节按证监会 2001 年发布的《上市公司行业分类指引》,将行业分为 22 类,其中制造业包含 10 个子行业,并把所有拟发行人少于 10 家的行业作为对照组,这样共有 19 个虚拟变量,行业虚拟变量的符号分别为 $Ind_i(i=1,2,\cdots,19)$。

其二,发审委界别的差异。本节研究的拟发行人发行申请审核涉及第八届至第十二届发审委,为此,我们引入四个虚拟变量（Fsw_8、Fsw_9、Fsw_{10}、Fsw_{11}）来控制不同界别发审委的"异质性"对审核结果的可能影响,其中第十二届发审委为对照组。

3. 实证研究模型的选择

由于被解释变量为虚拟变量,因而,本书采用 logistic 模型在控制其他影响因素的情况下来研究会计师事务介入对拟发行人过会的影响。

三、实证分析结果

1. 均值比较结果

表 6-8 是拟上市公司聘请的会计师事务所是否有员工担任发审委委员时（auditor＝1 或 0）拟上市公司通过发行审核可能性的均值比较。对有员工担任发审委委员的拟上市公司（auditor＝1）,其通过率为 84%；而对没有员工担任发审委委员的会计师事务所主审的拟上市公司（auditor＝0）,其通过率为 83%,前者略高于后者,但均值比较结果显示,二者之间没有显著差异,这说明拟上市公司聘请的会计师事务所是否有员工担任发审委委员并不显著影响股票发行审核结果。以上均值比较结果与理论假设 H_0 预期一致,而与理论假设 H_1 的预期不一致。

表 6-8　不同类型会计师事务所审计的拟发行人成功过会可能性比较

auditor	样本数	通过率均值	通过率标准差	均值差异
1	128	0.84	0.379	不显著
0	624	0.83	0.372	

2. 相关性分析结果

表 6-9 是变量的相关性分析结果,被解释变量 pass 与解释变量 auditor 之间的相关系数为 0.009,虽然系数大于零,但在统计上不显著,这说明,有员工担任发审委委员的会计师事务所主审与拟上市公司通过发行审核之间不存在显著的相关关系。因而,相关性分析结果也与理论假设 H_0 预期一致,而与理论假设 H_1 的预期不一致。

表 6-9　相关性分析结果

		1	2	3	4	5	6	7	8	9	10
pass	1	1									
Indep	2	0.060	1								

续表

		1	2	3	4	5	6	7	8	9	10
balance	3	0.073*	0.093*	1							
F_share	4	0.054	0.202**	0.690**	1						
F_char	5	0.066	−0.082*	0.0079*	0.185**	1					
dual	6	0.010	0.103**	0.029	−0.050	−0.239**	1				
asset	7	0.135**	−0.055	0.014	0.129**	0.449**	−0.154**	1			
auditor	8	0.009	−0.004	0.022	0.042	0.020	−0.051	0.007	1		
C5	9	−0.092**	−0.012	0.086**	−0.076*	0.073*	0.001	−0.221**	0.008	1	
R5	10	−0.103**	−0.004	−0.013	0.057	−0.135**	0.059	−0.320**	0.023	0.226**	1

**:1%水平显著；*:5%水平显著

3. 回归分析结果

在本章的分析中,由于被解释变量为虚拟变量,因而继续沿用前几章选用的模型来检验相关的理论假设:Logistic 回归分析模型。表 6-10 是回归分析结果。Logistic 回归模型分析结果表明,变量 auditor 的系数为 −0.134, 小于零,这说明,在控制其他因素影响的情况下,聘请有员工担任发审委委员的会计师事务所为主审机构与拟上市公司通过发行审核之间为负相关关系,但是该负相关关系在统计上并不显著。上述 Logistic 回归分析结果支持理论假设 H_0,而不支持假设 H_1,因而,没有证据显示,有员工担任发审委委员的中介机构能从中直接受益。

表 6-10　Logistic 回归分析结果

变量	系数	标准差	Wals 统计量	显著性
常量	−4.988***	2.457	4.123	0.007
auditor	−0.134	0.294	0.208	0.648
balance	0.466	0.331	1.988	0.159
f_char	0.002	0.328	0.000	0.994
f_share	−0.591	0.851	0.482	0.487
C5	−0.883*	0.486	3.303	0.069
R5	−0.966*	0.521	3.435	0.064
size	0.048	0.079	0.371	0.542
indep	6.861**	3.066	5.009	0.025
asset	0.495***	0.164	9.087	0.003

续表

变量	系数	标准差	Wals 统计量	显著性
$growth_1$	0.446	0.398	1.256	0.262
$grwoth_2$	−0.479***	0.134	12.674	0.000
position	1.068***	0.242	19.551	0.000
roe	1.456	1.123	1.679	0.195
ratio	−3.182***	1.125	7.998	0.005
liqui	−0.380**	0.187	4.129	0.042
行业效应	控制			
界别效应	控制			
方程特征	Cox & Snell R^2 = 0.129			

***:1%水平显著;**:5%水平显著;*:10%水平显著

4. 结论的稳健性分析

（1）国有和民营拟上市公司的分样本检验

为了进一步检验结论的稳健性,我们继续把样本按照股权属性划分为国有拟上市公司和民营拟上市公司,分析上述结论对国有和民营拟上市公司的样本是否都成立。表 6-11 是分样本的检验结果。对于民营拟上市公司,变量 auditor 的系数为−0.487,但在统计上并不显著,这表明对于民营拟上市公司,聘请的会计师事务所是否有员工担任发审委委员并不显著影响拟上市公司成功过会的概率。而对国有拟上市公司,变量 auditor 的系数为 7.179,并在 5%水平显著,这表明对于国有拟上市公司,聘请的会计师事务所有员工担任发审委委员可以显著提高拟上市公司成功过会的概率。以上的分样本检验结果表明,聘请的会计师事务所是否有员工担任发审委委员对于国有和民营拟上市公司的影响是不一样的。

表 6-11 国有与民营拟上市公司的分样本检验结果

变量	民营拟上市公司		国有拟上市公司	
	系数	显著性	系数	显著性
常量	−8.248***	0.009	−1.393	0.891
auditor	−0.487	0.131	7.179**	0.024
balance	0.150	0.683	3.408**	0.030
f_share	0.271	0.783	−11.481**	0.030
C5	−1.142**	0.038	−5.978*	0.060

续表

变量	民营拟上市公司		国有拟上市公司	
	系数	显著性	系数	显著性
R5	-1.094^*	0.060	-4.542	0.114
size	0.129	0.207	$-.793^{**}$	0.025
indep	8.758^{**}	0.012	19.268	0.397
asset	0.539^{**}	0.010	1.770^{***}	0.026
$growth_1$	0.063	0.897	3.748^{**}	0.039
$grwoth_2$	-0.465^{***}	0.001	-5.143^{***}	0.005
position	1.092^{***}	0.000	6.547^{***}	0.005
roe	2.075	0.128	12.720^{**}	0.023
ratio	-2.257^*	0.090	-16.633^{***}	0.007
liqui	-0.384^*	0.064	-1.411	0.188
行业效应	控制		控制	
界别效应	控制		控制	
方程特征	Cox & Snell $R^2 = 0.142$		Cox & Snell $R^2 = 0.350$	

$***$:1%水平显著;$**$:5%水平显著;$*$:10%水平显著

（2）按照员工担任本届和往届发审委委员进行划分

以上对变量auditor赋值时，仅考虑是否有员工担任本届发审委委员，而除了员工担任本届发审委委员之外，有些会计师事务所有员工担任过往届发审委委员，那么这是否会影响拟上市公司成功过会的概率呢？下面分两种情况来讨论上述问题：第一，如果拟上市公司聘请的会计师事务所有员工担任过往届发审委委员，则auditor＝1,否则为0;第二，如果拟上市公司聘请的会计师事务所有员工担任本届或往届发审委委员，则auditor＝1,否则为0。表6-12是两种情况下的分析结果。

第一，拟上市公司聘请的会计师事务所是否有往届发审委委员的影响。表6-12中的第二、三列为会计师事务所是否有员工担任往届发审委委员对拟上市公司过会的影响。回归分析结果显示，变量auditor的系数为0.281,大于零，聘任有员工曾担任发审委委员的会计师事务所与拟上市公司成功过会的可能性正相关，不过这种相关性在统计上也不显著。

第二，拟上市公司聘请的会计师事务所是否有员工担任本届或往届发审委委员的影响。表6-12中的第四、五列为回归分析结果。回归分析结果显示，变量auditor的系数为0.176,大于零，但这种相关性在统计上并不显著,这表明,拟上市公司聘请的会计师事务所是否有员工担任本届或往届发审委委员与拟上市公司通过发行审核间不存在显著的相关性。

表 6-12　担任往届与本届发审委委员的影响

变量	往届发审委委员		本届与往届发审委委员	
	系数	显著性	系数	显著性
常量	−5.137***	0.006	−5.188	0.006
auditor	0.281	0.271	0.176	0.463
balance	0.445	0.180	0.458	0.167
f_char	0.015	0.963	0.002	0.995
f_share	−0.562	0.511	−0.594	0.486
C5	−0.894*	0.066	−0.878*	0.070
R5	−1.003*	0.054	−1.001*	0.055
size	0.048	0.544	0.049	0.539
indep	6.983**	0.023	6.871**	0.025
asset	0.483***	0.003	0.491***	0.003
$growth_1$	0.429	0.280	0.447	0.261
$grwoth_2$	−0.487***	0.000	−0.482***	0.000
position	1.064***	0.000	1.066***	0.000
roe	1.420	0.205	1.438	0.200
ratio	−3.105***	0.006	−3.135***	0.005
liqui	−0.376**	0.044	−0.374**	0.046
行业效应	控制		控制	
界别效应	控制		控制	
方程特征	Cox & Snell $R^2=0.135$		Cox & Snell $R^2=0.129$	

*** : 1%水平显著;** : 5%水平显著;* : 10%水平显著

四、结论

　　本节对拟上市公司聘请的会计师事务所员工担任发审委委员是否会影响拟上市公司成功过会进行实证分析,进而判断中介机构介入IPO市场准入管制是否会影响IPO市场的公平竞争。本节的实证研究结果表明,从总体上,拟上市公司聘请的中介机构是否有员工担任发审委委员并不影响拟上市公司成功过会的可能性,因而,没有直接证据表明,中介机构介入股票发行审核会直接导致股票发行审核环节的不公平竞争。

尽管从总体上看,拟发行人聘请的会计师事务所有员工担任发审委委员并不能显著提升拟发行人通过股票发行审核的可能性,但稳健性分析结果表明需要注意以下问题:

第一,对于国有与民营拟发行人,聘请是否有员工担任发审委委员的会计事务所作为审计机构的影响是不一样的。以上的稳健性分析表明,对于国有拟上市公司,聘请的中介机构有员工担任发审委委员有助于提高拟上市公司成功过会的可能性,而对民营拟上市公司则没有显著的影响。这表明 IPO 市场准入管制存在一定程度的不公平竞争。

第二,本届与往届发审委委员的影响方向并不相同。回归分析结果表明,拟发行人聘请的会计师事务所有员工担任本届发审委委员反而降低了拟发行人通过发行审核的可能性,这体现在变量 auditor 的系数小于零;相比之下,如果拟发行人聘请的会计师事务所有员工曾经担任往届发审委委员则增加了拟发行人通过发行审核的可能性,这体现在变量 auditor 的系数大于零。然而,在上述两种情况下,变量 auditor 的影响在统计上都不显著。

第三节　会计师事务所介入对 IPO 审计市场份额的影响

上节主要从会计师事务所员工担任发审委委员对拟发行人成功过会影响角度分析了中介机构介入 IPO 市场准入管制的可能影响。除了上述直接影响之外,会计师事务所介入 IPO 市场准入管制还可能间接影响 IPO 审计服务市场竞争。因而,会计师事务所介入 IPO 市场准入管制对 IPO 审计服务市场竞争到底产生什么样的影响是本节研究所要关注的问题。

一、会计师事务所介入股票发行审核影响 IPO 审计市场竞争的机理分析

1. 文献回顾

朱红军等人(2004)的研究是最早分析我国 IPO 审计市场竞争影响因素的文献。以 2001 年和 2002 年的 IPO 审计市场为研究对象,他们分析了影响 IPO 审计市场竞争的因素,结果发现具有管制便利的事务所、大规模事务所以及本地事务所更具竞争优势,能够获得更多市场份额,而提供高质量审计的事务所不具有竞争优势,没能获得更多市场份额。

与朱红军等人(2004)主要从审计服务需求角度分析 IPO 审计市场竞争

的影响因素不同,王兵和辛清泉(2009)、赖少娟和杜兴强(2012)从政府监管角度分析了会计师事务所介入新股发行审核对 IPO 审计服务市场竞争的影响。以 2005 年 1 月至 2008 年 6 月 IPO 市场的民营拟上市公司为样本,王兵和辛清泉(2009)发现,如果会计师事务所合伙人在证监会发审委担任专职委员,则该所在 IPO 审计市场中的份额越高,并且获得了更高的审计费用;利用 2006—2010 年期间我国 IPO 市场的数据,赖少娟和杜兴强(2012)发现发审委的会计师关系显著增加了关联事务所的 IPO 审计市场份额及审计收费,有员工担任本届发审委委员可以显著增加关联事务所的 IPO 审计市场占有率。

在 2001 年的新股发行核准制改革中,成立股票发行审核委员会,聘请包括来自会计师事务所在内的中介机构人员担任发审委委员负责新股发行审核工作是一项重要的监管制度创新,自然上述制度创新的效果和影响成为学者关注的问题。而王兵等人(2009)和赖少娟等人(2012)的研究探讨了上述改革措施对 IPO 审计服务市场的影响,并且发现会计师事务所介入股票发行审核监管使得有合伙人担任发审委委员的会计师事务所获得了更高的 IPO 审计市场份额并收取更高的审计费用。他们认为,这导致了 IPO 审计服务市场的不公平竞争。因为,员工担任发审委委员为关联事务所的寻租提供了便利,进而增加了事务所的市场份额和对客户的砍价能力。

显然,朱红军等(2004)、王兵等(2009)和赖少娟等(2012)的研究为了解中国转轨背景下 IPO 审计服务市场竞争的影响因素提供了洞察力,当然他们的研究也存在一些有待改进和完善的地方,具体体现在:

第一,计量方法的缺陷。在对我国 IPO 审计服务市场的影响因素分析中,上述研究都运用了多元线性回归分析的方法,并控制了许多变量的影响,然而他们的结论仍难免受到遗漏变量带来的内生性问题的影响。由于在 2008 年之前,我国会计事务所发生大规模的联合兼并,导致会计师事务所数量不断变化,这为运用面板数据研究上述问题带来了不便。而最近几年会计师事务所的联合兼并行为较以往大幅度减少,具有证券期货从业资格的会计师事务所数量相对稳定。因而,本书采用面板数据来缓解遗漏变量可能产生的内生性问题的影响。

第二,解释变量测量误差可能带来的内生性问题。在赖少娟等人(2012)关于会计师事务所员工担任发审委委员对 IPO 审计市场影响的研究中,他们以会计师事务审计的拟 IPO 公司数占当年拟 IPO 公司总数的比例来表示会计师事务所的市场占有率,而解释变量为拟上市公司审计服务的会计师事务所是否有员工担任现任发审委委员;这样就造成解释变量存在测量误差,原因在于被解释变量(IPO审计服务市场占有率)是按照年度计算的,而对解释变量(是否有现任发审委委员)也按照年度测算就会带来测量误差。以2009年度(2009.1—2009.12)IPO审计服务市场的市场占有率为例来说明这个问题可能的影响。确定2009年IPO审计服务市场份额的分布是非常容易的,但这将导致对本届发审委委员的划分发生困难,因为2009年涉及主板市场第十届和第十一届发审委,其中第十届发审委委员的任期是2008年5月至2009年4月,而第十一届发审委委员的任期是2009年5月至2010年4月,那么第十届发审委到底属于本届委员还是往届委员?对于2009年5月前的拟发行人而言,它属于本届发审委委员,对于2009年5月以后开始申请发行审核的拟发行人而言,它又属于往届发审委员。为了规避上述问题可能对结论带来的影响,本节以每届发审委运作期间作为时间单位来衡量会计师事务所的IPO审计服务市场占有率,并以此作为被解释变量,因而本书选择的研究样本期间为主板市场第八届至第十二届(2006年5月至2012年4月),这样可以减少解释变量测量误差对结论的影响。

第三,关于会计师事务所介入新股发行监管影响IPO审计服务市场的机理。在这方面,王兵等人(2009)和赖少娟等人(2012)都强调了合伙人担任发审委委员通过寻租效应影响IPO审计市场竞争。除了寻租效应外,本章认为还通过信息外溢效应影响IPO审计市场竞争。在赖少娟等人(2012)的研究中,没有考虑事务所的合伙人是往届发审委委员的情况,而王兵等人(2009)的研究考虑了会计师事务所往届发审委委员的影响,但没有对事务所的本届和往届委员进行区分,而本章将对本届委员和往届委员进行划分,区别二者的影响。本章认为,合伙人担任本届发审委委员更可能通过寻租效应影响关联会计师事务所的市场占有率,而合伙人担任往届发审委委员更可能通过信息外溢效应影响IPO审计服务市场竞争。

2. 影响机理分析

本章认为,会计师事务所介入首次公开发行市场股票发行审核会可能会通过以下两种机制影响IPO审计服务市场的竞争格局:寻租效应和信息外溢效应。

(1)寻租效应与IPO审计服务市场竞争

任何的政府管制行为都可能诱发寻租行为,IPO市场的准入管制当然也不例外。首次公开发行股票可以给拟上市公司带来大量的资金进而促进企业的发展,国内企业都会想方设法发行新股上市,而股票发行审核是拟上市公司能否获得股票发行资格的关键环节。

在股票发行审核中,除了拟上市公司自身的条件外,社会关系显然也是不可或缺的因素。如果拟上市公司有机会与发审委委员建立联系将可能有助于企业的成功上市。因而拟上市公司有动机通过各种途径与发审委委员进行接触,建立关系(杜兴强等,2013)。

而在准备股票上市过程中,中介机构(审计机构、主承销商、律师事务所等)的聘请是较为重要的环节,显然那些有员工担任发审委委员的中介机构对于准备上市的企业具有天然的吸引力,这是因为通过这样的中介机构,拟上市公司可以接触到发审委委员,进而为公关活动创造条件。根据以上分析,在拟上市公司有寻租动机的情况下,那些有员工担任发审委委员的会计师事务所更可能被拟发行人选中作为新股发行的主审机构,从而间接提高会计师事务所在IPO审计服务市场的占有率。

而李敏才和刘峰(2012)、杜兴强、赖少娟和杜颖洁(2013)研究发现,有员工担任现任发审委委员的拟上市公司更可能通过股票发行审核而获得上市资格。在这种情况下,那些聘请的会计师事务所中有员工担任本届发审委委员的拟上市公司势必会敦促中介机构加快企业的IPO申请发行步伐,以提高自己通过发行审核的可能性,进而导致关联会计师事务所的IPO审计市场占有率的提高。

(2)信息外溢效应(学习效应)

目前的实证研究关于聘请有员工担任发审委委员的中介机构是否能提高拟发行人通过股票发行审核的可能性上并没有形成一致的证据。李敏才和刘峰(2012)对中小板成立至2010年12月31日参加中小板过会审核的拟上市公司的分析表明,聘请的中介机构有员工担任发审委委员的拟上市公司过会可能性显著提高[①];而本章上一节的研究结果表明,拟上市公司聘请的会计师事务所是否有员工担任发审委委员对拟上市公司成功过会并没有显著的影响。但这可能并不妨碍拟上市公司聘请有员工担任发审委委员的会计师事务所作为股票发行的审计机构,因为还可能存在信息外溢效应影响IPO审计服务市场的竞争。

在股票发行核准制下,新股发行涉及证监会发审处的初审、发审委的审核等环节,在股票发行核准制开始实施的相当长一段时间内,证监会只在发审委会议结束后公布结果审核,并不公布审核过程中的细节和被否决的理由。对拟上市企业而言,股票发行审核过程是一个"黑箱子",并不知晓发审委以什么样的理由否决发行申请,因而,无法从中获得对企业改制和规范运

[①]　李敏才和刘峰(2012)的研究结果显示,选择是否有员工担任发审委委员的中介机构作为IPO服务中介与拟上市公司能否成功过会之间具有正相关性,但其结论的稳健性值得商榷,因为他们的研究没有控制会计师事务所声誉的影响。

作有价值的信息。在这种情况下，拟上市企业需要通过各种途径了解发审委的行为偏好，增加今后股票发行审核中顺利过会的可能性。而选择有员工正在或曾担任过发审委委员的中介机构成为解决上述问题的重要途径。

对于有员工正在担任或曾经担任发审委委员的会计师事务所，员工参与股票发行审核的经历和经验成为会计师事务所获得竞争优势的重要内部资源。参与股票发行审核的经历有助于担任发审委委员的会计师了解监管部门和其他发审委委员在股票发行审核中关注的财务会计、公司治理等方面的问题，以及对相关问题的处理原则和方法，从而在股票发行审核过程中积累了大量可能会影响发审委委员决策的隐性知识和经验。而会计师事务所可以通过内部的学习和培训把担任发审委委员的员工在股票发行审核过程中所获得和积累的经验、技巧在公司内部进行传播，这样可以提高会计师事务所在提供 IPO 审计服务时的针对性和有效性，最终提升会计师事务所在 IPO 审计市场的竞争力。

随着新股发行监管过程中信息披露透明度的提高，证监会改变以往只公布结果的做法，部分公开拟上市公司发行申请被否决的理由。在创业板的发行审核过程中公开不予核准首次公开发行并上市的理由，但中小板的发行审核仍旧只公布结果，审核意见书并不公开（李敏才，刘峰，2012）。从证监会公布的 IPO 申请被否理由来看，相当一部分拟上市公司因为财务会计问题而被发审委否决。

因而，对于那些拟上市的企业而言，如何从过会失败的企业汲取经验教训，避免同样或类似的财务会计问题显得尤为重要，而企业上市准备的中介机构选择成为解决上述问题有效途径之一，进而导致选择有员工正在或已经担任过发审委委员的中介机构成为优先考虑。

综上，对有员工担任发审委委员的会计师事务所而言，员工担任发审委委员期间所积累的经验和隐性知识构成了其竞争力的关键资源。原因在于这些经验和隐性知识通过学习和培训可以在企业内部传播，这样可以使会计师事务所在 IPO 市场审计服务过程中针对发审委可能会重点关注的问题提前采取应对措施，进而提高拟上市企业过会的成功率；这种信息外溢效应增加了有员工担任发审委委员的会计师事所在 IPO 审计服务市场的竞争力，有助于提高其市场占有率。

3. 理论假设

根据以上的分析，会计师事务所介入股票发行审核监管会对 IPO 审计服务市场竞争产生影响，有员工担任发审委委员会提升会计师事务所在 IPO 审计服务市场的竞争力和市场占有率，这种影响源于寻租效应和信息外溢效应。因而,本书提出如下的理论假设:员工担任发审委委员会显著提高相关会计师事务所在 IPO 审计服务市场的占有率。

但是,合伙人担任本届发审委委员与往届发审委委员对关联会计师事务所 IPO 审计市场竞争的影响可能会不一样,担任本届发审委委员更可能通过寻租效应影响 IPO 审计市场竞争,而担任过往届发审委委员更可能通过信息外溢效应影响 IPO 审计市场竞争。原因在于:第一,作为本届发审委委员,更可能通过寻租而非信息分享的方式影响拟发行人的 IPO 发行审核。对于担任本届发审委委员的合伙人,他(她)必须在担任发审委委员期间与所在会计师事务所脱钩,全职担任专职委员,因而不能花费更多的时间在会计师事务所传播相关经验;同时,专职委员关于发行审核过程中的隐性知识是在参与审核过程中逐步积累起来的,因而对于现任发审委委员而言,其提供隐形知识是受到时间和经验的制约;相反,担任本届发审委委员虽然不能直接参与自己所在会计师事务所审计企业的发行审核,但是来自不同会计师事务的发审委委员可能相互"照顾",从而使自己的会计师事务受益。第二,作为往届发审委委员,更可能通过信息外溢效应而非寻租效应影响关联会计师事务所的 IPO 审计市场份额。由于不直接参与股票发行审核工作,因而往届发审委委员不可能通过影响股票发行审核过程使自己的会计师事务所受益;相比之下,由于担任发审委委员期间积累的关于股票发行审核中的经验和隐形知识,担任过往届发审委委员的合伙人可以通过内部的培训传递相关隐性知识和经验,从而使关联会计师事务所审计的拟发行人的申请文件在形式和内容上更加符合监管机构的要求,从而提高拟发行人通过发行审核的可能性,增加相关会计师事务所的市场占有率。

二、会计师事务所介入对 IPO 审计服务市场竞争的影响:研究设计

1. 被解释变量——IPO 审计服务市场份额(IPO_share)

在上一节的研究中,我们分别采用了本届发审委委员和往届发审委委员来考察中介机构介入股票发行审核对拟发行人能否通过发行审核的影响。在本节的分析中,拟继续把发审委委员划分为本届和往届来考察中介机构介入新股发行监管对 IPO 审计服务市场竞争的可能影响及其影响机制。在这种情况下,由于以年度为时间单位来度量 IPO 审计服务市场的市场占有率将面临问题,因而以届别来计算会计师事务所的 IPO 审计服务市场占有率。

附录 4 是主板市场第 8 至第 12 届发审委期间 IPO 审计服务市场的市场占有率情况。对于每家会计师事务所的 IPO 市场份额计算是以其通过发

行审核的拟上市公司数量占该届发审委审核通过的拟上市公司总数的比例来表示[①]。

表6-13是主板市场第8至第13届发审委审核期间IPO审计服务市场概况。由于会计师事务所合并的原因,具有证券期货从业资格的会计师事务所数量从第八届的65家下降到第13届的50家。表6-13的数据显示,IPO市场具有较大的波动性,这体现在每届发审委审核通过的拟上市公司数量的波动上,第10届仅41家拟上市公司通过发行审核,而第11届有189家通过发行审核。

表6-13　主板IPO审计服务市场概况

届别	审计机构数量	通过审核的IPO数	CR5	CR10
第八届	65	85	37.08%	56.17%
第九届	65	143	39.85%	60.14%
第十届	59	41	41.46%	65.85%
第十一届	53	189	45.50%	70.37%
第十二届	52	160	43.75%	63.75%
第十三届	50	153	43.79%	62.74%

2.解释变量

为了考察会计师事务所的IPO市场监管介入(员工担任发审委委员)与会计师事务所的IPO审计服务市场占有率之间的关系,本节把会计师事务所的介入划分为两种情况:是否有员工担任本届发审委委员和曾经担任往届发审委委员。如果有员工担任本届发审委委员,那么可能会给会计师事务所的审计服务市场竞争带来直接的利益;相比之下,有员工曾经担任过发审委委员,可以为会计师事务所的审计服务客户提供指导,进而间接影响会计师事务所的审计服务市场竞争。

第一,是否有员工担任本届发审委委员(变量bjwy)。比如,对于主板市场第十届发审委,如果会计师事务所员工担任主板市场第十届发审委委员,那么变量bjwy取值为1,否则为0。

第二,曾经担任往届发审委委员的员工人数(变量wjrs)。在变量wjrs的计算方面,比如对于主板市场第十届发审委,变量wjrs取值按照会计师事

---

① 本章采用拟上市公司的数量而非拟上市公司的总资产来测度IPO审计服务市场占有率情况是因为对于金融类的公司(银行、证券公司)的资产规模相对于其他行业的企业太大,从而会造成偏差。

务所担任主板市场第六至九届发审委委员的人数计算。值得注意的是,如果某一会计师事务所同一员工先后担任第七、八届发审委委员,那么wjrs等于1而非2。

3. 其他影响因素

除了员工是否曾经担任发审委委员外,还有其他因素也影响会计师事务所的IPO审计服务市场占有率,为了降低遗漏变量可能带来的内生性问题,本书还考虑以下因素的影响:

第一,会计师事务所的实力(变量m_share)。会计师事务所的实力和业务拓展能力越强,越可能在IPO审计服务市场中获得新的审计业务,提高IPO审计服务市场的占有率。本节以上年度已上市公司的审计服务市场占有率来表示会计师事务所的实力和规模。

第二,会计师事务所的声誉(变量reputation)。现有的研究表明,在IPO市场中,聘请高声誉的中介机构有助于降低信息不对称对发行人的不利影响,因而会激励拟发行人聘请高声誉的中介机构。本章以中国注册会计师行业协会发布的《20××年会计师事务所综合评价前百家信息》[①]中上年度会计师事务所在行业的综合排名来表示声誉,如果会计师事务所排名在前10名,则reputation取值为1,否则为0。

第三,是否受到惩罚(变量punish)。如果会计师事务所在上个年度的执业中受到刑事处罚、行政处罚或行业惩戒,那么变量punish取值为1,否则为0。对于会计师事务所是否受到处罚的数据同样来自中国注册会计师行业协会发布的《20××年会计师事务所综合评价前百家信息》表中。

第四,是否有合并(变量merge)。如果会计师事务所在年度内发生合并事项,则变量merge取值为1,否则为0;对于会计师事务所是否发生合并事项主要从会计师事务所的网站和百度搜索来搜集相关数据。

第五,是否为国际所(变量inter)。对于安永华明、德勤华永、毕马威华振、普华永道中天四家会计师事务所,变量inter取值为1,其他的会计师事务所取值为0。

第六,注册会计师人数(变量number)。注册会计师事务所人数来源中国注册会计师行业协会发布的《20××年会计师事务所综合评价前百家信息》表中,在计算时,对每家会计师事务所的人数取对数。

第七,界别控制。本书采用5个虚拟变量来控制界别的可能影响,其中

[①]　具体网址为:http://cmis.cicpa.org.cn/cicpa2_web/public/queryofficezhpj.shtml。

第13届发审委为对照组。

三、会计师事务所介入 IPO 市场管制对 IPO 审计市场竞争影响的实证分析结果

1.描述性统计分析结果

表 6-14 是相关变量的描述性统计结果。变量 IPO_share 的均值为 1.9775%,标准差为 2.7987%,最大值为 15.1898%,最小值为 0;而变量 m_share 的均值为 1.9821%,标准差为 2.1096%,最大值为 12.0986%,最小值为 0.0475%;上述统计结果表明,变量 IPO_share、m_share 的均值差异不大,但前者的波动比后者要高。

变量 wjrs 的最大值为 5,最小值 0,均值为 0.47,标准差为 0.871,这说明会计师事务所在曾经担任发审委委员的员工数上存在较大差异;变量 bjwy 的均值为 0.17,标准差为 0.373。

表 6-14 相关变量的描述性统计结果

	极小值	极大值	均值	标准差
IPO_share(%)	0	15.1898	1.9775	2.7987
m_share(%)	0.0475	12.0986	1.9821	2.1096
wjrs	0	5	0.47	0.871
bjwy	0	1	0.17	0.373
reputation	0	1	0.20	0.403
number	4.094	7.266	5.415	0.7287
merger	0	1	0.20	0.403
inter	0	1	0.09	0.291
punish	0	1	0.2900	0.4545

2.相关性分析结果

表 6-15 是变量的相关性分析结果。相关性分析结果表明:变量 IPO_share 与 M_share 之间的相关系数为 0.721(在 1% 水平显著),这表明会计师事务所的 IPO 审计服务市场份额与其审计已上市公司的份额高度正相关;变量 IPO_share 与 wjrs 的相关系数为 0.554(1% 水平显著),这表明,会计师事务所的 IPO 审计服务市场份额与其曾经担任发审委委员的员工数正相关,曾经担任发审委委员的员工数越多,会计师事务所的 IPO 审计服务市场占有率越高。变量 IPO_share 与 bjwy 的相关系数为 0.116(5% 水平显著),这表明,会计师事务所的 IPO 审计服务市场份额与是否有员工担任本

届发审委委员正相关，有员工担任本届发审委委员，则会计师事务所的IPO审计服务市场占有率越高。

此外，变量IPO_share与reputation、number、merger的相关系数分别为0.267(1％水平显著)、0.285(1％水平显著)、0.391(1％水平显著)，这表明会计师事务所的IPO审计服务市场份额与会计师事务所的声誉、注册会计师人数、合并其他所正相关；同样与预期一致，变量IPO_share与punish的相关系数为－0.074(5％水平显著)，这表明会计师事务所的IPO审计服务市场份额与受到惩罚负相关。

以上的相关性分析结果表明，会计师事务所介入IPO市场发行监管与其IPO审计服务市场占有率之间存在显著的正相关关系，与理论假设一致。

表6-15　变量的相关性分析结果

	IPO_share	M_share	wjrs	bjwy	reputation	number	merger	punish
IPO_share	1							
M_share	0.721**	1						
wjrs	0.554**	0.534**	1					
bjwy	0.116*	0.215**	0.259**	1				
reputation	0.267**	0.314**	0.330**	0.183**	1			
number	0.285**	0.416**	0.486**	0.278**	0.671**	1		
merger	0.391**	0.439**	0.149**	0.061	0.177**	0.185**	1	
punish	－0.074*	0.096	－0.011	－0.047	－0.088	0.047	0.209**	1
inter	－0.002	－0.029	0.242**	0.078	0.520**	0.324**	－0.012	－0.095

**:1％水平显著；*:5％水平显著

3. 混合数据的回归分析结果

下面通过多元线性回归模型在控制其他影响因素的情况下，分析会计师事务所介入新股发行审核监管对IPO审计服务市场占有率的影响。

(1)是否有本届发审委委员的影响

表6-16是以是否有员工担任本届发审委委员的混合数据回归分析结果。多元线性回归分析结果表明，在控制其他因素的影响下，变量bjwy的系数为－0.276，小于零但统计上并不显著，这表明，是否有员工担任本届发审委委员对会计师事务所的IPO审计服务市场竞争并没有产生显著的影响，上述结论不同于王兵等人(2009)和赖少娟等人(2012)的研究结论。

表 6-16　会计师事务所 IPO 审计市场占有率影响因素的实证分析结果

变量	系数	标准差	t 统计量	显著性	VIF
截距	1.561	1.253	1.245	0.214	
m_share	1.050***	0.072	14.494	0.000	1.543
bjwy	−0.276	0.299	−0.925	0.356	1.108
reputation	0.663	0.418	1.586	0.114	2.553
punish	−0.001	0.027	−0.021	0.983	1.158
merger	1.095**	0.526	2.081	0.038	1.328
number	−0.306	0.229	−1.338	0.182	2.757
inter	−0.021	0.461	−0.046	0.963	1.464
届别因素	控制				
方程特征	$F=30.175(^{***})$, Adj. $R^2=0.513$, Durbin−Watson$=2.072$				

***:1％水平显著;**:5％水平显著;*:10％水平显著

多元线性回归分析结果还表明,变量 m_share 的系数为 1.050,大于零且在 1％水平显著,这表明,会计师事务所在已上市公司的审计市场份额越高,其在 IPO 审计服务市场的占有率也越高。变量 merger 的系数为 1.095,大于零且在 5％水平显著,这说明会计师事务所的合并与 IPO 审计服务市场的占有率正相关。

(2)事务所中担任往届发审委委员人数对 IPO 审计市场竞争的影响

表 6-17 是以事务所的往届发审委委员人数作为解释变量的回归分析结果。多元线性回归分析结果表明,变量 wjrs 的系数为 1.212,大于零且在 1％水平显著,这说明,IPO 审计服务市场的份额与会计师事务所的往届发审委委员人数正相关,会计师事务所中曾担任发审委委员的人数越多,会计事务所的 IPO 审计服务市场占有率越高。

除了变量 wjrs 之外,变量 m_share 的系数为 0.816(1％水平显著),这表明,会计师事务所在已上市公司审计服务市场的市场占有率越高,其在 IPO 审计服务市场占有率也越高;变量 reputation 的系数为 0.867(5％水平显著),这说明会计师事务所的声誉越高,会计师事务所的 IPO 审计服务市场占有率亦越高。

表 6-17　往届发审委委员人数与会计师事务所的 IPO 审计市场占有率

变量	系数	标准差	t 统计量	显著性	VIF
截距	2.934**	1.188	2.469	0.014	—
m_share	0.816***	0.077	10.561	0.000	1.960
wjrs	1.212***	0.196	6.194	0.000	1.755
reputation	0.867**	0.396	2.189	0.029	2.566
punish	−0.008	0.025	−0.309	0.757	1.151
merger	1.418***	0.500	2.835	0.005	1.340
number	−0.592***	0.217	−2.728	0.007	2.766
inter	−0.704	0.450	−1.563	0.119	1.556
届别因素	控制				
方程特征	$F=36.81(***)$, Adj. $R^2=0.563$, Durbin−Watson$=2.095$				

$***$:1%水平显著;$**$:5%水平显著;$*$:10%水平显著

（3）是否有本届委员和往届发审委委员人数的综合影响

表 6-18 是把变量 bjwy 和 wjrs 同时纳入回归方程得到的分析结果。回归分析结果表明,在综合考虑本届委员和往届委员的情况下,变量 bjwy 的系数仍旧小于零,但在 10%水平显著;而变量 wjrs 的系数为 1.247,大于零且在 1%水平显著。

由此可见,在综合考虑变量 bjwy 和 wjrs 的情况下,变量 bjwy 的影响与预期相反且在统计上显著,而变量 wjrs 的影响在统计上显著且与预期一致。以上的分析结果表明,在综合本届和往届发审委委员的影响下,会计师事务所介入新股发行监管更可能通过信息外溢效应影响 IPO 审计市场竞争。

表 6-18　综合本届委员和往届委员影响的回归分析结果

变量	系数	标准差	t 统计量	显著性	VIF
截距	2.670**	1.196	2.233	0.026	—
m_share	0.823***	0.077	10.660	0.000	1.965
bjwy	−0.470*	0.284	−1.659	0.098	1.121
wjrs	1.247***	0.196	6.353	0.000	1.776
reputation	0.851**	0.395	2.151	0.032	2.568
punish	−0.004	0.025	−0.176	0.860	1.158
merger	1.404***	0.499	2.813	0.005	1.340

续表

变量	系数	标准差	t 统计量	显著性	VIF
number	-0.536^{**}	0.219	-2.447	0.015	2.834
inter	-0.719	0.449	-1.601	0.110	1.557
届别因素	控制				
方程特征	$F=37.45(^{***})$, Adj. $R^2=0.512$, Durbin−Watson$=2.03$				

***:1%水平显著;**:5%水平显著;*:10%水平显著

4. 不同界别的回归分析结果

本节的研究样本为第八至第十三届发审委,下面把研究样本按照界别划分为 6 个子样本,分别考察子样本期间中介机构介入 IPO 发行审核对 IPO 审计服务市场竞争的影响。

表 6-19 是以是否有员工担任本届发审委委员作为解释变量的回归分析结果。回归分析结果表明,对于 6 个子样本,变量 bjwy 的系数在统计上都不显著,并且除了第十一届发审委外,变量 bjwy 的系数均小于零。这说明,是否有员工担任本届发审委委员并不能提升会计师事务所的 IPO 审计服务市场占有率。

表 6-19　本届委员为解释变量的分样本多元线性回归分析结果

变量	第 8 届	第 9 届	第 10 届	第 11 届	第 12 届	第 13 届
截距	-2.626	3.805	4.358	2.920	3.510^{*}	0.202
m_share	0.855^{***}	1.306^{***}	0.772^{**}	0.740^{***}	1.595^{***}	1.257^{***}
bjwy	-1.221	-0.765	-0.743	0.872	-0.260	-0.544
reputation	-2.459^{**}	0.898	1.706	3.414^{***}	-0.381	0.133
punish	-0.087	-0.020	0.049	0.118^{**}	-0.130	-0.027
merger	-0.266	3.400^{**}	4.545^{***}	-0.233	—	-5.169^{**}
number	0.657	-0.846	-0.860	-0.597	-0.786^{***}	-0.091
inter	2.712^{**}	0.316	-0.352	-2.899^{**}	0.652	0.154
Adj. R^2	0.201	0.592	0.476	0.575	0.833	0.743

***:1%水平显著;**:5%水平显著;*:10%水平显著

表 6-20 是以会计师事务所往届发审委委员数量作为解释变量的回归分析结果。多元线性回归分析结果表明,对于 6 个子样本(第八届至第十三届),变量 wjrs 的系数除了第九届外,均大于零,其中对于第 10 届、第 11 届、第 13 届发审委,变量 wjrs 的系数不但大于零,而且其影响在统计上显著,这

表明,对于会计师事务所而言,曾经担任往届发审委委员的人数与会计师事务所的IPO审计服务市场占有率正相关。

表 6-20 往届委员人数为解释变量的分样本多元线性回归分析结果

变量	第 8 届	第 9 届	第 10 届	第 11 届	第 12 届	第 13 届
截距	−1.302	4.226	6.276**	4.845**	4.112**	0.695
m_share	0.809***	1.202***	0.463*	0.504**	1.468***	1.003***
wjrs	0.644	−0.028	2.177***	1.688***	0.468	0.792**
reputation	−2.523**	0.817	1.033	2.828***	−0.214	0.686
punish	−0.089	−0.020	0.038	0.138***	−0.131	0.005
merger	0.063	3.722**	4.010*****	−0.261	—	−2.837
number	0.388	−0.918	−1.202*	−0.956*	−0.894**	−0.205
inter	1.920	0.546	−0.546	−2.965***	0.338	−0.780
Adj. R^2	0.194	0.583	0.591	0.692	0.839	0.770

***:1%水平显著;**:5%水平显著;*:10%水平显著

以上对会计师事务所介入新股发行监管与IPO审计服务市场竞争的关系进行了实证分析。实证结果表明,二者的关系与选取的代表会计师事务所介入监管的代理变量有关:第一,会计师事务所是否有员工担任本届发审委委员与会计师事务所IPO审计服务市场竞争之间不存在显著的关系;第二,会计师事务所的IPO审计服务市场占有率与会计师事务所中曾经担任发审委委员的员工数正相关,曾经担任发审委委员的员工越多,会计师事务所的IPO审计服务市场占有率越高。

由此可见,不论是混合数据还是分年度数据的分析结果都表明,会计师事务所介入新股发行监管更可能通过信息外溢效应而非寻租效应影响IPO审计服务市场的竞争。

5.面板数据的分析结果

以上研究尽管控制了诸如会计师事务所实力、声誉、处罚等因素,但仍旧不能排除遗漏变量带来的内生性问题所造成的偏误,比如会计师事务所合伙人与证监会、中国注册会计师行业协会的关系等因素,会计师事务所合伙人与上述机构的关系越好,其所在的会计师事务所的员工越可能被监管机构选中作为发审委委员,而在上述多元线性回归模型中忽略了上述因素的影响,从而可能会造成回归分析中的误差项与解释变量之间相关所导致的内生性问题。为此,下面采用面板数据来解决遗漏变量可能带来的内生性问题,面板数据处理的计量模型设定如下:

$$IPO\_share_{it} = \alpha + \beta_1 \cdot wy_i + \sum_{j=1}^{N} \beta_j \cdot x_{ijt} + a_i + \varepsilon_{it}$$

在面板计量模型中,解释变量为 wy,它的取值为 bjwy 或 wjrs,x_j 为控制变量,a_i 为固定效应,它反映会计师事务所不随时间改变的异质特征,ε_{it} 为随机误差项。

在面板数据的处理中,个体的异质性(a_i)是恒定不变的,而在本书的研究中,由于经常发生会计师事务所的合并,这可能导致会计师事务所在合并前后的 a_i 发生变化。本书的研究样本为主板第 8 届至第 13 届发审委,其中第八届有从业资格的会计师事务所 65 家,由于合并因素的影响,到 2011 年底减少至 50 家;为了减少会计师事务所合并因素的影响,本节以第十一届至第十三届发审委的审核期作为样本期。在样本期中,会计师事务所分别为 53 家、52 家、50 家,数量相对比较稳定,由于每一期的会计师事务所数量并不完全相等,因而本节研究的数据为非平衡面板数据。

在非平衡面板数据分析中,被解释变量仍旧是 IPO_share,解释变量也同样为 bjwy 或 wjrs;控制变量除了 punish 以外,其他的含义与上面相同;在面板数据中,变量 punish 取值等于处罚的分值,而不采用虚拟变量来表示是否受到处罚,以分析处罚力度是否影响 IPO 审计服务市场的竞争。

表 6-21 是以变量 bjwy 作为解释变量的随机效应模型和固定效应模型分析结果。实证分析结果显示,在随机效应模型中,变量 bjwy 的系数 0.4061,大于零且在 10% 水平显著;而在固定效应模型中,变量 bjwy 的系数为 0.3939,大于零且在 1% 水平显著。以上的分析表明,不论是随机效应模型还是固定效应模型,变量 bjwy 的系数都显著大于零,这表明会计师事务所的 IPO 审计服务市场占有率与是否有员工担任本届发审委委员正相关。上述结论与混合数据的多元线性回归分析结果不一致。

表 6-21　解释变量为本届委员的面板数据分析结果

模型	随机效应模型			固定效应模型		
变量	系数	标准差	显著性	系数	标准差	显著性
c	−0.3058	0.7985	0.7023	0.7872	0.5416	0.1493
m_share	0.7997***	0.1603	0.0000	0.3676***	0.0460	0.0000
number	0.0785	0.1408	0.5779	0.0606	0.1112	0.5866
reputation	0.8338	0.7889	0.2923	−0.09761	0.1302	0.4553
merger	−0.1509	0.5168	0.7707	−0.6391**	0.2956	0.0331
punish	−0.0683**	0.0327	0.0388	−0.0933***	0.0136	0.0000

续表

模型	随机效应模型			固定效应模型		
变量	系数	标准差	显著性	系数	标准差	显著性
bjwy	0.4061*	0.2384	0.0906	0.3939***	0.1443	0.0075
inter	−1.0945	0.8100	0.1787	—	—	—

***:1%水平显著;**:5%水平显著;*:10%水平显著

表 6-22 是以变量 wjrs 作为解释变量的回归分析结果。在随机效应模型中,变量 wjrs 的系数为 1.3388,大于零且在 1% 水平显著;而在固定效应模型中,变量 wjrs 的系数为 0.8639,大于零且在 5% 水平显著;与变量 bjwy 类似,不论是固定效应模型还是随机效应模型的回归分析结果都表明,会计师事务所的 IPO 审计服务市场占有率与曾经担任发审委委员的会计师事务所员工人数正相关,会计师事务所中曾经担任发审委委员的人数越多,会计师事务所的 IPO 审计服务市场占有率越高。

表 6-22 以往届委员数作为解释变量的面板数据回归分析结果

模型	随机效应模型			固定效应模型		
变量	系数	标准差	显著性	系数	标准差	显著性
c	0.5404	1.1620	0.6426	0.0815	1.5655	0.9586
m_share	0.6769***	0.0729	0.0000	0.3568***	0.1012	0.0006
number	−0.1102	0.2169	0.6123	0.1357	0.27923	0.6283
reputation	0.8718**	0.4079	0.0342	−0.2355	0.5107	0.6457
merger	−0.6348*	0.3539	0.0750	−0.7455*	0.4363	0.0908
punish	−0.0816***	0.0246	0.0012	−0.0941***	0.0263	0.0006
wjrs	1.3388***	0.2105	0.0000	0.8639**	0.3671	0.0206
inter	−1.7368***	0.5865	0.0036	—	—	—

***:1%水平显著;**:5%水平显著;*:10%水平显著

以上的非平衡面板数据分析结果与多元线性回归分析结果存在以下差异:第一,多元线性回归分析结果表明,变量 bjwy 对 IPO 审计服务市场占有率没有显著影响,而变量 wjrs 与会计师事务所的 IPO 审计服务市场占有率之间存在显著的正相关关系;第二,在面板数据中,不论是固定效应还是随机效应模型,变量 bjwy 和 wjrs 的系数均显著大于零,这与多元线性回归模型的分析结果不一样。由于面板数据降低了会计师事务所的异质性可能引发的内生性问题对结论的影响,其结论更加稳健。因而,从面板数据的分析可知,会计师事务所介入新股发行监管确实对 IPO 审计服务市场的竞争产生了影响。

上面分别以变量 bjwy 和 wjrs 作为解释变量对会计师事务所介入新股发行监管与 IPO 审计服务市场竞争关系进行了分析;而在相关性分析中,变量 bjwy 和 wjrs 之间的相关系数为 0.259(1%水平显著),而在面板数据的回归分析中只考虑其中一个变量的影响而忽略另外一个变量,这可能会因遗漏变量带来的内生性问题而影响结论。

表 6-23 是同时考虑变量 bjwy 和 wjrs 影响时的面板数据回归分析结果。回归分析结果表明,在同时考虑变量 bjwy 和 wjrs 的影响时,二者的影响在显著性上存在差异。在随机效应模型中,变量 bjwy 和变量 wjrs 的系数分别为 0.0779 和 1.3254,均大于零,但变量 wjrs 的影响在 1%水平显著;而变量 bjwy 的影响在控制了变量 wjrs 之后变得不显著了。与随机效应模型相似,在固定效应模型中,变量 bjwy 和变量 wjrs 的系数分别为 0.3256 和 0.8122,均大于零;而在显著性方面,变量 wjrs 的影响仍在 1%水平显著,变量 bjyw 的影响在统计上并不显著。

表 6-23　同时考虑往届与本届委员影响时的面板数据分析结果

模型	随机效应模型			固定效应模型		
变量	系数	标准差	显著性	系数	标准差	显著性
C	0.7076	0.9949	0.4781	0.0009	0.5428	0.9987
m_share	0.6955***	0.1587	0.0000	0.3693***	0.0442	0.0000
number	−0.1495	0.1710	0.3833	0.1374	0.1178	0.2463
reputation	0.9574**	0.4705	0.0437	0.1981*	0.1023	0.0558
merger	−0.6375**	0.2895	0.0292	−0.7451**	0.2456	0.0031
punish	−0.0813***	0.0293	0.0063	−0.0985***	0.0174	0.0000
bjwy	0.0779	0.2096	0.7105	0.3256	0.1964	0.1107
wjrs	1.3254***	0.2565	0.0000	0.8122***	0.2324	0.0007
inter	−1.7689***	0.6374	0.0062	—	—	—

*** :1%水平显著;** :5%水平显著;* :10%水平显著

四、总结

本节以主板市场第 8 至 13 届发审委审核期间为研究样本期对会计师事务所介入股票发行审核与 IPO 审计服务市场竞争之间的关系进行了实证分析。在具体的数据处理方法上,本章采用了混合数据的多元线性回归模型和非平衡的面板数据分析方法来研究二者的关系。

在混合数据的多元线性回归模型中,实证研究结果表明,会计师事务所的 IPO 审计服务市场占有率与会计师事务所是否有员工担任本届发审委委员之间不存在显著的关系,而与会计师事务所中曾经担任发审委委员的数量显著正相关,曾经担任发审委委员的员工人数越多,会计师事务所的市场占有率越高。

在混合数据模型中,由于任何与解释变量相关的遗漏变量都会造成内生性问题进而影响结论的可靠性,为此本书采用了面板数据来解决会计师事务所异质性可能带来的影响。然而,在研究样本期间,我国会计师事务所发生了大量的合并事件,造成了部分会计师异质性并非不变的。为了克服上述问题可能带来的影响,本节以第 11 至 13 届发审委审核期间作为样本期,在上述时间内发生会计师事务所合并的事项比较少,保证会计师事务所异质性的稳定。在面板数据的分析中,本节同时比较了随机效应模型和固定效应模型的结果,回归分析结果表明,单独把变量 bjwy 或变量 wjrs 作为解释变量时,它们与会计师事务所的 IPO 审计服务市场占有率正相关,与混合数据的分析结果不一样,这里变量 bjwy 的影响是显著为正的;然而同时把变量 bjwy 和 wjrs 纳入回归方程后,只有变量 wjrs 的系数显著为正,而变量 bjwy 的系数在统计上不显著了。

综合混合数据和非平衡面板数据的分析结果可知,变量 bjwy 与会计师事务所的 IPO 审计服务市场占有率之间并不存在显著的稳定关系,而变量 wjrs 与会计师事务所的 IPO 审计服务市场占有率之间存在稳定的显著正相关关系。

在理论分析中,本章提出了中介机构介入新股发行监管影响 IPO 审计服务市场竞争机理:寻租效用和信息外溢效应,而本节的实证研究结果表明,中介机构介入新股发行监管更可能通过信息外溢效应影响 IPO 审计服务市场竞争格局,证据在于:会计师事务所的 IPO 审计服务市场占有率与会计师事务所是否有员工担任本届发审委委员没有相关性,而与会计师事务所中曾经担任往届发审委委员的合伙人数显著正相关。

结论与政策建议

第七章 结论与政策建议

第一节　IPO市场准入管制对资本市场发展影响

第三章至第六章分别从中小投资者保护、资本市场中介机构声誉的培育、IPO市场准入的所有制歧视和IPO审计服务市场竞争等角度分析了核准制下IPO市场准入管制的经济影响,实证研究结果表明,IPO市场准入管制对我国资本市场发展的影响具有两面性,下面根据上面的实证研究结果对IPO市场准入管制的积极影响和消极影响进行归纳总结,然后在此基础上提出进一步完善我国新股发行监管制度的政策建议。

一、核准制下IPO市场准入管制对资本市场发展的积极影响

第三、四章对股票发行审核委员会审核行为的实证研究结果表明,IPO市场准入管制在保护中小投资者利益和培育资本市场中介机构的声誉方面发挥了积极的作用。

1. 核准制下IPO市场准入管制对中小投资者利益保护的作用

法律制度对中小投资者利益保护对资本市场发展至关重要,然而在法律制度不能提供充分保护的情况下,有两种替代机制可以发挥作用:政府的积极监管和企业自我实施的公司治理机制。在法律制度未能提供充分保护的情况下,政府监管部门可以通过积极的立法和执法来强化对中小投资者的保护;除了外生的法律制度与政府监管外,企业可以通过公司治理结构的选择来向外部投资者传递对中小股东利益重视的信号。

由于核准制下IPO市场准入管制体现在股票发行审核委员会的股票发行审核环节上,因而第三章尝试从股票发行审核委员会是否把拟发行人的公司治理质量作为股票发行审核的重要依据来分析IPO市场准入管制是否

具有保护中小投资者的功能。

根据2006年中国证监会颁布的《首次公开发行股票并上市管理办法》对拟发行人提出的"资产完整、人员独立、财务独立、机构独立、业务独立"的要求,第三章从拟发行人的经营独立性(拟发行人与关联方的交易情况)、董事会独立性、信息披露质量等几个方面编制指数来表示公司治理质量,进而对拟发行人的公司治理质量与拟发行人成功过会的关系进行了实证分析。实证研究结果表明,拟发行人的公司治理质量越高,拟发行人通过股票发行审核获得上市资格的可能性越大,这说明股票发行审核委员会把拟发行人的公司治理质量作为股票发行审核的重要依据。因而从一定程度上讲,我国的政府监管(体现在IPO市场的准入管制)作为法律替代机制在保护投资者利益方面发挥了一定的作用,具体表现为发审委对拟发行人公司治理质量的要求上。

在IPO市场准入管制环节,股票发行审核委员会对拟发行人公司治理质量的重视势必会对我国资本市场的发展产生一定的积极作用:由于股票发行审核委员会把公司治理质量作为发行审核的依据之一,拟上市的企业必然会在企业改制阶段重视公司治理结构的完善以提高成功过会的可能性,从而使上市公司的公司治理质量整体得到提高,进而有助于保护中小投资者利益和促进我国资本市场的发展。

2. 核准制下IPO市场准入管制对中介机构声誉机制培养的作用

信息不对称是影响资本市场效率的关键因素,而包括会计师事务所、投资银行、信用评级机构等在内的中介机构在资本市场的信息生产、信息质量认证方面发挥作用重要;中介机构之所以能够在资本市场的信息生产和认证方面发挥重要作用原因在于中介机构的声誉机制。中介机构声誉的形成是一个长期严格执业的积累过程,中介机构只有制定严格的执业标准并长期遵循和执行,方能建立和维持声誉(Chemmanur & Fulghieri,1994),因而中介机构的声誉构成了信息质量和可靠性的保证;同时由于中介机构声誉的建立需要长期的积累,相反声誉的破坏只需旦夕,因而中介机构的声誉越高,其维护自身声誉的动机就越强,这将导致更高质量的信息认证。此外,中介机构声誉机制的培育还离不开资本市场对高质量信息的需求,市场对高质量信息的需求越强烈,越有助于中介机构声誉的培育和作用的发挥。

然而,在股票发行审批制下,股票发行额度成为拟上市企业资本市场准入的"通行证",拟上市公司获得股票发行额度成为IPO市场准入的充要条件;同时,在新股发行审批制下,新股发行定价采用计划价格定价方式,新股定价系统偏低,投资者认购新股都能获得超额收益。因而,在审批制下,无论是拟上市公司还是投资者都没有对高声誉中介机构的内在需求，这显然不利于我国资本市场中介机构声誉机制的培育。

那么新股发行监管制度从审批制到核准制的改革是否激起了市场对中介机构声誉的内在需求，进而为中介机构声誉机制的培育创造了条件呢？

在新股发行核准制下，股票发行审核委员会的发行审核取代审批制下的股票发行额度成为决定企业能否发行股票的关键。如果股票发行审核委员会在股票发行审核中把拟发行人聘请的中介机构声誉作为发行审核的重要依据，那么将有助于中介机构声誉的培育。

而第四章的实证研究结果显示，股票发行审核委员会在股票发行审核中是关注中介机构声誉的，这体现在拟发行人聘请的主承销商声誉越高，拟发行人通过发行审核获得上市资格的可能性越大；民营拟发行人聘请的会计师事务所声誉越高，其通过发行审核获得上市资格的可能性也越大。

股票发行审核委员会在股票发行审核中关注中介机构的声誉将有助于中介机构声誉的培育；因而，在核准制下，IPO市场准入管制在一定程度上为中介机构声誉的培育创造了较为有利的外部环境，对资本市场发展产生积极影响。

二、核准制下 IPO 市场准入管制对资本市场发展的负面影响

核准制下，IPO市场准入管制具有一定的积极经济后果，但也不可避免带来一些负面的经济影响，这主要体现在IPO市场准入管制的所有制歧视和IPO审计服务市场的不公平竞争方面。

1. IPO 市场准入管制与 IPO 市场准入的所有制歧视

所有制歧视造成民营企业与国有企业在生产要素获得、市场准入等方面的不公平竞争，影响民营企业和民营经济的发展。而第五章的实证研究结果显示，IPO市场准入管制存在如下的所有制歧视：

第一，IPO市场准入的隐性所有制歧视。在IPO市场准入管制中，股票发行审核委员会对国有和民营拟发行人遵循不同的审核标准。在把监管部门对拟发行人的实质要求划分为易于比较的定量条件和难以比较的定性条件的情况下，第五章的非线性 Blinder-Oaxaca 分解结果表明，发审委对民营拟发行人在定性条件上提出比国有拟发行人更高的要求，造成了隐性所有制歧视；此外，在股票发行审核中，发审委区别对待央企与非央企，央企通过发行审核的可能性显著高于非央企，这种差异仅仅来源于央企的规模比非央企大。

第二，发审委在股票发行审核中对中介机构声誉的关注存在所有制歧视。第四章的实证研究结果显示，民营拟发行人聘请的会计师事务所声誉

越高,其通过股票发行审核的可能性越大;相比之下,国有拟发行人聘请的会计师事务所声誉高低与其通过发行审核之间没有显著的相关性。这表明,国有拟发行人由于与政府的特殊关系而在发审委发行审核中获得"优待",没有动机去聘请高声誉的中介机构,进而不利于我国股票市场中介机构声誉的培育。

2. IPO 市场准入管制对 IPO 审计服务市场公平竞争的影响

在 IPO 市场准入管制中,发审委委员结构的变化呈现出"双专"特征,即更多来自中介机构的专业人员担任专职发审委委员,比如更多来自会计师事务所的合伙人担任发审委委员。第六章研究了上述发审委委员结构变革是否对 IPO 审计服务市场的公平竞争产生影响,实证研究结果显示:第一,虽然员工担任发审委委员并没有显著提升相关会计师事务所主审的拟发行人通过股票发行审核的可能性,但是对国有拟发行人则显著提高拟发行人通过发行审核的可能性;第二,会计师事务所的 IPO 审计服务市场占有率与曾经担任发审委委员的人数显著正相关。这表明有员工担任发审委委员可以提升会计师事务所的 IPO 审计服务市场竞争力,但这种不公平竞争并非直接来源于寻租效应而是来源于信息外溢效应。

综上,IPO 市场准入管制对我国资本市场发展的影响具有两面性:一方面,它在保护中小投资者利益和资本市场中介机构声誉的培育方面发挥了一定的作用,有助于资本市场的发展;另一方面,IPO 市场准入管制造成了我国 IPO 市场准入的隐性所有制歧视和 IPO 审计服务市场不公平竞争,对我国资本市场发展带来的不利影响。图 7-1 为上述关系的示意图。

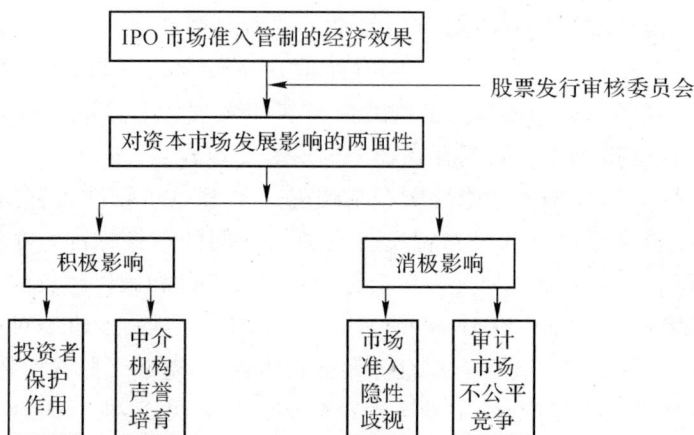

图 7-1　IPO 市场准入管制经济效果

根据以上的研究结论,下面从两个角度提出政策建议:第一,如何进一步完善股票发行核准制以提升资本市场效率；第二，在 IPO 市场准入监管方面放弃核准制实施注册制的优势和面临的制约因素。

第二节　进一步完善股票发行核准制的政策建议

一、完善股票发行审核委员会中来自中介委员的选拔制度

第六章的研究表明，会计师事务所的员工担任发审委委员对 IPO 审计服务市场的竞争产生了影响，这种影响体现在，有员工曾经担任发审委委员与会计事务所的 IPO 审计服务市场占有率显著正相关。与其他研究强调员工担任发审委委员有助于寻租进而提升相关中介机构的市场占有率不同，本书认为员工担任发审委委员通过信息外溢效应提升相关中介机构的市场占有率，原因在于员工担任发审委委员可以积累发审委如何进行股票发行审核的隐性知识和经验。上述的研究结果对于完善股票发行审核委员会的委员选拔工作具有参考价值。

目前中国证监会对来自中介机构（会计师事务所、律师事务所、资产评估机构）的发审委委员的选拔经历中国注册会计师协会等行业协会推荐候选人、中国证监会最终确定两个环节，并对每个环节进行公示。但中国注册会计师协会按照什么标准选择发审委委员候选人以及中国证监会如何从候选人中确定最终入选的发审委委员都无从得知。本书认为，可以把发审委委员的选择作为激励中介机构提升自身执业质量的举措加以实施。

由于员工担任发审委委员可以提升相关中介机构 IPO 审计服务市场的竞争力，因而监管部门可以把发审委委员选拔作为激励中介机构规范运作的措施。中国证监会在发审委委员的选拔中，把选拔名额向那些规范运作、声誉高的中介机构倾斜，而对于在执业中发生违规行为的中介机构则减少它们的员工担任发审委委员的机会。

二、不宜实施中介机构发审委委员审核行为的事后惩罚制度

在目前的制度条件下，股票发行审核委员会委员拥有非常大的权力，他们的投票影响一家企业能否取得股票发行资格，进而影响几亿甚至是几十亿资金的流向，但是他们的责任却比较轻。发审委委员的权力与责任的不对等引发了社会的关注。比如，对于那些通过发审委审核成功的上市公司，在上市之后很快发生业绩变脸，甚至部分企业为了获得上市资格在上市前造假而在上市之后被发现，那么发审委委员是否要承担相应的责任？本书

的研究认为,不应该把上市公司被发现存在盈余管理或造假问题作为对发审委委员进行惩戒的依据,原因在于:

(1)发审委委员在股票发行审核中已经遵循了谨慎原则,这体现在发审委委员的审核行为呈现出风险厌恶的特征。前面的实证研究表明,资产规模大、行业排名靠前、资产负债率低的拟发行人,通过发行审核的可能性越大,而上述特征都在一定程度上体现出拟发行人的风险比较小。发审委委员根据上述特征来"选择"低风险的拟发行人说明发审委委员也担心拟发行人在上市后发生破产、业绩大幅度下降等情况。

(2)在一定程度上,发审委委员也关注拟发行人的盈余管理问题。前面的实证研究结果表明,拟发行人通过发行审核的可能性与上市前的净利润增长率负相关,而与主营收入增长率正相关,这体现出发审委委员对拟发行人公司盈余管理的关注。主营收入和净利润增长可以在一定程度反映拟发行人的成长性,但净利润更容易受盈余管理的影响,而拟发行人成功过会的可能性与拟发行人的净利润增长率负相关在一定程度上体现出发审委委员在股票发行审核中对拟发行人盈余管理问题的关注。而对于少数拟发行人在上市后被发现上市前的造假行为,也不应由发审委承担责任。发审委委员在发行审核时依据拟发行人提供的发行申请资料和中介机构出具的审计报告、法律意见书等材料进行审核,前提条件是这些材料应该是真实、可靠的。如果出现材料造假等,相应的中介机构要承担法律责任,而非发审委委员承担相应的责任。

(3)发审委委员有意愿去发现拟发行人的过度盈余管理或造假问题,但如同投资者一样,发审委委员在 IPO 市场中也面临信息不对称问题,这使发审委委员"心有余而力不足"。如果拟发行人上市后被发现造假就给予发审委委员以处罚,那么势必造成发审委委员成为"危险"岗位,使专业人士不愿意担任发审委委员。

综上,对于发审委委员,不能由于拟发行人获得上市资格后被发现存在过度盈余管理或造假问题而进行处罚。但这不能与发审委委员的违法事件相混淆;比如对于发审委委员利用自身的信息优势进行内幕交易属于违法行为。

三、实质审查内容的变革

在新股发行核准制监管模式下,股票发行审核委员会对拟发行人的发行审核是监管部门对拟发行人进行实质条件审查的重要环节。实质条件包括拟发行人的盈利能力、成长性、财务状况、公司治理结构等多方面的因素。

从第三至第六章的实证研究结果可知,反映拟发行人公司治理质量的因素在股票发行审核中被发审委所重视,这代表一个积极的监管策略变化,从以往强调拟发行人的盈利能力、成长性等因素转变到注重中小投资者利益的变化,这种变革需要得到进一步稳固和提升,为将来以形式审查为主的注册改革奠定基础。

四、采取措施降低 IPO 市场准入管制的隐性所有制歧视

要素市场的所有制歧视一直是制约我国民营企业和民营经济发展的重要因素,尽管中央政府"三令五申"敦促职能部门和监管部门采取措施降低民营企业的要素市场准入壁垒,但成效并不显著。而第五章的实证研究表明,我国 IPO 市场准入管制存在隐性所有制歧视,发审委在一些不宜比较的"原则性"指标上对民营企业提出了更高的要求,造成民营企业与国有企业的非公平竞争。由于 IPO 市场准入管制是信息公开程度和受社会监督程度最高的,这表明在其他信息公开程度不高、受社会监督程度低的部门,隐性所有制歧视会更盛行。

隐性所有制歧视的存在与政府对 IPO 市场准入管制的行政干预密切相关,中国证监会需要在股票发行审核环节强调按照统一标准对待国有和民营拟发行人,这样才有可能降低 IPO 市场准入管制的隐形所有制歧视,为民营企业的 IPO 市场准入带来公平的竞争机会。

第三节 关于新股发行监管制度实施注册的必要性和建议

在股票发行核准制下,股票发行审核委员会的股票发行审核在保护中小投资者利益、中介机构声誉的培育方面发挥了积极的作用,并且监管部门可以通过改革发审委委员的选拔机制等措施来进一步完善新股发行监管制度,但新股发行监管的核准制也同样存在一些负面影响,彰显进一步改革的必要性。下面结合前面对股票发行审核委员会审核行为的实证研究结果,分析我国新股发行监管制度改革的必要性,以及推动新股发行监管制度进一步市场化改革所需要的支持条件。

一、核准制的弊端与 IPO 市场准入进一步市场化改革的必要性

1. IPO 市场准入管制的隐性所有制歧视与推进注册制改革的必要性

第五章的实证研究表明,我国 IPO 市场准入管制存在隐性所有制歧视,发审委在一些不宜比较的原则性指标上对民营拟发行人提出了比国有拟发

行人更高的标准,造成隐性所有制歧视;同时央企与非央企的成功过会概率也存在显著差异,并且这种差异主要由规模造成的。而隐性所有制歧视和央企与非央企过会率差异存在的根本原因在于 IPO 市场准入的政府管制,因而消除隐性所有制的根本还在于放弃 IPO 市场准入的政府管制。

此外,第四章的实证研究表明,发审委委员在股票发行审核中关注中介机构的声誉,但是这种关注存在所有制差别,更加关注民营拟发行人聘请的中介机构的声誉,相比之下,对国有拟发行人聘请的中介机构的声誉关注则不高。上述对待中介机构声誉的所有制差异与 IPO 市场准入管制中监管部门的干预有关。

2. 中介机构员工担任发审委委员对 IPO 审计服务市场竞争的不利影响

第六章的实证研究结果表明,会计师事务所的 IPO 审计服务市场占有率与是否有员工担任发审委委员正相关,而目前中国证监会选拔发审委委员的标准并不透明,因而,不能排除发审委委员选拔过程中的寻租行为。此外,尽管第六章以主板市场为研究对象没有发现有员工担任发审委委员可以提升相关会计师事务所主审拟发行人成功过会的概率,但其他以中小板市场(杜兴强等,2013)为研究对象的研究中,却发现了有合伙人担任发审委委员的会计师事务所主审的拟发行人成功过会的可能性显著提高,并且会计师事务所的审计收费更高,这表明在发审委委员的结构中增加来自中介机构委员的比例可能会引发寻租和 IPO 审计服务市场的不公平竞争。股票发行审核中的寻租行为和 IPO 审计服务市场的不公平竞争是内生决定的,通过对发审委委员结构调整是很难消除的。

3. 发审委委员偏好与市场投资者偏好不一致所导致的效率损失

本书的实证研究结果表明,发审委委员在股票发行审核中呈现风险厌恶的特征,这体现在与拟发行人经营风险相关的因素显著影响拟发行人通过发行审核的可能性,具体而言,资产规模越大、行业排名靠前、资产负债率越低的拟发行人通过发行审核的可能性越大。对于发审委委员而言,偏好经营风险小的拟发行人是理性的,因为经营风险小的拟发行人上市后破产或业绩急剧下降的可能性小,这样可以降低由上述事件引起的社会和舆论对发审委委员责任心和能力的质疑。然而发审委偏好经营风险小的拟发行人可能会对市场效率产生影响,这是因为发审委委员与市场的投资者偏好是不一样的,投资者可以通过组合的方式降低风险,因而,发审委委员所关注的高风险拟发行人未必是投资者所担心的。

二、关于新股发行监管制度进一步改革的建议

核准制下 IPO 市场准入管制面临着隐性所有制歧视、IPO 审计服务市

场的不公平竞争、发审委委员与投资者偏好不一致带来的效率损失等问题，这些问题表明我国新股发行监管制度有进一步改革的必要性，IPO市场准入监管的注册制是我国新股监管制度改革的大方向，为了实施注册制，需要做好以下几方面的工作。

1. 强化信息披露

信息不对称是影响资本市场效率的关键因素，而首次公开发行市场更是如此。在新股发行监管中强化相关信息披露是IPO市场准入市场化的关键措施，也是从核准制下的实质条件审查走向注册制下的形式审查的基础。

核准制下，中国证监会已经在强化信息披露（披露的内容和披露的方式）方面做了大量的工作，这为注册制的实施提供坚实的基础。比如，2006年颁布实施的《首次公开发行股票并上市管理办法》第五十八条规定，在中国证监会职能部门受理申请文件后、发行审核委员会审核前，发行人要将招股说明书（申报稿）在中国证监会网站（www.csrc.gov.cn）预先披露。从2012年2月开始，中国证监会对拟发行人的预先披露时间进行了调整，把拟发行人招股说明书（申报稿）的披露时间大大提前，要求拟发行人在证监会的初审会之前预先披露信息。而2013年11月30日中国证监会颁布的《关于进一步推进新股发行体制改革的意见》进一步明确，提前招股说明书（申报稿）预先披露时点，以加强社会的监督。这些措施都表明监管部门在新股发行监管中对信息披露的重视，这将为注册制的实施打下良好的基础。

2. 完善虚假披露的事后惩罚机制

对于IPO市场准入管制的核准制与注册制，监管部门遵循着完全不同的理念。在核准制下，监管部门试图通过实质条件审查为投资者选择高质量的上市公司；而在注册制下，监管部门的目标在于保证信息披露是真实的，上市公司质量的好坏交由市场的投资者来确定和定价。在具体的监管措施实施方面，核准制注重事前的审查，而注册制在强化信息披露的基础上以事后的惩罚机制替代核准制的事前审查机制。

注册制实施的关键在于虚假信息披露一旦被发现，相关的当事人（上市公司的大股东、董事、高管等内部人，以及会计师事务所、律师事务所、主承销商等中介机构）要承担相应的法律责任。只有对虚假披露事件进行严厉的法律惩罚，才能产生威慑作用使新股发行的相关责任人在事前不敢造假，这是注册制运行的基础。

法律制度能否对虚假信息披露给予足够的惩罚一直是新股发行核准制支持者质疑我国新股发行监管制度实施注册制改革能否取得成功的依据。而云南绿大地事件显示，在上市公司造假方面，相关的责任人面临的法律惩罚将大大增加。

正如法与金融学所强调的,在法律制度未能充分发挥作用的情况下,政府监管部门可以在投资者保护方面发挥更大的作用。作为证券市场的立法和执法者,中国证监会可以发挥更重要的作用:第一,强化自身职能的转变,依据《证券法》和证监会自身颁布的法规,加强执法力度,强化对上市公司违法行为的调查力度;第二,尽管证监会对我国司法机关如何处理虚假信息披露没有重大影响力,但证监会可以通过加大对其管辖范围内的相关中介机构和责任人的处罚力度来强化它们在新股发行过程中的尽责调查责任,防患于未然。

3. 合适的时机选择

显然新股发行监管制度变革必然会打破原有的利益格局,使部分既得利益者的利益受损,从而形成进一步改革的阻力,打破既得利益者的阻碍是推动改革的前提。

第一层阻力来源于证券市场监管部门本身。从核准制到注册制的改革将大大减少监管部门的行政审批权力,影响部门利益,因而监管部门推动新股发行监管制度市场化改革的动力不足。而在中央政府强化政府行政职能转变的宏观背景下,当前可能是一个比较合适的时机,因为积极推动新股发行监管制度的市场化改革可以成为证监会高层的"政绩"。

自2013年新一届中央政府成立伊始,转变政府职能,简政放权,进一步发挥市场在资源配置的基础性作用,以激发市场主体的创造活力和增强经济发展的内生动力是本届政府工作的中心所在,而行政审批制度的改革则是突破口和抓手。

相对于其他金融改革(利率市场化、汇率自由浮动改革),新股发行监管制度已经历了从审批制到核准制的改革,除了IPO市场准入没有市场化外,其他的配套措施(比如新股定价机制、配售制度等)已经市场化,进一步改革引发的系统风险较小,因而IPO市场准入监管的注册制改革可以成为我国金融市场改革中减少政府行政审批的突破口。

第二层阻力可能来自于股票市场的投资者。IPO市场准入市场化可能会对我国股票市场的估值带来系统性影响,市场预期股票供给数量的增加会导致股票总体估值下降,从而给持有股票的投资者带来损失,进而引发投资者的反对。在推动IPO市场准入市场化改革的时机选择上,监管部门需要在股票二级市场下跌时还是上涨时之间进行权衡、选择。在二级市场上升的情况下,实施注册制改革来自市场的反对声音会弱些,因而对于监管部门的政治风险更小。

参考文献

[1]Allen F，Faulhaber G. Signaling by underpricing in IPO market [J].
Journal of Financial Economics，1989，23:303-323.

[2]Allen F，J Qian，Qian M. Law，finance，and economic growth in China
[J]. Journal of Financial Economics，2005，77:57-116.

[3]Amit R，Villalonga B. How Do Family Ownership，Control，and
Management Affect Firm Value? [J]. Journal of Financial Economics，
2006，80(2):385-417.

[4]Atanasov V. How much value can blockholders tunnel? Evidence from
the Bulgarian mass privatization auctions [J]. Journal of Financial
Economics，2005，76:191-234.

[5]Bae K，J Kang，Kim J. Tunneling or value added? Evidence from
mergers by Korean business groups [J]. Journal of Finance，2002，57:
2695-2740.

[6]Barclay M，Holdnerness C. Private benefits from control of public
corporations [J]. Journal of Financial Economics，1989，25:371-395.

[7]Beatty R P. Auditor reputation and the pricing of initial public offerings
[J]. The Accounting Review，1989，October:693-709.

[8]Bebchuk L A，Cohen A，Wang C C. Learning and disappearing
association between governance and returns [J]. Journal of Financial
Economics，2013，108:323-328.

[9]Beck T，Levine R. Legal institutions and financial development [M].
Handbook of New Institutional Economics，2005，pp. 251-278.

[10]Beck T，R Levine，Loayza N. Financial intermediation and growth:
Causality and causes [J]. Journal of Monetary Economics，2000，46:
31-77.

［11］Bennedsen M，K Nielsen F Perez-Gonzalez，Wolfenzon D． Inside the family firm：the role of families in succession decision and performance ［J］． Quarterly Journal of Economics，2007，May：647-691．

［12］Bennedsen M，Wolfenzon D． The balance of power in closely held corporations ［J］． Journal of Financial Economics，2000，58：113-139．

［13］Benston George J． Required disclosure and the stock market：An evaluation of the Securities Exchange Act of 1934 ［J］． American Economic Review，1973，63(1)：132-155．

［14］Berkman H，Cole R，Fu L． Expropriation through loan guarantees to related parties：evidence from China ［J］． Journal of Banking and Finance，2009，33：141-156．

［15］Bertrand M，P Mehta，Mullainathan S． Ferreting out tunneling：An application to Indian business groups ［J］． Quarterly Journal of Economics，2002，117：121-148．

［16］Bhattacharya U，Daouk H． The world price of insider trading ［J］． Journal of Finance，2002，62：75-108．

［17］Black B． The legal and institutional preconditions for strong securities markets ［J］． UCLA Law Review，2001，781-855．

［18］Booth J，Smith R． Capital raising，underwriting and the certification process ［J］． Journal of Financial Economics，1986，15：261-281．

［19］Brockman P，Chung D Y． Investor protection and firm liquidity ［J］． Journal of Finance，2003，58：921-937．

［20］Burkart M，F Panunzi，Shleifer A． Family firms ［J］． Journal of finance，2003，Vol． LVIII (5)：2167-2201．

［21］Carter R，Manaster S． Initial public offering and underwriter reputation ［J］． Journal of Finance，1990，45：1045-1068．

［22］Chemmanur T，Fulghieri P． Investment bank reputation，information production，and financial intermediation ［J］． Journal of Finance，1994，49：57-79．

［23］Claessens S，S Djankov J Fan，Lang L H P． Expropriation of minority shareholders in East Asia ［J］． Journal of Finance，2002，57：2741-2771．

［24］Claessens S，S Djankov，Lang L H P． The separation of ownership and control in East Asian corporations ［J］． Journal of Financial

Economics，2000，58：81-112.

[25]Coffee J C Jr. Privatization and corporate governance：the lessons from securities market failure ［J］. The Journal of Corporation Law，1999，25：1-39.

[26]DeAngelo L E. Equity valuation and corporate control ［J］. Accounting Review，1990，65：93-112.

[27]Demers Elizabeth A，Katharina Lewellen. Marketing Role of IPOs：Evidence from Internet Stocks ［J］. Journal of Financial Economics，2003 ，68(3)：413-437.

[28]Doideg C U S. cross listing and the private benefits of control：evidence from dual-class ［J］. Journal of Financial Economics，2004，72：519-553.

[29]Doideg C，A Karolyi，Stulz R M. Why are foreign firm listed in the U. S. worth more? ［J］. Journal of Financial Economics，2004，71：205-238.

[30]Doidge C，Karolyi A，Stulz R M. Why do countries matter so much for corporate governance? ［J］. Journal of Financial Economics，2007，86：1-39.

[31]Durnev A，Kim E H. To steal or not to steal：firm attributes，legal environment，and valuation ［J］. Journal of Finance，2005，60：1461-1493.

[32]Dyck A，Zingales L. Private benefits of control：an international comparison ［J］. Journal of Finance，2004，59：537-600.

[33]Faccio M. Politically connected firms ［J］. American Economic Review，2006，96(1)：369-386.

[34]Faccio M，J McConnell，Masulis R. Political Connection and Corporate Bailouts ［J］. Journal of Finance，2006，61(6)：2597-2635.

[35]Faccio Mara，Lang L. The ultimate ownership of Western European corporations[J]. Journal of Financial Economics，2002，65：365-395.

[36]Fairle R W. The absence of the African-American owned business：an analysis of the dynamics of self-employment ［J］. Journal of Labor Economics，1999，17(1)：80-108.

[37]Fairle R W. An extension of Blinder-Oaxaca decomposition technique to logit and probit models ［J］. Journal of Economic and Social

Measurement，2005，30：305-316.

[38]Fama E，Jensen M. Separation of ownership and control [J]. Journal of Law and Economics，1983，26(2)：301-325.

[39]Glaeser E，S Johnson，Shleifer A. Coase and the Coasian [J]. Quarterly Journal of Economics，2001，116：853-899.

[40]Glaeser E，Shleifer A. Legal origin [J]. Quarterly Journal of Economics，2002，117：1193-1230.

[41]Gompers P，Ishii J，Metrick A. Corporate governance and equity prices [J]. Quarterly Journal of Economics，2003，118(1)：107-155.

[42]Hwang B，Kim S. It pays to have friends [J]. Journal of Financial Economics，2009，93：138-158.

[43]Johnson S，P Boone A Breach，Friedman E. Corporate governance in the Asian Financial Crisis [J]. Journal of Financial Economics，2000，58：141-186.

[44]Johnson S，R La Port F. Lopez-de-Sialnes and Shleifer，A. Tunneling [J]. American Economic Review，2000，90：22-27.

[45]Kim M，Ritter J R. Valuing IPOs [J]. Journal of Financial Economics，1999，53(3)：361-389.

[46]King R，Revine R. Finance and growth：Schumpeter might be right [J]. Quarterly Journal of Economics，1993，108：639-671.

[47]Klapper L F，Love I. Corporate governance，investor protection and performance in emerging markets [J]. Journal of Corporate Finance，2004，10：703-729

[48]La Porta R，F Lopez-de-Sialnes，A Shleifer，Vishny R. Legal determinants of external finance [J]. Journal of Finance，1997，52：1131-1150.

[49]La Porta R，F Lopez-de-Sialnes，A Shleifer，Vishny R. Law and finance [J]. Journal of Political Economy，1998，106：1133-1155.

[50]La Port R，F Lopez-de-Sialnes，Shleifer A. Corporate ownership around the world [J]. Journal of finance，1999，54：471-517.

[51]La Port R，F Lopez-de-Sialnes，A Shleifer，Vishny R. Investor protection and corporate governance [J]. Journal of Financial Economics，2000a，58：3-27.

[52]La Port R，F Lopez-de-Sialnes，A Shleifer，Vishny R. Agency

problems and dividend policies around the world [J]. Journal of Finance, 2000b, 55:1-33.

[53]La Port R, F Lopez-de-Sialnes, A Shleifer, Vishny R. Investor protection and corporate valuation [J]. Journal of Finance, 2002, 57: 1147-1170.

[54]LaPorta R, F Lopez-de-Silanes, Shleifer A. What Works in Securities Laws? [J]. Journal of Finance, 2006. 61(1): 1-32.

[55]Leuz C, D Nanda, Wysocki P D. Earnings management and investor protection: an international comparison [J]. Journal of Financial Economics, 2003, 69:505-527.

[56]Levine R, Zervos S. Stock markets, banks and economic growth [J]. American Economic Review, 1998, 88:537-558.

[57]Linck J S, J M Netter, Yang T. The determinants of board structure [J]. Journal of Financial Economics, 2008, 87(2):308-328.

[58]Liu J, Nissim D, Thomas J K. Equity valuation using multiples [J]. Journal of accounting research, 2002, 40:135-172.

[59]Mitton T. A cross-firm analysis of the impact of corporate governance on the East-Asian financial crisis[J]. Journal of Financial Eonomics, 2002, 64:215-241.

[60]Morck R, B Yeung, Yu W. The information content of stock market: why do emerging markets have synchronous stock price movement? [J]. Journal of Financial Economics, 2000, 58:215-260.

[61]Nenova T. The value of corporate voting rights and control: A cross-country analysis [J]. Journal of Financial Economics, 2003, 68: 325-351.

[62]Pagano M, F Panetta, Zingales L. Why do companies go public? An empirical Analysis [J] Journal of Finance, 1998, 53(1):27-64.

[63]Perez-Gonzalez F. Inherited Control and Firm Performance [J]. American Economic Review, 2006, 96(5):1559-1588.

[64]Pistor K, M Raiser, Gelfer S. Law and finance in transition economics [J]. Economics of Transition, 2000, 8:325-368.

[65]Pistor K, Xu C. Governing stock markets in transition Economics: lessons from China [J]. American Law and Economics Review, 2005, 7(1):184-210.

[66]Pukthuanthong-Le M，Varaiya N. IPO pricing，block sales，and long term performance [J]. Financial Review，2007，42(3)：1-30.

[67]Puri M. Commercial bank as underwriters：implication for the going public [J]. Journal of Financial Economics，1998，54：133-163.

[68]Rajan R G，Zingales L. Financial dependence and growth ［J］. American Economic Review，1998，88：559-573.

[69]Reese Jr W，Weisbach M S. Protection of minority shareholder interests，cross listing in the United States，and subsequent equity offerings [J]. Journal of Financial Economics，2002，66：65-104.

[70]Ritter J. Initial Public Offerings in Warren，Gorham，and Lamont Handbook of Modern Finance edited by Dennis Logue and James Seward，Boston and New York：WGL/RIA 1998.

[71]Ross Stehpen A. The determination of financial structure：the incentive signaling approach [J]. Bell Journal of Economics，1977，8：23-40.

[72]Shleifer A，Vishny R. A survey of corporate governance [J]. Journal of Finance，1997，52：737-783.

[73]Shleifer A，Wolfenzon D. Investor protection and equity market [J]. Journal of Financial Economics，2002，66：3-27.

[74]Sinning M，M Hahn，Bauer T K. The Blinder-Oaxaca decomposition for nonlinear regression model ［J］. Stata Journal，2008，8（4）：480-492.

[75]Stulz R M. Globalization，corporate finance，and the cost of capital ［J］. Journal of Corporate Finance，1999，12：8-25.

[76]Titaman S，Trueman B. Information quality and the valuation of news issues ［J］. Journal of Accounting and Economics，1986，8（2）：159-172.

[77]Welch I. Seasoned offerings，imitation on costs，and the underpricing of initial public offerings [J]. Journal of Finance，1989，44：421-449.

[78]Wurgler J. Financial Market and the Allocation of Capital [J]. Journal of Financial Economics，2000，58：187-214.

[79]陈冬华，章铁生，李翔. 法律环境、政府管制与隐性契约[J]. 经济研究，2008，(3).

[80]陈俊，陈汉文. IPO 价格上限管制的激励效应与中介机构声誉的价

值——来自我国新股发行市场化改革初期的经验证据(2001—2004)
[J].会计研究,2010,(12).

[81]陈炜,孔翔,许年行.我国的法律制度能有效保护中小投资者的利益吗?
深证综研字第 0113 号,2005,8.

[82]杜兴强,赖少娟,杜颖洁.发审委联系、潜规则与 IPO 市场的资源配置效
率[J].金融研究,2013,(3).

[83]郭泓,赵震宇.承销商声誉对 IPO 公司定价、初始和长期回报影响实证
研究[J].管理世界,2006,(3).

[84]郁韡君.我国 IPO 询价制度实施效果研究[J].证券市场导报,2005,
(9).

[85]胡旭阳.中介机构的声誉与股票市场信息质量——对我国股票市场中
介机构作用的实证研究[J].证券市场导报,2003,(2).

[86]胡旭阳.我国首次公开发行市场监管制度研究[M].经济管理出版
社,2008.

[87]胡旭阳.什么样的拟发行人受发审委"青睐"——我国股票发行审核委
员审核行为实证研究[J].财贸经济,2011,(6).

[88]胡旭阳,刘安超.政治关系与民营企业的 IPO 市场准入[J].财经论丛,
2011,(3).

[89]黄春玲,陈峥嵘.IPO 市场承销商声誉机制形成机理及实证检验[J].证
券市场导报,2007,(2).

[90]黄亚钧,谢联胜.投资银行理论与实务[M].北京:高等教育出版
社,2000.

[91]蒋顺才,蒋永明,胡琦.不同发行制度下我国新股首日收益率研究[J].
管理世界,2006,(7).

[92]赖少娟,杜兴强.权力的"恶之花":IPO 中的寻租、审计市场异化与资本
市场惩戒[J].投资研究,2012,(12).

[93]李康,杨兴君,杨雄.配股和增发的相关者利益分析和政策研究[J].经
济研究,2003,(3).

[94]李敏才,刘峰.社会资本、产权性质与上市资格[J].管理世界,2012,
(11).

[95]李增泉,孙铮,王志伟.掏空与所有权安排——来自我国上市公司大股
东资金占用的经验证据[J].会计研究,2005,(12).

[96]李增泉,余谦,王晓坤.掏空、支持与并购重组——来自中国上市公司的
经验证据[J].经济研究,2005,(1).

[97]刘峰,贺建刚,魏明海.控制权、业绩与利益输送——基于五粮液的案例研究[J].管理世界,2004,(8).

[98]刘芍佳,孙霈,刘乃权.终极产权论、股权结构及公司绩效[J].经济研究,2003,(4).

[99]栾天虹.投资者法律保护:理论与实践[D].浙江大学博士论文,2004.

[100]罗伯特.库特和托马斯.尤伦.法与经济学[M].上海三联出版社,1996.

[101]清风.中国股市风险的根源在于一级市场[J].经济研究,1998,(2).

[102]邵新建,巫和懋.中国IPO中的机构投资者配售、锁定制度研究[J].管理世界,2009,(10).

[103]邵新建,巫和懋,覃家琦,王道平.中国IPO市场周期:基于投资者情绪与政府择时发行的分析[J].金融研究,2010,(11).

[104]沈艺峰,许年行,杨熠.我国中小投资者法律保护历史实践的实证检验[J].经济研究,2004,(9).

[105]沈艺峰,肖珉,黄娟娟.投资者法律保护与公司权益资本成本[J].经济研究,2005,(9).

[106]时晋,曾斌.发审委制度困境与反思[J].证券市场导报,2012,(6).

[107]孙永祥.公司治理结构:理论与实证研究[M].上海人民出版社,2002.

[108]唐清泉,罗党论,王莉.大股东的隧道挖掘与制衡力量:来自中国资本市场的经验证据[J].中国会计评论,2005,(3).

[109]唐宗明,蒋位.中国上市公司大股东侵害度实证分析[J].经济研究,2002,(4).

[110]田野,陈全.政府监管、自由裁量与审批效率[J].金融研究,2011,(3).

[111]王兵,辛清泉.寻租动机与审计市场需求:基于民营IPO公司的证据[J].审计研究,2009,(3).

[112]王俊豪.政府管制经济学导论——基本理论及其仵政府管制实践中的运用[M].商务印书馆,2010.

[113]王俊豪.管制经济学原理[M].高等教育出版社,2007.

[114]王开国.政策诱因与中国证券市场的内在不稳定性——转轨过程中新兴市场的特征[J].经济研究,2002,(10).

[115]吴金群.公司治理变迁的政治基础[M].浙江大学出版社,2009.

[116]吴林祥.我国股票发行上市审核制度:问题与完善,2005,深圳证券交易所综合研究所研究报告第0117号.

[117]肖曙光,蒋顺才.我国 A 股市场高 IPO 抑价现象的制度因素分析[J].
　　　会计研究,2006,(6).

[118]徐浩萍,罗炜.投资银行声誉机制有效性——执业质量与市场份额双
　　　重视角的研究 [J].经济研究,2007,(2).

[119]徐莉萍,辛宇,陈工孟.股权集中度和股权制衡及其对公司经营绩效的
　　　影响[J].经济研究,2006,(1).

[120]杨郊红.美国上市公司信息披露制度的变迁及启示[J].证券市场导
　　　报,2005,(4).

[121]叶康涛,祝继高,陆正飞,张然.董事会的独立性:基于董事会投票的证
　　　据[J].经济研究,2011,(1).

[122]叶康涛,陆正飞,张志华.独立董事能否抑制大股东的掏空行为?[J].
　　　经济研究,2007,(4).

[123]郑建明,范黎波,朱媚.关联担保、隧道效应与公司价值[J].中国工业
　　　经济,2007,(5).

[124]周建波,孙菊生.经营者股权激励的治理效应研究——来自中国上市
　　　公司的经验证据 [J].2003,(5).

[125]周孝华,赵炜科,刘星.我国股票发行审批制与核准制下 IPO 定价效率
　　　的比较研究[J].管理世界,2006,(11).

[126]朱红军,钱友文.中国 IPO 高抑价之谜:"定价效率观"还是"租金分配
　　　观"[J].管理世界,2010,(6).

[127]朱红军,汪辉.股权制衡可以改善公司治理吗?——宏智科技股份有
　　　限公司控制权之争的案例研究[J].管理世界,2004,(8).

[128]朱红军,夏立军,陈信元.转型经济中审计市场的需求特征研究[J].
　　　审计研究,2004,(5).

历届主板市场股票发行审核委员会委员名单

第六届发审委委员名单

序号	姓名	性别	工作单位	专职	是否连任
1	马季华	男	国家发改委财政金融司	兼职	—
2	史多丽	女	上海证券交易所上市公司部	兼职	—
3	刘 勤	男	深圳证券交易所公司管理部	兼职	—
4	张为国	男	中国证监会会计部	兼职	—
5	张守文	男	北京大学法学院	兼职	—
6	张桂庆	男	国信证券有限责任公司	兼职	—
7	陈大刚	男	中国证监会法律部	兼职	—
8	邵蓓兰	女	中国证监会规划委办公室	兼职	—
9	贾小梁	男	国务院国资委企业改革局	兼职	—
10	袁淑琴	女	瑞士银行集团中国证券部	兼职	—
11	窦玉明	男	嘉实基金管理有限公司	兼职	—
12	戴勇毅	男	华夏基金管理有限公司	兼职	—
13	王俊峰	男	北京金杜律师事务所	专职	—
14	吕红兵	男	国浩律师集团事务所	专职	—
15	权忠光	男	北京中企华资产评估有限公司	专职	—
16	陈永民	男	中国证监会国际合作部	专职	—
17	吴晓东	男	中国证监会上市公司部	专职	—
18	邱家赐	男	安永华明会计师事务所	专职	—
19	罗玉成	男	信永中和会计师事务所	专职	—
20	郑启华	男	浙江天健会计师事务所	专职	—

序号	姓名	性别	工作单位	专职	是否连任
21	周忠惠	男	普华永道中天会计师事务所	专职	—
22	赵燕士	男	北京君合律师事务所	专职	—
23	唐金龙	男	北京中银律师事务所	专职	—
24	程　建	男	中和正信会计师事务所	专职	—
25	鲍恩斯	男	中国证监会机构监管部	专职	—

第七届和第八届发审委委员名单

序号	姓名	性别	工作单位	专职	是否连任
1	王立华	男	北京市天元律师事务所	是	否
2	邓建新	男	深圳天健信德会计师事务所	是	否
3	吴晓东	男	中国证监会上市公司部	是	是
4	邱家赐	男	安永华明会计师事务所	是	是
5	沈国权	男	上海市锦天城律师事务所	是	否
6	陈永民	男	中国证监会国际合作部	是	是
7	陈瑛明	男	上海市瑛明律师事务所	是	否
8	罗玉成	男	信永中和会计师事务所	是	是
9	封和平	男	普华永道中天会计师事务所	是	否
10	韩　炯	男	上海市通力律师事务所	是	否
11	程　建	男	中和正信会计师事务所	是	是
12	鲍卉芳	女	北京市康达律师事务所	是	否
13	鲍恩斯	男	中国证监会机构监管部	是	是
14	马季华	男	发改委财政金融司	否	是
15	王珠林	男	西南证券有限责任公司	否	否
16	邓召明	男	南方基金管理公司	否	否
17	冯小树	男	深圳证券交易所发审监管部	否	否
18	江作良	男	易方达基金管理有限公司	否	否
19	郑　莉	女	中国证监会发行监管部副主任	否	否
20	贾小梁	男	国资委企业改革局	否	是
21	袁淑琴	女	瑞士银行集团中国证券部	否	是
22	黄宏彬	男	上海证券交易所上市公司部	否	否

续表

序号	姓名	性别	工作单位	专职	是否连任
23	焦津洪	男	中国证监会法律部副主任	否	否
24	谢卫	男	富国基金管理有限公司	否	否
25	廖理	男	清华大学经济管理学院	否	否

第九届发审委委员名单

序号	姓名	性别	工作单位	专职	是否连任
1	王志雄	男	北京君合律师事务所	是	否
2	白彦春	男	北京金杜律师事务所	是	否
3	白维	男	北京竞天公诚律师事务所	是	否
4	吕苏阳	男	浙江天健会计师事务所	是	否
5	张圣怀	男	北京天银律师事务所	是	否
6	陆军	男	大信会计师事务所	是	否
7	郑建彪	男	北京京都会计师事务所	是	否
8	金黎明	男	北京赛德天勤律师事务所	是	否
9	徐珊	男	天健华证中洲会计师事务所	是	否
10	郭洪俊	男	上海证券交易所发行上市部总监	是	否
11	高忻	男	中联资产评估有限公司	是	否
12	梁烽	男	深圳鹏城会计师事务所	是	否
13	傅炳辉	男	深交所创业板公司管理部总监	是	否
14	温京辉	男	利安达信隆会计师事务所	是	否
15	韩厚军	男	浙江东方中汇会计师事务所	是	否
16	魏先锋	男	岳华会计师事务所	是	否
17	孙勇	男	中国证监会云南监管局稽查处	是	否
18	白英姿	女	国务院国资委企业改革局	否	否
19	吴晓求	男	中国人民大学	否	否
20	李旭利	男	交银施罗德基金管理有限公司	否	否
21	陈飞	男	中国证监会行政处罚委委员	否	否
22	陈洪	男	海富通基金管理有限公司	否	否
23	胡宝剑	男	中国证监会非上市公众公司监管部	否	否
24	徐林	男	国家发展和改革委员会财政金融司	否	否
25	郭旭东	女	中国证监会会计部	否	否

第十届和第十一届发审委委员名单

序号	姓名	性别	工作单位	专职	是否连任
1	王晓东	男	国浩律师集团(深圳)事务所	是	否
2	田颇	男	深交所发审监管部副总监	是	否
3	刘登清	男	北京中企华资产评估有限责任公司	是	否
4	江浩雄	男	上海瑛明律师事务所	是	否
5	张克东	男	信永中和会计师事务所	是	否
6	杨雄	男	中和正信会计师事务所	是	否
7	陈利民	男	北京中伦律师事务所	是	否
8	孟荣芳	女	立信会计师事务所	是	否
9	姜瑞明	男	北京市国枫律师事务所	是	否
10	娄爱东	女	北京康达律师事务所	是	否
11	柏凌菁	女	江苏公证天业会计师事务所	是	否
12	高原	男	中准会计师事务所	是	否
13	黄宏彬	男	上海证券交易所上市公司部	是	否
14	谢青	男	中磊会计师事务所	是	否
15	雷小玲	女	亚太中汇会计师事务所	是	否
16	蔡碧鹤	女	安永华明会计师事务所	是	否
17	谭红旭	男	北京兴华会计师事务所	是	否
18	白英姿	女	国务院国资委企业改革局	否	是
19	张晖	男	汇添富基金管理有限公司投资总监	否	否
20	张新民	男	对外经济贸易大学	否	否
21	陈飞	男	中国证监会行政处罚委委员	否	是
22	易阳方	男	基金管理公司	否	否
23	胡宝剑	男	中国证监会非上市公众公司监管部	否	是
24	徐林	男	国家发展和改革委员会财政金融司	否	是
25	郭旭东	女	中国证监会会计部	否	是

第十二届发审委委员名单

序号	姓名	性别	工作单位	专职	是否连任
1	王永新	男	中勤万信会计师事务所	是	否
2	冯渊	女	四川华信(集团)会计师事务所	是	否

续表

序号	姓名	性别	工作单位	专职	是否连任
3	刘杰生	男	立信羊城会计师事务所	是	否
4	何德明	男	京都天华会计师事务所	是	否
5	宋新潮	男	中汇会计师事务所	是	否
6	赵燕	女	国富浩华会计师事务所	是	否
7	郭宪明	男	五洲松德联合会计师事务所	是	否
8	钟平	男	中审国际会计师事务所	是	否
9	谢峰	男	武汉众环会计师事务所	是	否
10	张晓彤	男	北京市通商律师事务所	是	否
11	张韶华	男	北京市君泽君律师事务所	是	否
12	何贤波	男	广东华商律师事务所	是	否
13	项振华	男	北京松竞天公诚律师事务所	是	否
14	戴钦公	男	北京市德恒律师事务所	是	否
15	谢岭	男	上海立信资产评估有限公司	是	否
16	万勇	男	深圳证券交易所	是	否
17	操舰	男	上海证券交易所	是	否
18	孔艳清	女	浙江省监管局	否	否
19	陈骞	男	广东省监管局	否	否
20	杜坤伦	男	四川省监管局	否	否
21	冯中圣	男	国家发改委	否	否
22	沈莹	女	国资委统计局	否	否
23	张礼卿	男	中央财经大学	否	否
24	刘明	男	大成基金管理公司	否	否
25	朱剑彪	男	长盛基金管理公司	否	否

第十三届发审委委员名单

序号	姓名	性别	工作单位	专职	是否连任
1	王永新	男	中勤万信会计师事务所	是	是
2	李旭东	男	立信大华会计师事务所	是	否
3	郑卫军	男	信永中和会计师事务所	是	否
4	何德明	男	京都天华会计师事务所	是	是

续表

序号	姓名	性别	工作单位	专职	是否连任
5	宋新潮	男	中汇会计师事务所	是	是
6	赵燕	女	国富浩华会计师事务所	是	是
7	荣健	女	中瑞岳华会计师事务所	是	否
8	钟平	男	中审国际会计师事务所	是	是
9	涂益	女	普华永道会计师事务所	是	否
10	张晓彤	男	北京市通商律师事务所	是	是
11	刘艳	女	北京市天元律师事务所	是	否
12	陆宏达	男	北京市中伦律师事务所	是	否
13	项振华	男	北京松竞天公诚律师事务所	是	是
14	戴钦公	男	北京市德恒律师事务所	是	是
15	谢岭	男	上海立信资产评估有限公司	是	是
16	徐晓波	男	国家发改委财金司财政处	否	否
17	谢军	男	国务院国资委产权局	否	否
18	李曙光	男	中国政法大学研究生院	否	否
19	王华	男	银华基金管理有限公司	否	否
20	胡湘	男	鹏华基金管理有限公司	否	否
21	操舰	男	上海证券交易所	是	是
22	万勇	男	深圳证券交易所	是	是
23	孔艳清	女	浙江省监管局	否	是
24	郑秀荣	女	湖北监管局上市公司监管二处	否	否
25	杜坤伦	男	四川省监管局	否	是

第十四届发审委委员名单

序号	姓名	性别	工作单位	专职	是否连任
1	刘勇	男	江苏公证天业会计师事务所	是	否
2	李旭东	男	立信大华会计师事务所	是	是
3	郑卫军	男	信永中和会计师事务所	是	是
4	何德明	男	京都天华会计师事务所	是	是
5	汪阳	女	安永华明会计师事务所	是	否
6	陈翔	男	天健会计师事务所	是	否

续表

序号	姓名	性别	工作单位	专职	是否连任
7	荣 健	女	中瑞岳华会计师事务所	是	是
8	梁 锋	男	天衡会计师事务所	是	否
9	涂 益	女	普华永道会计师事务所	是	是
10	张永卫	男	上海东州资产评估有限公司	是	否
11	刘 艳	女	北京市天元律师事务所	是	是
12	陆宏达	男	北京市中伦律师事务所	是	是
13	姜业清	男	北京市国枫律师事务所	是	否
14	栗 皓	男	北京市康达律师事务所	是	否
15	徐晓波	男	国家发改委财金司财政处	否	是
16	谢 军	男	国务院国资委产权局	否	是
17	李曙光	男	中国政法大学研究生院	否	是
18	杜 兵	男	华夏基金管理有限公司	否	否
19	张 玮	男	国泰基金管理有限公司	否	否
20	郑秀荣	女	湖北监管局上市公司监管二处	否	是
21	项 剑	男	上海证券交易所	是	否
22	朱 毅	男	上海证监局法制处	否	否
23	储钢汉	男	安徽证监局稽查处	否	否
24	颜克兵	男	北京市天银律师事务所	是	否
25	吴 钧	男	深圳证券交易所	是	否

历届创业板市场发行审核委员会委员名单

创业板市场第1、2届发审委委员名单

序号	姓名	工作单位	专职	连任
1	毛育晖	开元信德会计师事务所	是	—
2	王越豪	浙江天健东方会计师事务所	是	—
3	吉争雄	广东正中珠江会计师事务所	是	—
4	孙小波	北京天圆全会计师事务所	是	—
5	朱海武	中瑞岳华会计师事务所	是	—
6	张云龙	中兴华会计师事务所	是	—
7	李友菊	华普天健高商会计师事务所	是	—
8	李文祥	上海众华沪银会计师事务所	是	—
9	李文智	广东大华德律会计师事务所	是	—
10	陈星辉	大信会计师事务所	是	—
11	郭 澳	江苏天衡会计师事务所	是	—
12	蒋新红	福建华兴会计师事务所有限公司	是	—
13	谢忠平	亚太(集团)会计师事务所	是	—
14	韩建旻	天健光华(北京)会计师事务所	是	—
15	王建平	北京金杜律师事务所	是	—
16	石铁军	北京君合律师事务所	是	—
17	朱增进	江苏世纪同仁律师事务所	是	—
18	陈 臻	上海通力律师事务所	是	—
19	徐寿春	北京万商天勤律师事务所	是	—
20	麻云燕	广东信达律师事务所	是	—

续表

序号	姓名	工作单位	专职	连任
21	葛其泉	上海东洲资产评估有限公司	是	—
22	顾大伟	国家发展和改革委	否	—
23	沈心亮	北京生物制品研究所	否	—
24	吴朝晖	浙江大学	否	—
25	戴国强	科技部高新技术及产业化司	否	—
26	成会明	中国科学院金属研究所	否	—
27	秦 伟	中国科学院工程热物理研究所	否	—
28	雷震霖	中科院沈阳科学仪器研制中心有限公司	否	—
29	陈志民	易方达基金管理有限公司	否	—
30	戴京焦	嘉实基金管理有限公司	否	—
31	付 彦	深圳证券交易所发审监管部	是	—
32	吕 超	上海证券交易所	是	—
33	吴国舫	中国证监会	否	—
34	李筱强	中国证监会	否	—
35	郑 健	中国证监会	否	—

创业板市场第3届发审委委员名单

序号	姓名	工作单位	专职	连任
1	王秀萍	中天运会计师事务所	是	否
2	王国海	天健会计师事务所	是	否
3	孙小波	北京天圆全会计师事务所	是	是
4	张 君	中磊会计师事务所	是	否
5	李文祥	上海众华沪银会计师事务所	是	是
6	杨建平	中汇会计师事务所	是	否
7	杨贵鹏	京都天华会计师事务所	是	否
8	陈星辉	大信会计师事务所	是	是
9	胡建军	天职国际会计师事务所	是	否
10	康吉言	立信会计师事务所	是	否
11	黄 简	中瑞岳华会计师事务所	是	否
12	谢忠平	亚太(集团)会计师事务所	是	是

续表

序号	姓名	工作单位	专职	连任
13	韩建旻	天健光华(北京)会计师事务所	是	是
14	谭红旭	北京兴华会计师事务所	是	否
15	陈志民	易方达基金管理有限公司	否	是
16	戴京焦	嘉实基金管理有限公司	否	是
17	马卓檀	国浩律师集团(深圳)事务所	是	否
18	李建辉	北京市竞天公诚律师事务所	是	否
19	李童云	北京市国枫律师事务所	是	否
20	陈静茹	北京市德恒律师事务所	是	否
21	徐寿春	北京万商天勤律师事务所	是	是
22	龚牧龙	北京市金杜律师事务所	是	否
23	黎东标	北京中企华资产评估有限责任公司	是	否
24	孔　翔	深圳证券交易所	是	否
25	任　鹏	上海证券交易所	是	否
26	吴国舫	中国证监会	否	是
27	李筱强	中国证监会	否	是
28	郑　健	中国证监会	否	是
29	顾大伟	国家发展和改革委	否	是
30	戴国强	科技部高新技术及产业化司	否	是
31	王志华	清华大学微电子学研究所	否	否
32	成会明	中国科学院金属研究所	否	是
33	沈心亮	北京生物制品研究所	否	是
34	秦　伟	中国科学院工程热物理研究所	否	是
35	雷震霖	中科院沈阳科学仪器研制中心有限公司	否	是

创业板市场第 4 届发审委委员名单

序号	姓名	工作单位	专职	连任
1	刘　云	德勤华永会计师事务所	是	否
2	张亚兵	国富浩华会计师事务所	是	否
3	钟建兵	众环海华会计师事务所	是	否
4	秦学昌	北京永拓会计师事务所	是	否

续表

序号	姓名	工作单位	专职	连任
5	贾丽娜	天衡会计师事务所	是	否
6	潘　峰	华普天健会计师事务所（北京）	是	否
7	王秀萍	中天运会计师事务所	是	是
8	王国海	天健会计师事务所	是	是
9	张　君	中磊会计师事务所	是	否
10	杨建平	中汇会计师事务所	是	是
11	胡建军	天职国际会计师事务所	是	是
12	黄　简	中瑞岳华会计师事务所	是	是
13	康吉言	立信会计师事务所	是	是
14	张　忠	北京市中伦律师事务所	是	否
15	张　涛	北京市君合律师事务所	是	否
16	杨　健	北京市康达律师事务所	是	否
17	单莉莉	上海市锦天城律师事务所	是	否
18	周代春	北京市君泽君律师事务所	是	否
19	马卓檀	国浩律师集团（深圳）事务所	是	是
20	李童云	北京市国枫律师事务所	是	是
21	任志武	国家发展改革委高技术产业司	否	否
22	胡世辉	科技部高新技术发展及产业化司	否	否
23	夏宁邵	厦门大学国家传染病诊断试剂与疫苗工程技术研究中心	否	否
24	王志华	清华大学微电子学研究所	否	是
25	于海斌	中科院沈阳自动化研究所	否	否
26	吴创之	中科院广州能源研究所	否	否
27	樊仲维	中科院光电研究院	否	否
28	朱　平	广发基金管理有限公司	否	否
29	尚志民	华安基金管理有限公司	否	否
30	黎东标	北京中企华资产评估有限责任公司	是	是
31	孔　翔	深圳证券交易所	否	是
32	任　鹏	上海证券交易所	是	是
33	何艳春	中国证监会	否	否
34	李维友	上海证券交易所	是	否
35	韩　卓	中国证监会	否	否

主板市场发审委中来自
会计师事务所的委员名单

邱家赐	男	安永华明会计师事务所	6
罗玉成	男	信永中和会计师事务所	6
郑启华	男	浙江天健会计师事务所	6
程 建	男	中和正信会计师事务所	6
周忠惠	男	普华永道中天会计师事务所	6
邓建新	男	深圳天健信德会计师事务所	7－8
邱家赐	男	安永华明会计师事务所	7－8
罗玉成	男	信永中和会计师事务所	7－8
封和平	男	普华永道中天会计师事务所	7－8
程 建	男	中和正信会计师事务所	7－8
吕苏阳	男	浙江天健会计师事务所	9
陆 军	男	大信会计师事务所	9
郑建彪	男	北京京都会计师事务所	9
徐 珊	男	天健华证中洲会计师事务所	9
梁 烽	男	深圳鹏城会计师事务所	9
温京辉	男	利安达信隆会计师事务所	9
韩厚军	男	浙江东方中汇会计师事务所	9
魏先锋	男	岳华会计师事务所	9
张克东	男	信永中和会计师事务所	10－11
杨 雄	男	天健正信会计师事务所	10－11
孟荣芳	女	立信会计师事务所	10－11
柏凌菁	女	江苏公证天业会计师事务所	10－11
高 原	男	中准会计师事务所	10－11

续表

谢青	男	中磊会计师事务所	10—11
雷小玲	女	亚太中汇会计师事务所	10—11
蔡碧鹤	女	安永华明会计师事务所	10—11
谭红旭	男	北京兴华会计师事务所	10—11
王永新	男	中勤万信会计师事务所	12
冯渊	女	四川华信（集团）会计师事务所	12
刘杰生	男	立信羊城会计师事务所	12
何德明	男	京都天华会计师事务所	12
宋新潮	男	中汇会计师事务所	12
赵燕	女	国富浩华会计师事务所	12
郭宪明	男	五洲松德联合会计师事务所	12
钟平	男	中审国际会计师事务所	12
谢峰	男	武汉众环会计师事务所	12
王永新	男	中勤万信会计师事务所	13
李旭东	男	立信大华会计师事务所	13
郑卫军	男	信永中和会计师事务所	13
何德明	男	京都天华会计师事务所	13
宋新潮	男	中汇会计师事务所	13
赵燕	女	国富浩华会计师事务所	13
荣健	女	中瑞岳华会计师事务所	13
钟平	男	中审国际会计师事务所	13
涂益	女	普华永道会计师事务所	13
刘勇	男	江苏公证天业会计师事务所	14
李旭东	男	立信大华会计师事务所	14
郑卫军	男	信永中和会计师事务所	14
何德明	男	京都天华会计师事务所	14
汪阳	女	安永华明会计师事务所	14
陈翔	男	天健会计师事务所	14
荣健	女	中瑞岳华会计师事务所	14
梁锋	男	天衡会计师事务所	14
涂益	女	普华永道会计师事务所	14

主板市场历届 IPO 市场占有率情况

第八届发审委期间的 IPO 市场占有率

会计师事务所	IPO 占有率（%）
安徽华普会计师事务所	4.4944
安永大华会计师事务所有限责任公司	2.2472
安永华明会计师事务所	3.3708
北京京都会计师事务所有限责任公司	1.1236
北京立信会计师事务所有限公司	1.1236
北京天圆全会计师事务所有限公司	0.0000
北京五联方圆会计师事务所有限公司	1.1236
北京兴华会计师事务所有限责任公司	1.1236
北京永拓会计师事务所有限责任公司	0.0000
北京中证天通会计师事务所有限公司	1.1236
毕马威华振会计师事务所	3.3708
大连华连会计师事务所有限公司	0.0000
大信会计师事务有限公司	0.0000
德勤华永会计师事务所有限公司	0.0000
福建华兴有限责任会计师事务所	1.1236
福建立信闽都会计师事务所有限公司	0.0000
广东恒信德律会计师事务所有限公司	0.0000
广东正中珠江会计师事务所有限公司	2.2472
浩华会计师事务所	0.0000
河北光华会计师事务所有限公司	0.0000

续表

会计师事务所	IPO 占有率（%）
华寅会计师事务所有限责任公司	0.0000
江苏公证会计师事务所有限公司	2.2472
江苏苏亚金诚会计师事务所有限公司	0.0000
江苏天衡会计师事务所有限公司	1.1236
江苏天华大彭会计师事务所有限公司	0.0000
开元信德会计师事务所有限公司	2.2472
立信会计师事务所有限公司	0.0000
立信羊城会计师事务所有限公司	0.0000
利安达信隆会计师事务所有限责任公司	7.8652
辽宁天健会计师事务所有限公司	0.0000
南京立信永华会计师事务所有限公司	0.0000
普华永道中天会计师事务所有限公司	2.2472
山东汇德会计师事务所有限公司	3.3708
山东天恒信有限责任会计师事务所	1.1236
山东正源和信有限责任会计师事务所	6.7416
上海东华会计师事务所有限公司	0.0000
上海上会会计师事务所有限公司	1.1236
上海众华沪银会计师事务所有限公司	0.0000
深圳大华天诚会计师事务所	1.1236
深圳南方民和会计师事务所有限责任公司	5.6180
深圳市鹏城会计师事务所有限公司	6.7416
四川华信(集团)会计师事务所有限责任公司	0.0000
四川君和会计师事务所有限责任公司	0.0000
天华中兴会计师事务所有限公司	0.0000
天健华证中洲(北京)会计师事务所有限公司	4.4944
天职国际会计师事务所有限公司	1.1236
万隆会计师事务所有限公司	1.1236
五洲松德联合会计师事务所	1.1236
武汉众环会计师事务所有限责任公司	0.0000

续表

会计师事务所	IPO 占有率（%）
西安希格玛有限责任会计师事务所	1.1236
信永中和会计师事务所有限责任公司	0.0000
亚太（集团）会计师事务所有限公司	1.1236
亚太中汇会计师事务所有限公司	1.1236
浙江东方会计师事务所有限公司	2.2472
浙江天健会计师事务所有限公司	10.1124
中和正信会计师事务所有限公司	1.1236
中磊会计师事务所有限责任公司	1.1236
中勤万信会计师事务所有限公司	0.0000
中瑞岳华会计师事务所有限公司	3.3708
中审会计师事务所有限公司	0.0000
中天运会计师事务所有限公司	0.0000
中喜会计师事务所有限责任公司	1.1236
中兴华会计师事务所有限责任公司	0.0000
中准会计师事务所有限公司	1.1236
重庆天健会计师事务所有限责任公司	0.0000

第九届发审委期间的 IPO 审计服务市场占有率情况

会计师事务所	IPO 占有率（%）
安徽华普会计师事务所	3.4965
安永大华会计师事务所有限责任公司	1.3986
安永华明会计师事务所	2.7972
北京京都会计师事务所有限责任公司	2.0979
北京立信会计师事务所有限公司	0.0000
北京天圆全会计师事务所有限公司	0.0000
北京五联方圆会计师事务所有限公司	0.6993
北京兴华会计师事务所有限责任公司	0.0000
北京永拓会计师事务所有限责任公司	0.0000
北京中证天通会计师事务所有限公司	0.0000
毕马威华振会计师事务所	2.0979

续表

会计师事务所	IPO 占有率（%）
大连华连会计师事务所有限公司	0.0000
大信会计师事务有限公司	0.6993
德勤华永会计师事务所有限公司	0.6993
福建华兴有限责任会计师事务所	0.0000
福建立信闽都会计师事务所有限公司	0.0000
广东恒信德律会计师事务所有限公司	0.6993
广东正中珠江会计师事务所有限公司	5.5944
浩华会计师事务所	0.0000
河北光华会计师事务所有限公司	0.0000
华寅会计师事务所有限责任公司	0.0000
江苏公证会计师事务所有限公司	3.4965
江苏苏亚金诚会计师事务所有限公司	0.0000
江苏天衡会计师事务所有限公司	1.3986
江苏天华大彭会计师事务所有限公司	0.0000
开元信德会计师事务所有限公司	0.6993
立信会计师事务所有限公司	12.5874
立信羊城会计师事务所有限公司	2.0979
利安达信隆会计师事务所有限责任公司	1.3986
辽宁天健会计师事务所有限公司	1.3986
南京立信永华会计师事务所有限公司	0.0000
普华永道中天会计师事务所有限公司	2.0979
山东汇德会计师事务所有限公司	0.6993
山东天恒信有限责任会计师事务所	0.0000
山东正源和信有限责任会计师事务所	0.0000
上海东华会计师事务所有限公司	0.0000
上海上会会计师事务所有限公司	2.0979
上海众华沪银会计师事务所有限公司	1.3986
深圳大华天诚会计师事务所	9.7902
深圳南方民和会计师事务所有限责任公司	0.6993

续表

会计师事务所	IPO 占有率（%）
深圳市鹏城会计师事务所有限公司	5.5944
四川华信（集团）会计师事务所有限责任公司	0.6993
四川君和会计师事务所有限责任公司	1.3986
天华中兴会计师事务所有限公司	0.0000
天健华证中洲（北京）会计师事务所有限公司	4.8951
天职国际会计师事务所有限公司	0.0000
万隆会计师事务所有限公司	0.6993
五洲松德联合会计师事务所	0.6993
武汉众环会计师事务所有限责任公司	1.3986
西安希格玛有限责任会计师事务所	0.0000
信永中和会计师事务所有限责任公司	5.5944
亚太（集团）会计师事务所有限公司	0.0000
亚太中汇会计师事务所有限公司	0.0000
浙江东方会计师事务所有限公司	1.3986
浙江天健会计师事务所有限公司	2.7972
中和正信会计师事务所有限公司	1.3986
中磊会计师事务所有限责任公司	2.0979
中勤万信会计师事务所有限公司	0.6993
中瑞岳华会计师事务所有限公司	6.2937
中审会计师事务所有限公司	1.3986
中天运会计师事务所有限公司	0.0000
中喜会计师事务所有限责任公司	0.0000
中兴华会计师事务所有限责任公司	1.3986
中准会计师事务所有限公司	0.6993
重庆天健会计师事务所有限责任公司	0.6993

第十届发审委期间的 IPO 审计服务市场占有率情况

会计师事务所	IPO 占有率（%）
安永华明会计师事务所	7.3171
北京大公天华会计师事务所有限公司	0.0000

续表

会计师事务所	IPO 占有率(%)
北京京都天华会计师事务所有限责任公司	4.8780
北京立信会计师事务所有限公司	0.0000
北京天圆全会计师事务所有限公司	0.0000
北京五联方圆会计师事务所有限公司	0.0000
北京兴华会计师事务所有限责任公司	0.0000
北京永拓会计师事务所有限责任公司	0.0000
北京中证天通会计师事务所有限公司	0.0000
毕马威华振会计师事务所	0.0000
大信会计师事务有限公司	2.4390
德勤华永会计师事务所有限公司	2.4390
福建华兴会计师事务所有限公司	4.8780
福建立信闽都会计师事务所有限公司	0.0000
广东大华德律会计师事务所(特殊普通合伙)	2.4390
广东正中珠江会计师事务所有限公司	4.8780
华普天健高商会计师事务所(北京)有限公司	2.4390
华寅会计师事务所有限责任公司	0.0000
江苏公证天业会计师事务所有限公司	0.0000
江苏苏亚金诚会计师事务所有限公司	0.0000
江苏天衡会计师事务所有限公司	0.0000
江苏天华大彭会计师事务所有限公司	0.0000
开元信德会计师事务所有限公司	0.0000
立信会计师事务所有限公司	7.3171
立信羊城会计师事务所有限公司	2.4390
利安达会计师事务所有限责任公司	4.8780
南京立信永华会计师事务所有限公司	0.0000
普华永道中天会计师事务所有限公司	0.0000
山东汇德会计师事务所有限公司	2.4390
山东天恒信有限责任会计师事务所	0.0000
山东正源和信有限责任会计师事务所	0.0000

续表

会计师事务所	IPO 占有率（%）
上海东华会计师事务所有限公司	2.4390
上海上会会计师事务所有限公司	0.0000
上海众华沪银会计师事务所有限公司	0.0000
深圳南方民和会计师事务所有限责任公司	4.8780
深圳市鹏城会计师事务所有限公司	4.8780
四川华信(集团)会计师事务所有限责任公司	2.4390
四川君和会计师事务所有限责任公司	2.4390
天健光华(北京)会计师事务所有限公司	2.4390
天职国际会计师事务所有限责任公司	4.8780
万隆亚洲会计师事务所有限公司	0.0000
五洲松德联合会计师事务所	0.0000
武汉众环会计师事务所有限责任公司	0.0000
西安希格玛有限责任会计师事务所	0.0000
信永中和会计师事务所有限责任公司	4.8780
亚太(集团)会计师事务所有限公司	0.0000
浙江天健东方会计师事务所有限公司	17.0732
中和正信会计师事务所有限公司	2.4390
中汇会计师事务所有限公司	0.0000
中磊会计师事务所有限责任公司	0.0000
中勤万信会计师事务所有限公司	2.4390
中瑞岳华会计师事务所有限公司	0.0000
中审国际会计师事务所有限公司	0.0000
中审亚太会计师事务所有限公司	0.0000
中天运会计师事务所有限公司	0.0000
中喜会计师事务所有限责任公司	0.0000
中兴华会计师事务所有限责任公司	0.0000
中准会计师事务所有限公司	0.0000
重庆天健会计师事务所有限责任公司	0.0000

第十一届发审委期间的 IPO 审计服务市场占有率情况

会计师事务所	IPO 占有率（%）
安永华明会计师事务所	1.5873
北京天圆全会计师事务所有限公司	0.5291
北京兴华会计师事务所有限责任公司	0.5291
北京永拓会计师事务所有限责任公司	0.5291
北京中证天通会计师事务所有限公司	0.0000
毕马威华振会计师事务所	1.0582
大信会计师事务有限公司	5.8201
德勤华永会计师事务所有限公司	0.5291
福建华兴会计师事务所有限公司	0.0000
广东正中珠江会计师事务所有限公司	2.6455
国富浩华会计师事务所有限公司	1.5873
华普天健会计师事务所(北京)有限公司	1.5873
华寅会计师事务所有限责任公司	0.0000
江苏公证天业会计师事务所有限公司	2.6455
江苏苏亚金诚会计师事务所有限公司	0.5291
江苏天衡会计师事务所有限公司	3.7037
江苏天华大彭会计师事务所有限公司	0.0000
京都天华会计师事务所有限公司	1.5873
立信大华会计师事务所有限公司	5.2910
立信会计师事务所有限责任公司	6.8783
立信羊城会计师事务所有限公司	0.5291
立信中联闽都会计师事务所有限公司	0.0000
利安达会计师事务所有限责任公司	5.2910
南京立信永华会计师事务所有限公司	0.5291
普华永道中天会计师事务所有限公司	0.5291
山东汇德会计师事务所有限公司	2.1164
山东天恒信有限责任会计师事务所	1.0582
山东正源和信有限责任会计师事务所	0.0000
上海东华会计师事务所有限公司	0.0000

续表

会计师事务所	IPO 占有率(%)
上海上会会计师事务所有限公司	1.0582
上海众华沪银会计师事务所有限公司	1.0582
深圳南方民和会计师事务所有限责任公司	1.5873
深圳市鹏城会计师事务所有限公司	10.5820
四川华信(集团)会计师事务所有限责任公司	0.0000
天健会计师事务所有限公司	10.5820
天健正信会计师事务所有限公司	10.5820
天职国际会计师事务所有限公司	1.0582
五洲松德联合会计师事务所	0.0000
武汉众环会计师事务所有限责任公司	0.0000
希格玛会计师事务所有限公司	1.0582
信永中和会计师事务所有限公司	4.7619
亚太(集团)会计师事务所有限公司	0.0000
中汇会计师事务所有限公司	0.0000
中磊会计师事务所有限责任公司	0.0000
中勤万信会计师事务所有限公司	1.5873
中瑞岳华会计师事务所有限公司	6.8783
中审国际会计师事务所有限公司	0.5291
中审亚太会计师事务所有限公司	0.5291
中天运会计师事务所有限公司	0.0000
中喜会计师事务所有限责任公司	0.5291
中兴财光华会计师事务所有限责任公司	0.0000
中兴华富华会计师事务所有限责任公司	0.0000
中准会计师事务所有限公司	0.5291

第十二届发审委期间的 IPO 审计服务市场占有率情况

会计师事务所	IPO 占有率(%)
安永华明会计师事务所	0.6250
北京天圆全会计师事务所有限公司	0.6250
北京兴华会计师事务所有限责任公司	1.2500

续表

会计师事务所	IPO 占有率(%)
北京永拓会计师事务所有限责任公司	0.6250
北京中证天通会计师事务所有限公司	0.0000
毕马威华振会计师事务所	0.6250
大信会计师事务有限公司	3.7500
德勤华永会计师事务所有限公司	1.2500
福建华兴会计师事务所有限公司	1.2500
广东正中珠江会计师事务所有限公司	2.5000
国富浩华会计师事务所有限公司	0.6250
华普天健会计师事务所(北京)有限公司	1.8750
华寅会计师事务所有限责任公司	0.6250
江苏公证天业会计师事务所有限公司	4.3750
江苏苏亚金诚会计师事务所有限公司	0.6250
江苏天衡会计师事务所有限公司	3.1250
江苏天华大彭会计师事务所有限公司	0.6250
京都天华会计师事务所有限公司	3.7500
立信大华会计师事务所有限公司	3.7500
立信会计师事务所有限公司	11.8750
立信羊城会计师事务所有限公司	1.2500
立信中联闽都会计师事务所有限公司	0.0000
利安达会计师事务所有限责任公司	3.1250
南京立信永华会计师事务所有限责任公司	0.6250
普华永道中天会计师事务所有限公司	1.2500
山东汇德会计师事务所有限公司	1.2500
山东天恒信有限责任会计师事务所	0.6250
山东正源和信有限责任会计师事务所	0.0000
上海东华会计师事务所有限公司	0.0000
上海上会会计师事务所有限公司	0.0000
上海众华沪银会计师事务所有限公司	1.8750
深圳市鹏城会计师事务所有限公司	4.3750

续表

会计师事务所	IPO 占有率（％）
四川华信（集团）会计师事务所有限责任公司	0.0000
天健会计师事务有限公司	13.1250
天健正信会计师事务所有限公司	10.0000
天职国际会计师事务所有限公司	1.2500
五洲松德联合会计师事务所	0.0000
武汉众环会计师事务所有限责任公司	1.8750
希格玛会计师事务所有限公司	0.0000
信永中和会计师事务所有限责任公司	4.3750
亚太（集团）会计师事务所有限公司	0.0000
中汇会计师事务所有限公司	0.0000
中磊会计师事务所有限责任公司	0.6250
中勤万信会计师事务所有限公司	0.0000
中瑞岳华会计师事务所有限公司	4.3750
中审国际会计师事务所有限责任公司	3.7500
中审亚太会计师事务所有限公司	0.6250
中天运会计师事务所有限公司	0.0000
中喜会计师事务所有限责任公司	0.6250
中兴财光华会计师事务所有限责任公司	0.0000
中兴华富华会计师事务所有限责任公司	0.0000
中准会计师事务所有限公司	1.2500

第十三届发审委期间的 IPO 审计服务市场占有率情况

会计师事务所	IPO 占有率（％）
安永华明会计师事务所	3.2680
北京天圆全会计师事务所有限公司	0.0000
北京兴华会计师事务所有限责任公司	0.6536
北京永拓会计师事务所有限责任公司	1.3072
北京中证天通会计师事务所有限公司	0.0000
毕马威华振会计师事务所	0.0000
大华会计师事务所有限公司	3.2680

续表

会计师事务所	IPO 占有率（%）
大信会计师事务有限公司	1.9608
德勤华永会计师事务所有限公司	1.9608
福建华兴会计师事务所有限公司	0.6536
广东正中珠江会计师事务所有限公司	3.9216
国富浩华会计师事务所	3.2680
华普天健会计师事务所(北京)有限公司	4.5752
华寅会计师事务所有限责任公司	0.6536
江苏公证天业会计师事务所有限公司	3.2680
江苏苏亚金诚会计师事务所有限公司	0.6536
江苏天华大彭会计师事务所有限公司	0.0000
京都天华会计师事务所有限公司	1.3072
立信会计师事务所	9.8039
立信中联闽都会计师事务所有限公司	0.0000
利安达会计师事务所有限责任公司	1.9608
普华永道中天会计师事务所有限公司	1.9608
山东汇德会计师事务所有限公司	0.6536
山东天恒信有限责任会计师事务所	1.3072
山东正源和信有限责任会计师事务所	0.0000
上海东华会计师事务所有限公司	0.0000
上海上会会计师事务所有限公司	0.6536
上海众华沪银会计师事务所有限公司	1.3072
深圳市鹏城会计师事务所有限公司	2.6144
四川华信(集团)会计师事务所有限责任公司	0.6536
天衡会计师事务所有限公司	1.3072
天健会计师事务所	13.7255
天健正信会计师事务所有限公司	7.8431
天职国际会计师事务所有限公司	2.6144
五洲松德联合会计师事务所	0.0000
希格玛会计师事务所有限公司	0.6536

续表

会计师事务所	IPO 占有率（%）
信永中和会计师事务所有限责任公司	5.8824
亚太（集团）会计师事务所有限公司	0.6536
中汇会计师事务所有限公司	0.6536
中磊会计师事务所有限责任公司	1.3072
中勤万信会计师事务所有限公司	1.3072
中瑞岳华会计师事务所	6.5359
中审国际会计师事务所有限公司	3.9216
中审亚太会计师事务所有限公司	0.0000
中天运会计师事务所有限公司	0.6536
中喜会计师事务所有限责任公司	1.3072
中兴财光华会计师事务所有限责任公司	0.0000
中兴华富华会计师事务所有限责任公司	0.0000
中准会计师事务所有限公司	0.0000
众环海华会计师事务所有限公司	0.0000

索　引